JN033562

仕事力 趣味力 アップ　英語塾シリーズ

中学単語で高める ビジネス英語力

経済・社会から科学・環境まで

元日本経済新聞英文記者

根岸 裕

開拓社

まえがき

「中学レベル」の単語とフレーズだけで日本語表現の英訳がどこまで可能か。本書はこの問いに対する１つの回答です。

かつて，日本の通信社と新聞社で英文記者をしていたことのある筆者は，中学英語の可能性に着目し，強い関心を持ってきました。そこで，そのポテンシャルを検証し実証するため，主として米英メディアのニュース報道を素材に，中学校レベルの英単語を活かした言い回しや例文を収集してきました。これが本書に登場する英文の土台になっています。

現役の英文記者時代，同僚の外国人スタッフが，日本の中学生でも知っているようなやさしい英語を使いこなし，簡潔な，しかし，インパクトのある記事を書くのを目の当たりにしてきました。

例えば以下の ①〜③ はすべて中学英語で対応可能です。

---

① 大谷翔平選手は投打の「二刀流」だ。
② 日本は少子高齢化社会である。
③ 消費税増税分を価格引き上げで消費者に転嫁する

---

① **Shohei Ohtani is a two-way baseball player. / Shohei Ohtani is both a pitcher and a hitter [batter].**
② **People live longer and have fewer children in Japan. / Japanese live longer and have fewer children.**
③ **pass the sales tax increase (on)* to consumers in higher prices**

[*(on) は省略可]

---

① の「二刀流の」は two-way を使います。「投げてよし，打ってよし」の「一人二役」という意味です。後半部分のように「投手であり打者でもある」と英訳しても「二刀流」を表現できます。

② の live longer（長生きする）は「高齢化する」。have fewer children（子

どもの数が少なくなる）は「少子化する」。この2つを and でつなぐと「少子高齢化する」になります。

　一方，③ の「消費税増税分」は the sales tax increase。それを「消費者に転嫁する」は pass（on）to consumers。ここでは「増税分」をラグビーやサッカーの「ボール」にたとえ，それを「消費者に**パスして渡す**」と英訳して「転嫁する」を表しています。「**動き（アクション）**」のある，いかにも英語らしい言い回しです。

　日本語の場合，「少子高齢化社会」であれ，「消費者への価格転嫁」であれ，言い方が「固定化，定型化」し，決まりきったパターンになる傾向が強く，分かりやすく言い換える（paraphrase）習慣があまりありません。

　これに対し，米英人の英語表現は「柔軟」で「具体的」です。意味が通じればよしとする「大らかさ」や「自由」もあります。

　それは，社会部の事件記者から英文記者に転じた筆者にとって，当初，とても新鮮な驚きでした。そして，その後の英文 writer としてのキャリア形成を通し，また8年に及ぶ米英語圏での海外生活から，その「具体的かつ自由で柔軟な発想」にこそ，中学英語の「活躍する場」が存在するとの確信を持つに至りました。

　中学英語は「万能だ」，などと言うつもりはありません。ただ，その可能性を理解し，引き出し，使いこなすことによって，英語表現の幅が大きく広がるのは間違いない，と信じています。

　ここで言う「中学英語」とは，以下の ①〜③ を指します。
　① 中学生向け英語教科書に載っている単語およびフレーズ。
　② 初級者向け英和辞典が共通して収録している重要単語。
　③ そして，広く日本語として通用している英語由来のカタカナ語。例えば「アクセス」「エコノミー（経済）」「メディア」「リスク（危険）」「インフラ」「プロフェッショナル」... など。これを ③ とします。

　本書のためのデータ収集，編集作業を通じ，中学英語の潜在力を再確認できたのは大きな収穫でした。その成果を，教育現場の生徒，学生，諸先生はもとより，広く一般読者の方々と分かち合えれば，編者としてこれに勝る幸せはありません。

本書の刊行にあたっては，開拓社の川田賢・出版部長より，企画段階から全体の構成に至るまで，多くの貴重な助言，ご意見をちょうだいしました。内容が充実し，使い勝手の良い教材に仕上がったと大変感謝しています。本書の活用を通して，英語的発想の地平線が広がり，英語で表現する楽しさ，おもしろさの新発見，再発見につながれば，著者にとっては望外の喜びです。

本書の使用法

　本書は，日本語の文章や語句とその英訳がセットになっています。英訳には（　）があり，その空欄に英単語を埋めて英文を完成させます。正解は ヒント の前段にあるリストから選択します。

　「正解」は1つのことも，複数の場合もあります。後者については，最も一般的，代表的と考えられる正解を 解答 欄に示し，代替可能なケースは [　] 内に追加しました。

　英文中の記号（　）は省略可，[　] は直前の単語と互換可，を表します。例えば help young people (to) find [get] a job であれば，(to) は削除できる，find の代わりに get も使えるという意味です。⇒ は「... を参照せよ」。

参考資料

＊中学生向け英語教科書 （いずれも 2021 年度版）
・*New Horizon* (*English Course*) 1 ～ 3 （東京書籍）
・*New Crown* (*English Series*) 1 ～ 3 （三省堂）
・*Sunshine* (*English Course*) 1 ～ 3 （開隆堂出版）
・*Here We Go!* (*English Course*) 1 ～ 3 （光村図書出版）

＊メディア

米国

・**新聞・週刊誌**　The New York Times, The Washington Post, The Los Angeles Times, The Wall Street Journal, The Forbes

- **テレビ・ラジオ** PBS（Public Broadcasting Service），NPR（旧 National Public Radio），CNN，NBC News
- **通信社** AP（Associated Press）

英国

- **新聞・週刊誌** The Guardian，The Times，The Financial Times，The Economist
- **テレビ・ラジオ** BBC（British Broadcasting Corp.）
- **通信社** Reuters

カナダ，オーストラリア

- **新聞** The Toronto Star，The Sydney Morning Herald
- **テレビ** Canadian Broadcasting Corp.（CBC），Australian Broadcasting Corp.（ABC）

目　次

経 済

　意外なことに，economy（経済，エコノミー）は，参考にした中学生用英語教科書全12冊のどこにも見当たりません。economics（経済学）はあるのに，economy はないのです。

　経済は私たちの日々の暮らしに直結しています。教科書には載っていませんが，「まえがき」で示した「中学英語」の定義 ② と ③ に当てはまります。形容詞の economic（経済の）も登場します。「エコノミー」は小型の国語辞典でも見出し語に採用しています。中学生向け英和辞典のすべてに economy は載っています。

---

① 経済は好調だ。

　The economy is (　　　). 　　　　(*New York Times*, 2022年7月22日)

② 経済は回復基調だ［改善してきた，上向いてきた，持ち直してきた］。

　The economy is (　　　) up. 　　　　(*BBC*, 2021年11月6日)

③ 経済は絶好調だ。

　The economy is doing (　　　). (*Washington Post*, 2021年12月20日)

④ 実体経済は成長［拡大］している。

　The real economy is (　　　).

⑤ 経済を動かしているはマネーの力だ。

　The (　　　) of money drives [moves] the economy.

⑥ マネーが世界中を駆け巡るシステム

　the system by which money moves (　　　) the world

　　　　　　　　　　　　　　　(*New York Times*, 2018年5月2日)

---

picking　growing　around　strong　power　great

ヒント　① の「好調」を表現する形容詞はいくつかあります。（　　）は小学校でも学習する単語です。（　　）の反対で，経済に「元気がなくて力強さが欠けるようであれば」weak。... is doing well でも「好調だ」を表現できます。「不調」は not doing well。③ は「絶好調」ですから well を格上げします。① と ③ の出典はいずれも米国を代表する有力新聞ニューヨーク・タイムズとワシントン・ポスト。④ の「実体経済」は real economy。

　順序が前後しますが，② の（　　）up は「... を拾い上げる，車で（人を）迎えに行く」という熟語として，中学生にとっては必須です。このイディオムは「（景気が）好転する，病気から回復する」にも応用可。英文は英国の公共放送 BBC から引用。「回復する」は come back でも OK。「経済は回復傾向にある」は The economy is coming back.

　⑤ の drive は，ここでは「（自動車を）運転する」ではなく「... を駆り立てる，前進させる，推進する」。この場合は，経済を「動かす」。⑥ は ⇒「マネー」の例文 ②（37 ページ）。

 解答　① strong　② picking　③ great　④ growing　⑤ power
　⑥ around

---

⑦ 経済は急速に変化している［経済の変化は速い］。
The economy is changing（　　　　）. (*Financial Times*, 2022 年 2 月 3 日)

⑧ 地域経済を運営する
（　　　　）**the regional economy**

⑨ 経済が減速してきた。
The economy is（　　　）down. (*Wall Street Journal*, 2021 年 12 月 30 日)

⑩ 経済は観光産業に大きく依存している。
Tourism* is a big（　　　）of the economy.
(*New York Times*, 2021 年 11 月 8 日)［*「観光産業」］

⑪ 経済の行方が読めない。
［⇒「景気」の例文 ⑨（13 ページ）］

slowing　run　part　rapidly

ヒント》 ⑦ の「急速に」の正解は複数考えられます。⑧ のケースの「経済」について「運営する」の動詞としては manage が最も相性がいいのですが，基本単語の（　　）を使いました。教科書に載っている「走る，... を主催する」のほかに，他動詞として「企業を**経営する**，組織を**運営する**」のような文脈でも使います。

⑨ の（　　）は動詞で「速度を落とす」。この単語は形容詞と副詞でもあり，意味は「遅い，ゆっくりと」。

⑩ の a big（　　）を直訳すれば「**大きな部分**」ですが，「経済にとって（観光産業）は**大きな柱**だ，経済は（観光産業に）**大きく依存している**」と訳した方が日本語としては分かりやすいでしょう。⇒「貿易」の例文 ①（28 ページ）。

⚫⚫⚫

解答 ⑦ rapidly [fast] ⑧ run ⑨ slowing ⑩ part

⚫⚫⚫

⑫ 中国経済は 1990 年代になって急成長した［成長が加速した］。
China's [The Chinese] economy（　　）off in the 1990s.

⑬ 経済報告には明るい材料が多数盛り込まれている。
There is a lot of good（　　）in the economic report.

⑭ 経済の全体像［大局］に目を向ける / 経済をマクロ的に見る
look at the big（　　）of the economy

⑮ 日本経済の絶頂期［栄光の時代，全盛期］は過去の話だ。
The Japanese economy's（　　）days are over [... are behind us].

⑯ 経済の健全性を損ねる
hurt the（　　）of the economy

⑰ 経済を再生させる［復活させる］
bring（　　）back to the economy

health best news life picture took

ヒント》 ⑫ の（　　）off は，飛行機が滑走路から離れる瞬間，つまり「離

陸する」を意味する熟語。離陸の際，パイロットはエンジンのパワーを全開し，機体を浮かせて大空へ飛び立ちます。

　そのイメージを国の経済に当てはめると「飛び立つ」とか「一気に成長する」。(　　) off には「(衣服や靴を) 脱ぐ，... を取り外す」の意味もあります。「1990 **年代**」は **the** 1990**s**。

　⑬ の「明るい**材料**」は「明るい**ニュース**」。この場合，和英辞典で「材料」を調べても，適当な訳語は見つかりません。

　⑭ では，経済を一幅の絵画にたとえています。これを鑑賞するには，作品にできるだけ近づき，微妙なタッチや描写に注目するのも 1 つの方法ですが，ちょっと距離を置いて，作品の全体を眺めることも必要で，この「全体」にあたるのが the big (　　)。経済の統計やデータだけでなく，現状を「全体として総合的に見る」。

　⑮ の be behind us は「私たちの**背後** [後ろ] にある」ということですから「過去の話」。これは応用範囲の広い言い回しです。

　⑯ の (　　) は「健全性」で，「健康」の英訳としてよく知られた単語，「損ねる」は「... を傷つける」を意味する hurt や damage が使えます。

　⑰ の (　　) は「命」。「命を取り戻す」で「再生，復活」を表現。▽経済を活性化しインフレと闘う kick-start* the economy and fight inflation（NPR, 2022 年 10 月 21 日）*kick-start「(... を) 活性化する，(... に) 弾みをつける」。原義は「足でペダルを蹴ってオートバイのエンジンを始動する，かける」。

 解答 ⑫ took ⑬ news ⑭ picture ⑮ best ⑯ health ⑰ life

景　気

　「経済 = economy」に対し，「景気」は business; economy; economic conditions; economic activity; business activity ... といろいろで，これで「決まり」という英訳はありません。しかし，このなかでは business と economy の 2 つが極めて優勢です。

さて，日本語でも英語でも「経済」と「景気」は明確に区別できないことが多く，かなりのところ重複していると考えてよさそうです。例えば以下の ①と ② です。

---

① 景気が好転してきた［上向いてきた］。
The economy [Business] is (　　) up [is (　　) around].
／ 好景気である。**The economy is going (　　).**
② 世の中全体が不景気だ。／ 世の中，不況一色だ。
Business is bad (　　) over.

（*New York Times*, 2009 年 9 月 16 日／2004 年 9 月 9 日）

ヒント 〉 いずれも，the economy でも business でも OK です。ただ，①，② では business は無冠詞です。**The** business でも **A** business でもありません。Business is bad. は「不況」。Business is **slow**. であれば「（客足が減って）商売は**ヒマ**」。▽この不景気では，誰しもが出費を抑えてしまう［みんな財布のひもは固い］。Everyone is afraid to spend money in this bad economy. (*New York Post,* 2022 年 11 月 21 日) ⇒「消費者」の例文 ⑤（201 ページ）。

① の is (　　) around の (　　) around は本来「方向転換する，向きを変える」という意味ですが，経済とかビジネスの文脈では「景気が**上向く**，企業の業績が改善する」。⇒「経済」の例文 ②（8 ページ）。一方で economy とbusiness を明確に使い分けた方がよいケースもあります。

---

③ 景気は転換点を迎えている［岐路に立たされている］。／ 景気の潮目が変わりつつある。
The economy is at [... has reached] a (　　) point.
④ 景気は悪いと米国人は考えている。
Americans think the economy is (　　).

（*New York Times*, 2021 年 11 月 18 日）

⑤ 食品業界は空前の好景気に沸いている。
The food business is having its (　　) year ever.

---

⑥ 当社にとって足元の景気は極めて厳しい。

Business is very（　　）for us right now.

⑦ 景気が後退［下降］している［落ち込んでいる，冷え込んできた］。

The economy is（　　）down.

---

all　hard　turning　strong　picking　bad　best

ヒント　「景気」は ③ と ④ では economy，⑤ と ⑥ では business。① と ② では economy と business は互換可能です。

　③ についても，「景気」を「経済」と言い換え，「経済は転換点を迎えている」としても日本語として違和感はあまりありません。

　それでは ③ で the economy を business で代替できるかというと，Business is at ... はほとんど見かけません。

　その理由を探るヒントは例文 ⑤ と ⑥ にあります。つまり「景気」の意味で business が使えるのは，⑤ の「食品業界」，⑥ の「当社」のように「**経済活動**」に関連した場合が多いということです。⑦ の（　　）down は「後退する」。これは「... を断る，拒否する」も意味します。「景気後退」を1語で表現すれば recession。

 解答　① picking, turning, strong　② all　③ turning　④ bad
⑤ best　⑥ hard　⑦ turning

---

⑧ 景気はさらに悪化し，回復はずれ込むだろう。

The economy is going to get（　　）before it gets better.

⑨ 景気の見通しが立たない。/ 経済の行方が読めない。

We don't know where the economy is（　　）.

⑩ 景気は不況のどん底を抜け出した。

The worst is（　　）for the economy.

⑪ 景気の動きを見守る［景気の動向を注視する］

keep an（　　）on the economy

⑫ 景気の先行きにやっとトンネルの出口の光が見えてきた。

Now we see the （　　） at the end of the tunnel for the economy.

---

over　worse　light　eye　going

 ヒント　⑧ では「悪化」と「回復」を形容詞の比較級で対比。（　　）は *New Crown* と *Sunshine* のいずれも 3 にあります。

⑨ の「景気の**見通し**」は outlook, prospect, forecast,「経済の**行方**」は direction, destination などではなく,「どこへ**行くのか**」で通じます。「読めない」は「分からない」。ここは don't **understand** ではなく don't **know**。

⑩ の「どん底」は「最悪の事態」で worst。これは *New Crown* 3 に「最も悪い［下手な, ひどい］」の意味で載っています。「抜け出す」は「終わる」。（　　）は副詞で「向こうへ, あちらへ, こちらへ」も意味します。⑪ の keep an （　　） on ... は「... から目を離さない, ... を見守る」。

 解答　⑧ worse　⑨ going　⑩ over　⑪ eye　⑫ light

経済活動

「経済（economy）」の形容詞は economic で, 活動を意味する activity を付けると economic activity（経済活動）。意味するところは多岐にわたり, 人間のすることはなんであれ,「経済活動」の側面を持っている, と考えられます。

「活動」の意味では action もいけそうですが,「経済」との関連で action を使うのは主として「行動」で,「経済行動計画 an economic action plan」のようなケースです。

① 大雪で経済活動に甚大な被害が出た。

（　　）snow seriously hurt economic activity.

② 経済活動にブレーキがかかってきた。

Economic activities are（　　）(down). 　　　　[down は省略可]

③ ほとんどの経済活動が停止したままだ。

（　　）economic activity has stopped.

(*Wall Street Journal*，2022 年 1 月 26 日)

④ プロサッカーは経済活動［ビジネス］であり，その他の経済活動と変わりはない。

Professional soccer is an economic activity（　　）any other.

(*New York Times*，2009 年 2 月 19 日)

⑤ 台風で大きな被害を受けた島では経済活動再開への動きが出てきた。

Business is coming back to the island*（which was）heavily（　　）by the typhoon. 　　　　[（　）は省略可]

most　damaged　heavy　slowing　like

ヒント　① の「被害（を与える）」とくれば，自動的に damage と反応するところですが，hurt も使えます。英語の教科書では「... を傷つける」の意味で載っています。hurt は過去形，過去分詞でも変化しません。（　　）には「大雪」の「**大きい**」に当たる形容詞を探します。ただし，ここでは big ではありません。

　② の「ブレーキがかかる」は（... down）「減速する，速度が落ちる」。③ の has stopped は現在完了形なので，「止まった状態が現在も継続している」「停止したままだ」。④ は文末の any other の後に activity が省略されています。（　　）は「... のようだ，... らしい」に対応する形容詞。動詞としても使い，「... を好む，... が好きだ」。

　⑤ では「経済活動」を business 1 語で表現しました。被害を受けた観光産業，漁業などの従事者が業務（business）を再開（come back）しつつある，というイメージ。「経済活動は止まった［死んだような状態だ］」は Business is dead. typhoon は 2 社の教科書にあります。▽（新型コロナを収束させ）**経済活動**を正常化する get the **economy** up and running again。up and running（正常に稼働する，機能する，元気に動き回る）

 解答　① Heavy　② slowing　③ Most　④ like　⑤ damaged

 ## 経済成長

「経済成長」は economic growth。経済（economy）の形容詞が economic だということは「経済活動」の項で触れました。それに「成長」を意味する growth をつなげます。教科書では growth を「増加」と訳しています。

---

① 日本の経済成長率は **1%** だった。
　Japan's economic growth reached 1 percent. / The Japanese economy（　）by 1 percent.

② 中国は年率 6％ を超える経済成長を続けている。
　China has kept its economy growing（　）6 percent a year. / China has kept its annual economic growth（　）6 percent.
　　　　　　　　　　　　　　　　　　　　　[（　）は同一の前置詞]

③ わが国の経済成長率は米国の 2 倍だ。
　Our economy is growing（　）as fast as that of the United States.

④ この 10 年，経済は停滞したままだ［足踏みを続けている，行き詰まり状態だ］。
　The economy has（　）nowhere* for 10 years. [「どこにも … ない」]

⑤ 経済成長の伸び代はまだある。
　There is still（　）for economic growth.

---

room　grew　gone　twice　over

「経済成長率」は economic growth rate。しかし、「率＝rate」なしでも ① のように訳せば「経済成長率」になります。「1% 成長した」と「成長率は 1% だった」は同じこと。

　② の「超える」は more than ですが、（　　）1 語でも表現できます。annual（毎年の、年 1 回の、1 年の）は *New Crown* 3 にあります。▽中国の成長モデルは通用しなくなった。China's growth model has run its course. run its course は「一巡する、自然に消える、役目を終える」。この言い回しは「... との付き合いは**終わった**」「風邪の症状が改善して熱が**引いた**」のような場合にも応用可。

　「経済成長**率**」を成長の「**速度**」と解釈すれば ③ のような英訳も可能。（　　）as fast as ... は ... の「2 倍の速さで」。（　　）は「2 倍、2 度、2 回」で 4 社すべての教科書に載っています。

　④ の「停滞している」「足踏みしている」は（　　）nowhere が使えます。直訳すれば「どこにも行かない。動かない」。つまり「同じ場所にとどまっている、進歩がない、行き詰まっている」。▽経済成長が年率 3% を割り込んだ［2%台に鈍化した、落ち込んだ］。Economic growth fell under 3 percent a year.

　⑤ の「伸び代」は「余地」と考え（　　）としました。これは「部屋」も意味する基本中の基本単語で、小学校でも習います。

解答　　① grew　② over, over　③ twice　④ gone　⑤ room

---

⑥ 経済は右肩上がりで成長した。
The economy (　　) growing and growing and growing.

⑦ 1980 年代の日本は「行け行けどんどん」で「何でもありの［不可能なことはない］」ように見えた。
Anything seemed (　　) during Japan's go-go years of [in] the 1980s.

⑧ （停滞していた）経済が活気を取り戻した。
The economy is on the (　　) again.

⑨ 経済成長から取り残されてしまった。
We are left (　　) in economic growth.

⑩ 経済成長を犠牲にしてでも「ゼロコロナ」を実現する
bring COVID down to zero cases even at the (　　) of eco-
nomic growth
⑪ 経済成長の柱は … だ。/ 経済成長をけん引するのは … だ。
… is (　　) to economic growth.

---

kept　central　behind　possible　cost　move

ヒント》「経済成長」に関連して「経済は右肩上がりで成長した」などと言います。経済が停滞，後退することなく成長を維持する状態を指します。1960年代から 1980 年代の日本がそうでした。和英辞典は「右肩上がりで成長する。右肩上がりの成長」を grow steadily とか continuous growth などと訳しています。steadily は副詞で「絶えず，連続して」。continuous は形容詞で「連続した，途切れない」。

　これを中学レベルで英訳したのが ⑥ です。growing の繰り返しで「ぐんぐん，どんどん成長している」感じを出せます。

　⑦「右肩上がりの経済成長」が「行け行けどんどん」の風潮を生み，「バブル経済（a bubble economy; an economic bubble）」状態に達して，そのバブル（泡）がはじけた［崩壊した］のが 1990 年。

　⑧ の「活気がある」は on the (　　)。「動いている」という意味で「活発な，活動的な」を表します。(　　) は名詞。教科書では「動く，移動する，引っ越す，… を動かす，… を感動させる」を意味する動詞として登場します。

　⑨ の be left (　　) … は「… から取り残される，置き去りにされる」。left は leave (… を置いていく) の過去分詞。(　　) は前置詞としては「… の背後に，… の裏側に」，副詞としては「後ろに，離されて」。ここでは副詞。

　⑩ の at the (　　) of … は「… の代償を払う，… を犠牲にする」。cases は「（新型コロナウイルスの）感染者数，症例数」。「ゼロコロナ政策」は zero-COVID policy。

　《**参考**》▽経済のロックダウン［封鎖］が終わり，町は活気を取り戻しつつある。The city is coming back to life after the economic lockdown. ▽経済のロックダウンはいまだに解除されていない。The economy is still under lockdown. lock は「中学英語」で「… に鍵をかける」。日本語でも「ロックする」といいます。

lock down は「封鎖する，閉じ込める，立ち入り禁止にする」。1語の lockdown は名詞で「ロックダウン，封鎖」。

▽「ウィズコロナ」を受け入れなければならない。/「ウィズコロナ」は不可避だ。We have to live with the Covid-19 virus. ▽「ウィズコロナ」の状況はしばらく続くだろう。COVID-19 is not going away anytime soon.「新型コロナウイルス感染症」の英語表記は 94 ページを参照。

⑪ の（　）は「中央の」「中央にある」を意味する単語としておなじみ。これ以外に，この形容詞は「主要な，重要な」にも使います。ここでは「柱」「けん引する」に応用。

 解答 ⑥ kept ⑦ possible ⑧ move ⑨ behind ⑩ cost ⑪ central

 # 国際化，グローバリゼーション

ここで，経済の「国際化，グローバリゼーション」について触れておきます。実は，「(a) 国際化（internationalization）」も「(b) グローバリゼーション（globalization）」も中学の英語教科書には載っていないのですが，「地球温暖化 **global** warming」は出てきますし，形容詞の「国際的な（**international**）」は重要な単語です。そして，この 2 語さえ知っていれば，(a) にも (b) にも頼ることなく「国際化」「グローバリゼーション」を中学英語で表現できます。

① デジタル経済はグローバル化を加速している。
　The digital economy is getting（　）global.

(IBM, 2017 年 4 月 25 日)

② 経済のグローバリゼーションの功罪［両面，プラスとマイナス，光と影］について議論する
　discuss the two（　）of globalization of the economy

③ 日本企業の国際化が一段と加速している。

(a) and (a) Japanese companies are (b) interna-
tional.

[(a) は同一の形容詞]

④ 私たちは経済の国際化時代に生きている。

We ( ) in a globalized* economy.

[*globalize「グローバル化［国際化］させる」]

---

more live going sides

ヒント　① の get global で「国際化，グローバリゼーション」を表現でき
ます。global を international に言い換えてもよさそうですが，ほとんど見か
けません。get は go，become に置き換え可です。実のところ，この文脈で
は getting global より **going** global の方が一般的。出典の IBM は世界的な
IT 企業（本社・米ニューヨーク州）。（　）の「加速している」は動詞ではな
く，形容詞の比較級。

　② の the two （　）はあるものの「両面，裏表」。

　③ の（ a ）は ① の（　）と同じ形容詞。ここでは同じ単語の繰り返し
で「一段と」を表現。（ b ）の正解は複数あります。

　④ では global を動詞化して globalize，さらに過去分詞に変えて「グロー
バル化されている」。

解答　① more　② sides　③ more, more, going [becoming,
getting]　④ live

物 価

　「物価」の英訳を調べると，（commodity）prices を載せている和英辞典が
あります。（　）でくくってあるので省略可能ということですが，commod-
ity は，ふつう，金，原油，ゴムなど，世界各地の商品取引所（commodity

exchange）に上場され，取引の対象となる「商品」を指します。

　一方，ここで取り上げる「物価」とは食品，衣料品，家庭用品，日用雑貨品など日常生活に関わるモノやサービスの価格であり，commodity は不要。price**s** だけ「物価」を意味します。「消費者物価」は consumer price**s**。price は必ず複数形で。

---

① 物価が下落している。

Prices are going [coming] (　a　).

② 物価が上昇している。

Prices are going (　b　). / Prices are on the (　　).

③ 物価上昇が台所［暮らし，消費者］を直撃している。

Rising prices are (　　) [　　] consumers.

④ 天井知らずの物価高騰だ。

Prices are going (　　) the roof.

⑤ 物価上昇率は 3% だった。

Prices (　　) [　　] by 3 percent.

---

rise　up　hurting　through　rose　down

ヒント　① の物価が「下落する」は go (　a　), come (　a　) のどちらも可ですが，go (　a　) がやや優勢。

　これに対し，② の「上昇する」は go (　b　) が圧倒的。いずれも Prices are (　a　). または Prices are (　b　). だけでも「物価が下落している，上昇している」。▽物価が上がっているので最近は買い物を控えている。I'm not buying much these days because prices are going (　b　). ▽物価は上がる一方だ。Prices have kept going (　b　), (　b　), (　b　).

　③ の「台所」は「暮らし」の意味。kitchen ではありません。ここでは consumers（消費者）を使いました。(　　) の「直撃している」は 2 つの動詞が思い付きます。「... を傷つける，... に打撃を与える」の意味で教科書に出てきます。

　④ の「天井知らず」は go (　　) the roof。「屋根を突き抜ける，屋根の高

さを超える」勢いで，物価などが「急上昇，急騰する」。

⑤ の「物価上昇率」はいわゆる「インフレ（inflation）」。ここでは「上昇率」の「率」は訳出不要。by 3 percent の by は省略可。（　）は動詞の過去形1語ですが，2語で went up にしても同じ意味。▽米国の物価上昇率は7%を超えている。Inflation is running at more than 7 percent in the U.S. 動詞の run にはこのような使い方もあります。

 解答　① **down** 　② **up, rise** 　③ **hurting [hitting]** 　④ **through** 　⑤ **rose [increased, went up]**

⑥ 消費者物価とは消費者がモノやサービスに対して支払う価格を意味する。
**Consumer prices mean prices that consumers pay for （　a　）
and （　b　）.**

⑦ この1年間の消費者物価の動き［推移，動向］についてどう思うか。
**How do you think that consumer prices have （　　） over the
（　　） 12 months?** 　　　　　(*European Central Bank*, 2017年4月)

⑧ 消費者物価を押し上げる
（　　） [push up] consumer prices

⑨ 物価上昇を抑え込む
bring （　　） prices under control 　(*New York Times*, 2008年6月15日)

services　goods　developed　raise　last　rising

ヒント　⑥ の「モノとサービス」は（　a　）and（　b　）で決まり。日本語の語順も同じで，順序が（　b　）and（　a　）になることはありません。（　a　）は「商品，品物」。（　b　）は「サービス」。▽モノとサービスの流通には整備されたインフラが必要だ。We need good infrastructure to move （　a　）and（　b　）. *この場合，（　a　）（　b　）はいずれも複数形で。

⑦ の（　　）は「発展させる，発展する，開発する，... を発達させる」を意味する動詞として教科書では学習しますが，「動く，展開する」にもなります。

ここでは後者。( ) は moved に言い換え可。▽ Let's see how things are ( ) [moving]. は「事態の推移［動き，動向］を見守ろう」。原文の出典は欧州中央銀行（本店はドイツのフランクフルト）。「動き」は文脈によって「**市場の動き**を読む tell [read] where the market is **going**」のように go の出番もあります。

⑧の「押し上げる」の( ) は「... を持ち上げる」「（声などを）張り上げる」「（要求・質問などを）出す，提起する」にも対応。

⑨の control は「制御，制圧」。bring ... under control で「... を制圧する，抑え込む」。keep inflation **under control** は「物価上昇（インフレ）を**抑え込む**」。control は「... を管理する，操る」という動詞として教科書の単語リストに載っています。( ) の正解は「上がる，上昇する」を意味する動詞の ing 形。「太陽が昇る」の「昇る」を思い出してください。

 解答　⑥ goods, services　⑦ developed, last [past]　⑧ raise
⑨ rising

---

⑩ どこもかしこもひどい物価上昇だ。／何もかもが大幅に値上がりしている。
　( ) inflation is all around.
⑪ 今後，インフレは加速する。
　More inflation is on the ( ).
⑫ 便乗値上げする
　raise prices ( ) than needed to cover higher costs
⑬ 国民の最大の関心事は物価上昇だ。
　Inflation is the number one thing [topic] on people's ( ).
⑭ 物価高に対応［対抗］して節約する
　cut corners in ( ) to higher prices

mind　way　high　higher　response

ヒント　⑩ の all around は「至るところで」。「ひどい」「大幅（な）」は形容詞の「高い」。

　⑪ の「加速する」を和英辞典で調べると，多くは「speed up; accelerate」を充てています。例えば，「政府の政策はインフレを加速する結果となった」は The government policy led to accelerated inflation.（研究社『新和英中辞典』）。

　これを「中学英語」で英訳したのが ⑪ です。「加速する」を動詞ではなく，形容詞の比較級で表現しました。原文が動詞だからといって，英訳も動詞で対応する必要のないことはすでに指摘しました。これもその一例。more inflation は「今よりひどいインフレ，インフレの悪化」ですから「インフレは加速する」。「今後」の英訳はいくつかありますが，ここでは on the （　　）としました。「これからやってくる，... の途中だ」。これは広く応用できます。⇒「結婚」の例文 (a)（195 ページ）。

　⑫ の「便乗値上げ」は和英辞典によると an opportunistic price raise [hike]; an opportunistic increase in price; follow-up price increase ...。

　これに対し，本書では「コスト上昇を穴埋めするのに必要になった以上に価格を引き上げる」とかみ砕いて英訳しました。cover は「... を覆う，カバーする」ではなく「（損失，損害などを）負担する，補う，穴埋めする」。使った単語はすべて中学レベル。この英訳は，複数の米英メディアのニュース報道を参考に作りました。具体的で分かりやすい言い回しになったと思います。

　⑬ の（　　）は名詞で「心，精神，考え，気持ち」。動詞としては「... を気にする，いやだと思う」。

　⑭ の cut corners は「馬車などが通りの角を直角に曲がらず，斜めに横切ることで近道をする」のがもともとの意味だそうで，そこから派生して「時間，経費，労力などを節約する（save time, money, or energy）」。状況によっては「手を抜く」にもなります。（　　）は「反応，答え，返答」。2 社の教科書に載っています。

　物価上昇は，製品の内容量を変えずに価格を引き上げるケースもあれば，価格は据え置いたまま内容量を減らしたり，サイズを小さくする場合もあります。後者を「実質値上げ」と呼びます。英語では shrinkflation（シュリンクフレーション）。shrink は「収縮する，減る，少なくなる」。それと inflation を合体させてできた新語です。

解答 ⑩ High ⑪ way ⑫ higher ⑬ mind ⑭ response

 税 金

「税金（tax）」は put a heavy tax on (salt)「(塩) に重税を課す」という
例文が，中学 3 年生向けの *New Horizon* にあります。

消費税は consumption（消費）tax ではなく sales tax が一般的。sales は
「売上高，販売額」。

---

① 日本は消費税を **8%** から **10%** に引き上げた。

Japan（　　）its sales tax to 10 percent from 8 percent.

（*Wall Street Journal*，2020 年 2 月 17 日）

② 税金の使途が分からない。

We don't know how and where our tax money is（　　）[is be-
ing spent].

③ 増税分は価格を値上げして消費者に転嫁する

（　　）the tax increase（on）to consumers in the form* of
higher prices 　　　　　　　　　　[(on) は削除可。form「形」]

④ 所得の約 3 割は税金で持っていかれる［天引きされる］

About 30 percent of the money I make（　　）to taxes.

---

going　pass　goes　raised

ヒント ① の正解は複数あり。② の「使途」は「税金は**どのように使われ，
どこへ行くのか**」と考えるのがヒント。

③ の「転嫁する」は（　　）。なぜそうなるかについては「まえがき」の例
文 ③ で説明済み。この動詞はすべての中学英語教科書に載っていますが，多

くは「(試験に) **合格する**」という意味で登場します。ここでは「... を (手) 渡す」。in the form of ... は「... の形で，... として」。「価格上昇を消費者に転嫁する」は (　　) on higher prices to consumers のように語順を変えてもよい。

④ の「持っていかれる」は「(収入の約 3 割は税金のところへ) **行く**」と英訳。上記 ② の例文と同じ発想。「所得」は income。しかし，これは中学英語ではないので make money (お金を稼ぐ) で代用。How much (money) do you make a year? は「あなたの年収はいくらですか」。(money) は削除可。

 解答　① raised [increased]　② going　③ pass　④ goes

---

⑤ 税引き後の手取り給与
　my take-home pay (　　) taxes
⑥ ... を対象に大型減税を実施する
　give a (　　) tax cut to ...
⑦ 消費税増税を控えた駆け込み需要
　a last-minute increase in demand* (　　) the sales tax increase
　　　　　　　　　　　　　　　　　　　　　　　[*「需要」]
⑧ 新税は約 1000 億円の税収をもたらした。/ 新税による税収は約 1000 億円だった。
　The new tax (　　) in about ¥100 billion.
⑨ 世論は政府の増税案に反発した [世論の支持を得られなかった]。
　The government plan to increase [raise] the tax didn't (　　) down well with the public.

---

big　brought　go　before　after

ヒント　⑤ の「税引き後の給与」は take-home pay (　　) taxes。take-home は所得税や社会保険料などを天引きされた**後** (after) で「**家庭**に持ち帰って」自由に使えるお金。▽ 1 万円の所得税を払う pay ¥10,000 in income tax.

income は「所得」。

　⑥ の「大型」は「大きい」。large と（　　）が使えます。（　　）の方が相性がよさそうです。「減税」は a tax break でも OK。

　⑦ の「駆け込みの」にあたる last-minute の minute には「1分1秒」の「分」ではなく，「瞬間，ほんの一瞬」の意味もあることは教科書に載っています。これを last-minute にすると「土壇（ドタン）場の」とか「ぎりぎりの」。消費税引き上げ**直前**になって急いで買い物する，という感じが出ます。

　名詞の demand（需要）は「強く尋ねる」を意味する動詞として採用している教科書があります。おなじみの「需要と供給」は supply and demand。日本語の語順は「需要と供給」ですが，英語では「供給と需要」。supply は supplies（必需品）として1社の教科書に載っています。▽需要の伸びに対し，供給は減少している。Demand is up, while supply is down.

　⑧ の（　　）in は「... を持ち込む」。文脈によって「... を生み出す，もたらす」にもなります。

　⑨ の（　　）down (well) with ... は「... に受け入れられる，支持される」。**well** を加えると「**とても**評判が良い，**大歓迎**される」。the public は「国民，世論」。

 解答　⑤ after　⑥ big　⑦ before　⑧ brought　⑨ go

　予 算　（⇒「科学技術」の例文 ④（206 ページ））

　貿 易

　「貿易」は (foreign [international]) trade。（　　）は省略可で，trade だけでも「貿易」を指します。外国貿易を所管する「経済産業省」は Ministry of Economy, **Trade** and Industry (METI)。経産省の前身である「通商産業

27

省（通産省）」は Ministry of **International Trade** and Industry（MITI）
でした。

「通商」と「貿易」は同じこと。天然資源に恵まれていない日本は，戦後，
「貿易立国」として発展してきた，などとも言います。

貿易はそれほど日本にとって重要なのですから，trade はすべての英語教科
書で取り上げているだろうと思っていたら，当てが外れました。*New Horizon* 3 に Like most countries, Japan depends on foreign trade for its survival.（多くの国と同様，日本は外国との貿易なしには生きていけない）という例文
が唯一のケースです。この部分はまさに「日本は貿易立国」ということでしょ
う。

同様に import（輸入する）を単語帳に掲載しているのも *New Horizon* のみ
で，export（輸出する）に至ってはどの英語教科書にも見当たりません。以下
の例文で示すように import, export を基本動詞で言い換えることはできるの
ですが，本書では trade と合わせ，「3 点セット」で取り上げます。

---

① 貿易が日本経済に占める割合は大きい。/ 日本経済は貿易に大きく依
存している。
International trade makes up a large（　　）of Japan's economy.
② 米国との自由貿易を支持する
support（　　）trade with the United States
③ 日中間の貿易を拡大する
（　　）trade between Japan and China
④ 日本とイタリアの貿易額は少ないが，近年，増加している。
Japan's trade with Italy is small but has been（　　）in recent years.
⑤ 米中間の通商交渉は決裂した［物別れに終わった］。
U.S.-China trade talks（　　）down.

（*Los Angeles Times*, 2019 年 6 月 28 日）

---

free　broke　part　growing　increase

ヒント〉　① の make up は応用範囲の広い熟語で，文脈によって意味するところは多様ですが，ここでは「…（の割合）を占める，構成する」。（　　）は「部分」と訳すことが多い名詞。a large（　　）ですから「大きな部分」。そこで「占める割合は大きい」「大きく依存している」。⇒「経済」の例文 ⑩（9 ページ）。② の「自由貿易」は英語の「自由な」をそのまま使えます。

　③ の「拡大する」は「増やす」，④ の「増加する」は ③ の（　　）と同じ動詞でも対応できますが，別の単語を考えてみてください。

　⑤ の「交渉」を和英辞典で調べると最初に negotiations が出てきます。これで OK ですが，中学英語では talk が使えます。この単語は「話す，しゃべる」という動詞のほか，「話，講演，会談」を意味する名詞でもあります。これを複数形の talk**s** にすると「協議，会談，交渉」。（　　）down は「（機械などが）故障する」「（結婚生活が）破たんする」のようなケースにも応用可。

....

解答　① part　② free　③ increase　④ growing　⑤ broke

....

輸　出

---

① 日本の輸出額は過去最高だった［最高に達した］。
　Japan's exports（　　）an all-time [a record] high.
② 日本の対米輸出
　Japan's exports（　　）the U.S.
③ 輸出が増えれば，それだけ国が豊かになる。
　The more we export, the（　　）we get.
④ その会社は 100 カ国以上に自動車を輸出しており，主要な市場［輸出先］は欧州だ。
　The company exports cars to more than 100 countries, with Europe being its（　　）market.　(*Wall Street Journal*, 2009 年 8 月 4 日)
⑤ オーストラリアは日本に牛肉を輸出している。

29

Australia (　　) beef to Japan. / Japan (　　) beef from Australia.

key　reached　to　buys　sells　richer

 ① の export は動詞で「輸出する」。名詞で「輸出」。そして，名詞を複数形にすると「輸出**額**，輸出**量**，輸出**物**」。これは「輸入」についても同じこと。(　　) は動詞で「... に着く，到着する」以外に「達する」にも使えます。all-time は形容詞で「かつてない，今までにない，空前の」。high は「高い」という形容詞ではなく，名詞で「最高水準，最高記録」。この部分は an all-time high を a record high に言い換え可。

③ は the more ..., the better ...（... をすればするほどよくなる；多ければ多いほどよい）などでおなじみの構文を応用。(　　) の形容詞の原型は「裕福な，金持ちの，豊かな，豊富な」。

④ の (　　) には「主要な，重要な」を意味する形容詞が入ります。これを名詞として活用すると「鍵，カギ」。英文の出典は米国の経済・ビジネス紙「ウォール・ストリート・ジャーナル」。

「輸出する」は export。言い換えとしては ⑤ (　　) の動詞が使えます。「... へ**売る**」と考えるわけです。日本を主語にすれば「... から**買う**」。⇒ 次項の「輸入」の例文 ①。

 ① reached [hit]　② to　③ richer　④ key　⑤ sells, buys

輸 入

① 日本は石油の **90%** を中東から輸入している［中東に依存している］。
Japan imports (［　　］) 90 percent of its oil from the Middle

East*.

[*「中東」]

② オーストラリアから輸入した牛肉 / オーストラリア産牛肉

beef imported (　　) Australia

③ 日本の原油の主要な輸入元は ... だ。

Japan's (crude)* oil mainly (　　) from ...

[*(crude) は省略可]

④ 日本が輸入している中国製品

Chinese products (　　) into Japan

⑤ 外国製品の輸入規制を緩和する

open the door (　　) to [for] foreign products [goods]

⑥ 「フェアトレード」で輸入したインドネシア産のコーヒー豆を使用する

use fair trade [fairly traded] coffee beans (　　) Indonesia

---

coming　wider　comes　buys　from

[同一単語を 2 カ所で使用]

ヒント》　① では import（輸入する）の言い換え単語を探します。正解は「輸出」の例文 ⑤ を参考。

また，この文脈では「中東から輸入している」＝「中東に依存している」と考えられます。つまり，「依存している」が原文で，それを英訳する場合 depend on ...（... に頼る，依存する）ではなく import とか [(　　)] も使えるわけで，これによって和文英訳表現の幅が広がります。

③ も import の言い換えに関するクイズ。ここでは「輸入する」を「... から来る」と訳しました。(　　) from です。これを「... へ入って来る (　　) into」と考えて「輸入する」を表現したケースが ④ です。

一方，import も ③ の (　　) from や ④ の (　　) into も使わずに「輸入する」を表現したのが ⑤ です。「外国製品の輸入規制を緩和する」を「外国製品に対するドアを**より広く**開ける」と英訳しました。これで，「輸入」を意味する単語や表現なしでも「輸入」の話であることは伝わります。この「**より広く**」が (　　) の部分です。これはある形容詞の比較級です。

⑥ の「フェアトレード」は最近よく耳にするようになりました。fair は形容詞で「公正な，公平な，適性な」。副詞は fairly。trade は「貿易」，その動

詞は「貿易する，取引する」。その他の単語もすべて教科書に載っています。

　つまり「fair trade」とは「公正，公平な貿易」ということになります。何を意味するかについて，日本経済新聞（2019 年 1 月 15 日）は「途上国で生産された農産物などが適正価格で継続的に取引できるようにし，途上国の生産者の生活を改善する運動の 1 つ」と説明しています。

 解答　① buys　② from　③ comes　④ coming　⑤ wider　⑥ from

 ## 貿易戦争

　貿易とは，2 国間，または多国間でモノやサービスを取引することで，輸出をすれば収入となり，輸入であれば支出が発生します。両者のバランスが取れていれば問題はないのですが，多くの場合，輸入額より輸出額の方が多かったり，その逆だったりするのが実態です。前者であれば「貿易黒字」，後者は「貿易赤字」の状態です。

　そして，貿易赤字が急拡大したり，高水準のまま長期間続いたり，貿易にかかわるルールが不公平だったりすると，「貿易戦争」という事態に発展することもあります。

---

① 米国と中国の間で貿易戦争が勃発した。/ 米中 2 カ国が貿易戦争に突入した。

   A trade war (　　) out between the U.S. and China.

② 全面的貿易戦争になれば（当事者は）すべて敗者だ。/ 全面的貿易戦争で勝者は誰一人いない。

   Everyone (　　) in an all-out trade war.

   (*Washington Post*, 2018 年 4 月 10 日)

③ 貿易戦争が起きればその代償は大きい [大きな痛みを伴う]。

   We have to pay a big (　　) for a trade war.

---

④ 中国との貿易戦争は避けたい［回避したい］。

　We don't want to（　　）a trade war with China.

⑤ 両国は貿易戦争に巻き込まれている［貿易戦争状態だ］。

　The two countries are（　　）a trade war.

---

loses　price　have　in　broke

 「貿易戦争」は英語でもそのまま a trade war。① の（　　）out は「（何かが突然，急に）起こる，発生する」。多くは火事や戦争などの災難や不幸な出来事です。米国と中国を主語にして「貿易戦争に突入する」は go into a trade war。⑤ も参考。

　② の「全面的な」は all-out。和英辞典にはもっとむずかしい単語が載っていますが，all-out で OK。

　③ の「代償が大きい」は pay a big（　　）が使えます。pay a（　　）は「... の代償を払う，報いを受ける」。（　　）の単語には「価格，値段」の意味も。

　④ の「避けたい」は「望まない」と訳せばよいでしょう。⑤ の「巻き込まれている」は（　　）の前置詞 1 語で間に合います。これは「... の状態にある，置かれている」。

....

 ① broke　② loses　③ price　④ have　⑤ in

....

円安

　かつて，円と米ドルの為替レートは，1 ドル 360 円で固定されていました。それが 1973 年に変動相場制に移行し，2023 年 6 月現在，1 ドル 140 円前後で推移しています。

　つまり，この時点での 360 円は 1973 年以前の約 2.6 ドルに相当し，それだ

33

け，ドルに対して円の価値が高くなったわけです。これを円高といいます。米国から見れば「ドル安」です。

　「円安」が問題になったのは，2022 年で，1 月の 1 ドル 115 円前後から 10 月には 150 円を突破するまでに一気に急落し，その結果，エネルギー価格が上昇して電気，ガス料金を押し上げたほか，輸入小麦や大豆を原料とする食品が大幅に値上がりしました。

　「円**安**」だから **cheap** yen かというと，そうではなく，a [the] **weak (er)** yen です。「安い」ではなく「**弱い**」と表現します。weak の動詞形である weaken を使って The yen has **weakened** against the dollar.（円はドルに対して下落した / 円安になった）とも言います。ただし weaken は「中学英語」ではありません。

---

① 円安［ドル高］で日本では原油や天然ガスの価格が上昇している。
　The weak yen [The strong dollar] is （　　） oil and natural gas prices in Japan. / Japanese （　　） more for oil and natural gas because of a weaker yen [a stronger dollar].

② 円安で … のコストが上昇している。
　The weaker yen is （　　） up the cost of …

③ ドルに対して円安になった。
　The yen （　　） against the dollar.

④ 円はドルに対し 32 年ぶりの安値を付けた。
　The yen hit a 32-year （　　） against the dollar.

⑤ 円安で日本製自動車の輸出価格が下がった。
　The fall of the [The weaker] yen has made Japanese cars less （　　） overseas [abroad]. / … has made Japanese cars （　　） in foreign markets.

⑥ 円安にはプラス，マイナスの両面がある。/ 円安はもろ刃の剣だ。
　A weak yen cuts （　　） ways. 　　(*Japan Times*, 2022 年 11 月 8 日)

---

pushing　raising　fell　low　cheaper　both　expensive　pay

ヒント ① の「価格が上昇する」は「... が価格を上昇させる」と英訳。後半ではこの部分を「支払いが増える」と言い換えました。「円安」は見方を変えれば「ドル高」。「円安」は a [the] weak yen; a [the] weaker yen など。

② の「コストが上昇する」は，円安が「（コストを）押し上げる」。一方，「円安」を「（円の価値）がドルに対して下落する」と表現したのが ③。こうすれば weaken という単語を知らなくても，初級レベルの基本動詞で「円安」を表現できます。この単語の原形は名詞としても使います。⇒ 例文 ⑤。

③ で注意したいのは「ドルに**対して**」の前置詞。to ではなく，意外にも against です。これは「... に対抗して，反対して」を意味する単語だと学校では習いますが，こんな場面にも登場します。

「円安」の言い換えとしては ④ も有効です。**hit** a（　）は「安値を**つける**」。（　）は形容詞としては「低い」。名詞では「低い水準［数値］」の意味である，と説明している英語教科書があります。hit はここでは「（水準に）**達する**」の意。「32 年ぶりの ... 」は a 32-year ... だけで OK。

⑤ の「輸出（する）」の英訳は overseas; abroad; in other countries; foreign markets（外国で，海外市場で）を活用する方法もあります。2 カ所に登場する made は make の過去形。ここでは「... を作る」ではなく「（ある状態）にする」。そこで，... has made Japanese cars less（　）overseas は「外国での日本製自動車の（価格）を安くした，輸出価格を引き下げた」。この部分は 2 通りの英訳を示しました。前半の less（　）は「（円安以前の日本製自動車の価格と**比較して**）安くなった，高価ではなくなった」。ちょっと回りくどい言い回しですが，less ... のパターンはよく見かけます。後半の（　）は「安い」の比較級。どちらにせよ，「価格が下がった」の英訳は，形容詞の**比較級**を使うのが英語的発想の「ツボ」です。

ついでに補足しますと，「（急激な円安を受けて）政府，日銀は円買い，ドル売りの**市場介入を実施した**」は The government and the Bank of Japan **stepped into the market** to buy the yen and sell the dollar. 単語はすべて中学レベルです。「市場に**介入する**」は **step into** the market。step into ... は「... に足を踏み出す」という意味で *New Crown* 3 に出てきます。

⑥ の cut（　）ways はイディオムで「もろ刃の剣」。円安は，日本製品の輸出にとっては「プラス」，海外から輸入している原油や小麦の価格上昇をもたらすので「マイナス」。そこで cut（　）ways。⇒ 以下の「円高」の例文 ①。

解答 ① raising, pay ② pushing ③ fell [dropped] ④ low
⑤ expensive, cheaper ⑥ both

円高

　さて，今度は「円高」です。「円**安**」は「**安い**」ではなく「**弱い**円」でしたから，「円高」は「**高い**」ではなく「**強い**円」ではないかと想像できます。だとしたら **a [the] strong(er)** yen になるはずです。その通り。動詞を使うとしたら，円が「弱くなる」が weaken だったので「強くなる」は strengthen です。しかし，これも「中学英語」圏外です。また，「円高」は「(円の価値の) 上昇」と解釈することも可能です。

---

① 円高は日本経済にとってプラスであり，マイナスでもある。
A strong yen is both good and (　　) for the Japanese economy.

② 円高になると日本の輸出製品の価格が高くなる。
The strong yen (　　) Japanese products more (　　) abroad.
(*Wall Street Journal*, 2010 年 9 月 14 日)

③ 円がドルに対して上がった [円高になった]。
The yen (　　) against the dollar.

④ 円高もホンダにとって逆風になっている。
The strength of the yen has also (　　) against Honda.
(*BBC*, 2012 年 4 月 27 日)

---

worked　makes　expensive　rose　bad

ヒント》　「円高」は **a** strong yen だったり **the** strong yen になったりで，

36

文脈によってまちまち。strong を比較級の stronger にすることもあります。これは「円安」についても同様です。

　① の「プラス」は，この場合，positive ではなく，単純に good でいきましょう。「マイナス」はその反対。⇒「円安」の例文 ⑥。

　② の「価格が高くなる」の「高くなる」は cheap の対義語［反対語］。abroad は overseas; in foreign markets; in other countries などと言い換え可。⇒「円安」の例文 ⑤。

　「円高」を「(円の価値が) 高くなる」と解釈したケースが ③ で，(　　) には「上がる，上昇する」を意味する動詞が入ります。「太陽が昇る」の「昇る」と同じで，名詞としても使います。

　④ の「逆風になる」は (　　) against (妨害する，不利に働く)。(　　) の動詞は「働く，作用する」。BBC (英国の公共放送) が主語に採用した The strength of the yen は The strong(er) yen; The rise of the yen と同義。strength は「強さ，長所」を意味する単語として 2 年生向けの一部の教科書に載っています。

∙∙

 解答　① bad　② makes, expensive　③ rose　④ worked

∙∙

マネー

　「マネー」については，この章の冒頭で「経済を動かしているのはマネーの力だ。The power of money drives [moves] the economy.」。という例文を紹介しました。以下はすべて「マネー，お金」＝ money のケースです。

---

① 金がモノを言う。/ 金は力だ。
　Money (　　).
② 世の中を動かしているのはお金だ。/ 地獄の沙汰もカネ次第。
　Money makes the world (　　) round.

---

③ 彼にとって命よりカネが大事なのだ。

He puts money (　　) life.

④ 何よりもカネだ。/ お金が最も大事だ。

Money (　　) first.

⑤ 生きるためにお金は重要だ。

Money is a big (　　) of our lives.

⑥ 長生きは喜ばしいが，生きていくにはカネがかかる［タダというわけにはいかない］。これが問題だ［ここが悩ましいところだ］。

The good news is that we're living longer. The bad news is we have to (　　) for it.　　　　(*New York Times*, 2015 年 2 月 19 日)

---

go　comes　talks　pay　before　part

ヒント ① は日本語でも同じように発想します。というか，「カネが全くモノを言わない」人間社会というものなど世界のどこを探しても存在しないでしょう。② も同様です。⇒「経済」の例文 ⑤ と ⑥（8 ページ）。

③ は money と life を比較して money が life より「優先する」。(　　) の部分を behind（... の後ろに）に変えると優先順位が逆転します。これがヒントです。

④ の例文の主語を変えて Safety (　　) first. にすれば「安全第一」。⑤ の a big (　　) は「大きな部分」。これで「重要」とか「大切」を表現できます。

⑥ の The good news is (that) ... The bad news is (that) ... は，ある事実（この例文では「長生き」）のプラスの面とマイナスの面を対比して表現するのに有効で，広く応用できます。「(... するのも) 一長一短だ」というようなニュアンス。「生きていくには**カネがかかる**」は money ではなく (　　) for it で代用できます。(　　) for ... は「... の費用［代金］を払う」。

···

解答 ① talks　② go　③ before [over]　④ comes　⑤ part　⑥ pay

···

最後に，こんな表現もあるのか，これはおもしろい，と思われる，ちょっと意外性のある表現を紹介します。money を使わずに「お金」を英訳できるこ

とも紹介します。

---

⑦ 彼の両親は大金持ちで，おかげで彼は湯水のようにお金を使える［使いたい放題だ］。
He can spend money like (　　). His parents have deep (　a　)*.
(*EnglishGrammar*, www.englishgrammar.org)［*⑧ の (　a　) と同一の名詞］

⑧ 同社の潤沢な資金力をもってすれば，... への投資は可能だ。
The company has deep (　a　)* to put money into ...
［*⑦ の (　a　) と同一の名詞］

⑨ 京都は外国人観光客に依存している。（宿泊，買い物などで）お金をたくさん使うからだ［お金をたくさん落としてくれるからだ］。
Kyoto (　　) on high [big]-spending foreign tourists.

⑩ 彼は宝くじに当たって一夜にして金持ちになった。
He got rich quick by (　　) the lottery*.
［*「宝くじ」］

⑪ 喫煙による経済的損失は年間 147 億ポンドに上る。
Smoking (　　) the economy £14.7 billion per year.
（英国政府の報告）［*£ = pound（ポンド，英国の通貨）］

---

pockets　water　costs　depends　winning

ヒント》 money が登場するのは ⑦ の前半と ⑧ の put money into ... の部分だけです。⑦ と ⑧ の (　a　) には共通の名詞が入ります。単数，複数いずれも可。「（衣服の）物入れ」としておなじみですが，ここでは「お金，資金，お金を入れるところ」。それが deep（深い）というのですから，個人であれば「金持ち，資産家」，企業なら「豊富な資金力」になります。▽医療費の 30% を自己負担する pay 30 percent of health care services out of (　a　)。health care「医療」。pay 30 percent of ... を直訳すれば「... の 30% を（自分の）(　a　) から払う」。つまり，「（健康保険でカバーされない医療費を）自分で払う，自己負担する」。out-of-(　　) は形容詞で「自己負担の」。

⑧ の put money into ... は「... の中にお金をつぎ込む」。つまり「投資する」。1 語では invest。▽投資額を上回る収益を期待している。We hope we'll get

39

back more than what we put in.

⑨ の「... に依存する」は（　　）on ...。これは「... 次第である，... に頼る」として教科書に出てきます。

⑩ の get rich quick は決まり文句。「一獲千金」「簡単に大もうけする」「楽して金持ちになる」。1 億円の宝くじに当たればまさに get quick rich。しかし，Easy come, easy go.（楽して手に入れたものは，なくなるのも早い。悪銭身に付かず）ということわざもあります。

⑪ の（　　）は「（費用，金額が）かかる」を意味する動詞。ここでは「（経済に）負担をかける」。

 ⑦ **water, pockets** ⑧ **pockets** ⑨ **depends** ⑩ **winning**
⑪ **costs**

貯蓄，貯金

「お金を貯める」の「貯める」にあたる動詞は，中学の英語教科書では「... を救う，助ける」「... を節約する，省く」を意味する単語として載っています。例えば save people（人命を救う），save water（節水する）。「貯金する」にもsave を使うことに触れた英語教科書は一冊もありません。中学生向け英和辞典には載っています。

---

① 貯金してマイホームを買う
　save money to buy a（　　）
② （将来に備えて）毎月 1 万円貯金する
　（　　）away ¥10,000 every month
③ 銀行に 100 万円預金している。
　I（　　）¥1 million (in savings)* in the bank.　　［*(　　) は省略可］
④ 貯金を取り崩して生活している。

I (　　) on [off] (my) savings.

⑤ 東京暮らしはカネがかかるので，貯金を取り崩している。
The high cost of living in Tokyo is (　　) into my savings.

---

have　eating　house　put　live

ヒント　① の「マイホーム」がマンションであれば apartment; condominium; condo。「一戸建て［戸建て］住宅」は a house; a single-family house。「アパート」「マンション」「集合住宅」はいずれも an apartment。⇒「生活」の例文 ① (170 ページ)。

「貯金する」は ② の (　　) away を使うこともあります。この熟語の基本的な意味は「(物を) 片付ける」で，「(将来に備えて) 貯金する」にも対応。

③ の「預金する」は和英辞典にある deposit 以外に (　　) 内の基本動詞も可。save を saving にすると「貯金すること」。さらに複数形 (savings) になると「預貯金の**額**，蓄え」。

④ の「貯金を**取り崩す**」の英訳はちょっとやっかい。withdraw my savings; dip [break] into my savings などの訳例が和英辞典で見つかります。withdraw は「預金を引き出す」，dip [break] into my savings は「貯金に手をつける」。中学英語の (　　) on [off] savings は「貯金で生活する，貯金を頼りに暮らす」。

また，⑤ のように「お金のかかる東京暮らし」を主語にして，これが「(私の) 貯金を削る，(貯金に) 食い込む，(貯金を) 食べて穴をあける」と考えれば (　　) into でも「取り崩す」を英訳できます。⇒「スマートフォン」の例文 ③ (263 ページ)，「利益，黒字」の〈ヒント〉① (57 ページ)。▽貯金を取り崩して (暮らしている)。I am (　　) into my savings. (*New York Times*，2023 年 3 月 8 日)

解答　① house [home]　② put　③ have　④ live　⑤ eating

第2章 Business

ビジネス

「ビジネス」は英語でも business です。中学の教科書では「会社，仕事，商売，事業」を意味する単語として登場します。

---

① ビジネスは順調だ。/ 商売は上々だ。/ 景気は良い。
Business is doing [going] (　　). / Business is (　　).
② ビジネスの世界では何が起こるか分からない［予測不能だ］。
I don't know what's going to (　　) in our business.
③ 「この一帯を見てくれ。ビジネスは死んだも同然だ」
"Look around here—business is (　　)."

(Los Angeles Times, 2012 年 11 月 29 日)

④ 英語はビジネスの場で国際的に最も広く使用されている言語だ。
English is the most (　　) used language of business in the world.

---

well　dead　widely　good　happen

ヒント　② の「何が起こるか分からない」は「予測不能」に言い換え可能でしょう。「予測不能な」は unpredictable, uncertain。中学英語の I don't know ... でもなんとかなりそうです。(　　) は「... が起きる，発生する」。

③ は不景気で閉店している店が目立つ，という状況に言及しています。これに関連して「（閉店を前に）**売り尽くしセール**を実施し，すべてを売り切った」は It was **an everything-must-go sale**, and everything went. (*New York Times*, 2010 年 1 月 19 日) go と went を対比。go には「... が売れる」の意味があります。

④ の「国際的に」は internationally。in the world でも同じ。

解答 ① well, good ② happen ③ dead ④ widely

---

⑤ ビジネス英語を学ぶ

( ) business English

⑥ 新たなビジネス［事業］が順調に立ち上がった。

The new business has ( ) off the ground.

[⇒「起業」の例文 ⑧ の〈ヒント〉（52 ページ）]

⑦ 私はお金持ちになれる。ビジネス［事業］が急成長してきたのだ。

I'm going to be ( ). My business has ( ) off.

(BBC—English In A Minute)

⑧ これはビジネスで成功するための必読書だ。

This is a must-( ) book if you want to ( ) ahead in business.

---

read got get learn rich taken

ヒント ⑥ の ( ) off the ground は「（計画や事業などが）実現する，好スタートを切る」。The new business is up and running. も同じ意味。

⑦ の ( ) off は文脈によっていろいろですが，*Oxford Learner's Dictionaries* の定義（to become successful or popular very quickly or suddenly（短期間で一気に成功する，人気が出る））に沿って「ビジネスが急成長してきた」と訳しました。

⑥ の ( ) off the ground と ⑦ の ( ) off は，いずれも「飛行機が**離陸する**」も意味します。

⑧ の ( ) ahead は「成功する」。must-( ) は「必読の」。この must は「不可欠のもの，絶対必要なこと」。⇒「出世」の例文 ① と〈ヒント〉（160 ページ）。

解答 ⑤ learn ⑥ got ⑦ rich, taken ⑧ read, get

---

⑨ 企業の新規参入と退場［企業の新陳代謝］は日常的だ。／企業の顔ぶれは常に変わっている。

New companies come and (　　) all the time.

(*Wall Street Journal*, 2012 年 3 月 17 日)

⑩ インターネットは，従来のビジネス手法を変えた。

The internet has changed the (　　) [changed how] we do business.

⑪ 新たなビジネスモデルを構築する

(　　) a new business model

⑫ ビジネス［事業］の立て直しにしばらく時間がかかるのは間違いない［避けられない］。

It is clear that we will take some time to (　　) the business back on track. (*Restaurant Business*)

⑬ 彼はビジネスマン＊だ。

He is an (　　) worker. [＊事務系の仕事の場合]

---

create　get　go　way　office

ヒント ⑨ の come and (　　) は「行き来する，出入りする，現れては消える」。▽ファッションにははやり廃りがある。Fashions **come and** (　　). ⑩ の「インターネット」の英語表記については（251 ページ）を参照。

⑪ の正解候補は複数ありそうです。ビジネスモデルを**思い付く**は **come up with** a business model。⑫ の「… を立て直す（　　）… back on track」。英文は米シカゴに本部を置く外食業界団体のサイトから引用。

⑬ の「ビジネスマン」を a businessman (businesswoman) とすると「実業家，経営者，企業の管理職，専門職従事者」を連想させます。また，男女の区別を避け，ジェンダー・ニュートラル (gender-neutral) の a business-

44

person を使うこともあります。これは1語です。複数形は businesspeople。

「ビジネスマン」では漠然としているので，職種を明確にして I work in sales.（営業職です）とか ▽ He is a graphic designer for [at] the company. 彼はグラフィックデザイナーの仕事をしています。のように具体的に表現することもできますし，この方が an（　　）worker よりベター。事務職のビジネスマンは a white-collar worker とも言います。collar は「（洋服やワイシャツの）えり」。

「ビジネスマン」のついでに「サラリーマン（salaryman）」についてひとこと。かつて，これは和製英語で，外国では通じないとされてきましたが，英オックスフォード（Oxford）や米ウェブスター（Webster）などの名だたる辞典にも採用されるようになりました。

例えば英国の有力紙「ガーディアン（Guardian）」は 2007 年 1 月 13 日の記事で次のように報じています。▽ Salarymen know that the job doesn't end when the office lights go off. オフィスの消灯で1日の仕事が終わらないことはサラリーマンにとっては常識だ。これは「日本人サラリーマンは仕事が終わっても同僚と飲みに行ったり，接待などに追われ自宅に直行しない」という意味。office lights go off は「職場の照明が消える」。

というわけで，「サラリーマン」は英米の辞書に載っています。とはいえ，salaryman を使うのは「日本」とか「日本人」の文脈に限定した方が無難でしょう。

 解答　⑨ **go**　⑩ **way**　⑪ **create [build, develop]**　⑫ **get**　⑬ **office**

 ## 企業，事業

「企業」「事業」はそれぞれ重なり合う部分があって，境界がはっきりしません。

そこで，この章では，この文脈においては「企業」を使うのが一般的，あるいは「事業」がピッタリで，言い換えるのは不自然というようなケースに絞っ

て取り上げます。

　まずは「**企業**」から。

---

① トヨタ自動車は売上高で日本最大の企業だ。

Toyota Motor is the largest [biggest] company in Japan in terms of (　　)*. [*in terms of ... 「... に関しては」]

② フルタイム従業員が 5 人の小企業で働く

work (　　) a small company with only five full-time (　　)

(*New York Times*, 2007 年 1 月 14 日)

③ 日本の全企業のうち 99% 以上は中小企業だ。

Small businesses (　　) up more than 99 percent of all Japanese companies.

④ 世界各地で事業を展開する企業 [多国籍企業]

a company doing (　　) across the world [globe]

⑤ これは当社の企業文化の重要な要素だ。

This is an important part of our company (　　).

⑥ この町では企業誘致に取り組んできた。

Our community has been trying to get companies to (　　) here.

---

employees　with　culture　come　business　make　sales

ヒント 「企業，会社」の英語は company, enterprise, business corporation, firm ... などがあります。最も一般的かつ中学レベルなのは company です。

　また，業種で分類して「メーカー」を manufacturers，スーパーマーケットなどの「小売業企業」を retailers，「自動車メーカー」を automakers と呼ぶこともあります。

　ここで注意したいのは「メーカー」で「卒業後はメーカー [製造業] に就職したい」のような場合，英語では makers ではなく manufacturers または manufacturing companies。製造するものがはっきりしていれば a computer maker（コンピューターメーカー）, an apparel maker（アパレル［衣料品］メーカー）のように maker が使えます。

① の「売上高」は「販売」を意味する名詞に s を付けた複数形で表現します。② では work に続く前置詞は複数あり，特にこれがよく使われるということはありません。⇒以下の「解答」。

② と ③ の「小企業，中小企業」は small companies [businesses]。和英辞典や官公庁では「中小企業」を small and medium-sized enterprises [companies, businesses] と訳しており，さらに「中小企業」と「小規模企業」を区別する基準もあります。しかし，日常会話では，全部ひとまとめにして small companies [businesses] で誤解はないでしょう。

企業の規模の大小については ② のように従業員の数に言及すれば分かります。経済産業省の外局である「**中小企業**庁」の英文表記は **Small and Medium Enterprise** Agency。

③ は中小企業が全企業に「**占める割合**」。この（　　）up はとても応用範囲の広い熟語で，ここでは「... を構成する」。（　　）up a team of nine は「9人のチームを**編成する**」。同じく ③ の英訳では「企業，会社」を business と company に使い分けました。④ の「多国籍企業」を簡潔に表現すれば a multinational company [corporation]。

⑤ の「企業文化」は corporate culture ですが，company culture でも OK。corporate は「中学英語」外の形容詞で「会社の，企業の」。「職場文化」は workplace culture。⑥ の「企業を**誘致する**」は「企業に**来てもらう**」。

....

 ① sales　② with [for, at], employees [workers]　③ make
④ business　⑤ culture　⑥ come

....

② の「フルタイム」とそれ以外の雇用形態については「アルバイト，パートタイム，フルタイム」（155 ページ）を，また ⑥ の「企業誘致」の「誘致する」の言い換えは「ハイテク，高度先端技術」の例文 ③（218 ページ）を参照。

② と ③ の「小企業，中小企業」と聞くと「家族経営の会社，家業，同族会社」などを連想します。これらはいずれも a family company [business]; a family-owned [run] business [company] と言います。⇒家業。「家族，家庭，家」の例文 ⑪ と〈ヒント〉（112 ページ）。family-owned の own は「自分自身の，

独自の」を意味する形容詞でもあり、これはすべての教科書に出てきます。ここでは動詞で「所有する，保有する，持っている」の過去分詞形。動詞としては１社の教科書が取り上げています。[　　] の run は自動詞の「走る」ではなく，他動詞で「... を経営する，運営する」。この run も形としては過去分詞です。ご存知のように run は過去形では ran，過去分詞は原形と同じ run になる不規則動詞。

　基本中の基本動詞とはいえ，run とか go，come などの応用範囲はとても広く，それだけにうまく使いこなすのはなかなか容易ではないのですが，そのいくつかについては本書でも紹介しています。詳しくは英和辞典でそれぞれの動詞をチェックしてください。

··

　「中小企業」に対して「大企業」の「大」は large，big いずれも可。以下の ⑦ と ⑧ を参照。

---

⑦ ソニーや任天堂**などの大企業**
big companies（　　）Sony and Nintendo
(New York Times，2013 年 3 月 31 日)

⑧ マイクロソフト**などの大手企業**
Microsoft and（　　）large companies　　（同上，2019 年 7 月 13 日)

⑨ （合併と買収の結果）大企業は肥大化傾向を一段と強めている。
Big business is（　　）even bigger (thanks to mergers and acquisitions).
[＊⑩の（　　）と共通の動詞]

⑩ 大企業の規模は拡大している。
Big companies are（　　）bigger.
(Harvard Business Review，2018 年 11 月 19 日) [＊⑨の（　　）と共通]

⑪ 世界のトップ企業と肩を並べる
（　　）up with the world's（　　）companies

⑫ ビッグビジネスに成長する
grow（　　）a big business

---

best　other　into　catch　like　getting

ヒント ⑦ と ⑧ については「... **などの**」の英語表現に注目。（　　）内の単語によって，語順が変わります。

　⑨ の「肥大化する」は（　　）bigger。even を入れると肥大化を強調できます。「大企業」を集合的に表現する場合は big business で無冠詞。個々の大企業については a big business; a big [major] company [corporation] など。「（企業の）買収」は acquisition。▽同社のソフトウェア事業を買収する buy into the company's software business。buy into は「（企業の）一部を買い取る」。

　⑩ の出典は米国の有名な経営学誌『ハーバード・ビジネス・レビュー』。

　⑪ の「トップ」に当たる単語はいくつかあります。「リーディングカンパニー」であれば a leading company。「一流企業，優良企業」は a blue-chip company ですが，これは「中学英語」の圏外。同じく ⑪ の「... と肩を並べる」は熟語の（　　）up with。「... に追い付く」という意味だと学校では習います。（　　）は動詞で「... を捕まえる」。⑫ の（　　）は前置詞が入ります。

··

解答 ⑦ like　⑧ other　⑨ getting　⑩ getting
　　　⑪ catch,　best [top,　leading]　⑫ into

··

　次は「**事業**」です。和英辞典を引くと「事業」の英訳としては business 以外に，project, undertaking ... も載っていますが，ここでは business に絞ります。

---

① 当社の新規事業は上々の滑り出しだ［新規事業は順調に立ち上がった］。
　Our new business has (　　) a good start.
② ... が同社の事業を引き継いだ。
　... (　　) over the company's business.
③ 多くの企業が先を競って新規事業に参入した。
　Many companies (　　) into the new business.

④ 当社は事業撤退［廃業］に追い込まれた。

We were (　　) out of business.

⑤ 政府の支援のおかげで同社は事業を継続することができた［生き残れた］。

Support from the government helped the company (to) (　　) in business.

---

forced　stay　took　jumped　made

---

 ② の（　　）over は「... を引き継ぐ，継承する」。これが A（　　）over from B as the champion of ... になれば「A は B に代わって ... のチャンピオンになった」。

③ の（　　）into は「... に飛び込む，飛び乗る，先を争って ... する」。（　　）の動詞は「飛ぶ，跳ねる」。カタカナ語の日本語でも同じ意味。

④ の（　　）は be（過去分詞）to do ... の形で「... せざるを得ない，強制的に［強引に，力づくで］... させられる」。④ の「事業撤退」に対して「事業を継続する」は ⑤ で，これは「事業に **(踏み) とどまる，残る**」と英訳。help ... に続く（**to**）do の **to** は省略可。

 ① made　② took　③ jumped　④ forced　⑤ stay

起 業

「起業」とは，新しく事業を始める［起こす］ことで start (up) a business [company] が基本的な形。(up) は削除可。新しい事業であることは自明ですから a **new** business [company] にする必要はありません。start up を 1 語の名詞 a startup にすると「新興企業，スタートアップ（企業），ベンチャー企業」。主としてハイテク，IT（情報技術），インターネット関連で使われます。

マイクロソフト，グーグル，フェイスブックなどの巨大企業もかつてはすべて startup でした。

　句動詞としての start up は他動詞，自動詞のいずれでも活用し「コンピューターを**立ち上げる**」は start up the computer，「（自動車の）エンジンを**始動する**」は start up the engine。自動詞としては The computer started up.「コンピューターが**起動した**」。

---

① 起業するなら今が絶好のチャンスだ。

Now is a great (　　) to start a company. *(CNN*, 2020 年 5 月 8 日)

② 彼らはゼロから起業し，ビジネスで成功した。

They started from (　　) and built a (　　) business.

(New York Times, 2016 年 11 月 18 日)

③ スティーブ・ジョブズは所有していたミニバスを売却して資金を調達し，自宅の車庫で起業した。

Steve Jobs (　　) his Microbus to raise (　　) to start a business in his garage.

(Engines of Change: A History of the American Dream in Fifteen Cars)

④ そのベンチャー企業は株式を公開した［証券取引所に上場した］。

The startup (　　) public.

---

sold　went　time　successful　nothing　money

ヒント　① の great は「偉大な」ではなく「すばらしい，大きな，重要な」。ここでは「絶好の」と訳しました。

　② の「ゼロ」は zero も正解。ニューヨーク・タイムズの記事は「何もない」で「ゼロ」を表現。

　③ のスティーブ・ジョブズ（1955-2011）は米パソコンメーカー Apple の創業者。彼を教材に取り上げている教科書もあります。raise (　　) は「資金を**調達する**」の基本的パターン。raise は「（お金を）**集める**」。教科書では「...を持ち上げる，（質問・要求などを）出す，提起する」を意味する動詞として出てきます。▽会社は資金繰りに苦しんでいる。The company is in money trouble.

④ の（　）public はビジネスの世界ではおなじみの決まり文句。これによって，その会社の株式を売買できるようになります。

....

解答 ① time　② nothing, successful　③ sold, money　④ went

....

---

⑤ インターネットのおかげで自宅での起業が以前よりずっと容易になった。
The internet has made it（　）than ever to start a business from [at] home.

⑥ インターネットに接続できれば，どこでも起業できる［起業するのに場所は選ばない］。
We can set up shop wherever* there is an internet（　）.

[*「(場所が) どこであっても」]

⑦ コンピューターの製造，販売会社を起業する
set up a company to（　）and（　）computers

⑧ 1億円の銀行融資を受けて起業した。
I（　）the business off the ground with ¥100 million (that was)（　）from the bank.

⑨ 起業当時，その会社は無名だったが，有名企業に成長した。
The company went from nothing to（　）.

---

make　easier　borrowed　something　connection　sell　got

ヒント ⑤ の「自宅で，在宅で」は **from** home, **at** home のいずれも可。（　）は形容詞の比較級。

⑥ の「接続」は「関係，つながり」を意味する名詞。set up shop は「開業する，商売を始める」。この場合の shop は無冠詞。set up は ⑦ にも登場。ここでは set up **a** company になります。

⑧ の「融資」は loan（ローン）ですが，（　）from the bank（銀行から借りたお金）でも OK。get off the ground については ⇒「ビジネス」の例文 ⑥（43ペー

52

ジ)。

⑨ の「無名」は nothing と訳しました。「何もない」という意味の代名詞。それが「有名」企業に成長したというのです。「無名」が nothing だったので,韻を踏んで（　　）にしました。これも代名詞で「何か」とか「あるもの」の意味だと中学校では習います。しかし,この単語は「重要な人物,大物,有名な,立派な」のような場合にも使えることが英和辞典で調べると分かります。from nothing to（　　）は「無名」から「有名」へという感じです。

 解答 ⑤ easier ⑥ connection ⑦ make, sell ⑧ got, borrowed
⑨ something

 経 営

「会社を経営する」を和英辞典の「経営」の見出しで調べると,まず最初に manage a company が見つかるはずです。そして,それに続いて run a company が登場します。run は自動詞の「走る」ではなく,他動詞で「... を運営する,経営する」。対象は「会社」にとどまりません。国,学校,病院,各種組織 ... についても「運営する,経営する」は run が使えます。① がその例です。

① 国の運営に企業経営の手法は応用できない。
   You cannot run a country（　　）(you run)* a business [com-pany].　　　　　　　　　　　　　　　　　　　[*（　）は省略可]
② （新型コロナの流行で）同社の経営状態は極めて深刻［火の車］だ。
   The company is in very（　　）shape (because of the corona-virus crisis).
③ 同社は経営破たんした。
   The company has（　　）under.

④ 家族経営の小企業は若手の後継者が少ない。
　　Fewer young people take over small (　　) businesses.
⑤ 同社の経営の実権を握っているのは … だ。
　　The company is under the (　　) of …

---

family　bad　like　control　gone

---

　　①の「応用（する）」は和英辞典にある apply ではなく「国の運営は企業を経営**するような**わけには」と発想すれば（　　）の前置詞で対応できます。これは「… のような，… に似た」としてすべての英語教科書に出てきます。

　②の shape は「姿，形」のほか「体調，健康状態」にも使えます。ここでは「（会社の経営）状態」。「経営が順調」であれば The company is in good（　　）.

　③の（　　）under は「（船が）沈没する，（企業が）倒産する，破産する」。

　④の「家族**経営**の小企業」の英訳では，「経営」にこだわらず small（　　）businesses だけで OK。take over は「（事業などを）引き継ぐ」。（　　）を使って「同族経営の企業」を a（　　）-owned business と英訳することもあります。own は「所有する」。

　⑤の「経営」は訳出不要。「実権を握る」は「支配下にある」be under the（　　）of と英訳。（　　）は「支配，統制（力），制御」を意味する名詞で，「… を思うように操る，管理する」の動詞として掲載している教科書もあります。

....

解答　① like　② bad　③ gone　④ family　⑤ control

....

業 績

　「業績」を手元の和英辞典で調べると，共通項は achievement です。例えば「偉大な業績」は a great achievement，「... における業績」は achievements in ...。

　しかし，achievement をそのまま，企業の「業績」に当てはめるわけにはいきません。ここではビジネスの「業績」についての英語ですから，主役は business です。

---

① 業績は不振だ。
　Business is (　　).
② （会社の）業績不振で給料の支払いが滞っている。
　We haven't been paid because business is (　　).
③ ... が好業績の大きな要因だ。
　... is a big part of our (　　) business.
④ 同社の経営状態は良好で，業績はさらに伸びている。
　The company is doing well and getting (　　).
⑤ ... の売り上げが好調で［好調だったおかげで］当社の業績は改善した。
　Our business results improved due to (　　) sales of ...

---

　slow　strong　bad　good　better

ヒント ① のケースの「不振」は基本中の基本ともいえる形容詞（　　）です。中学1年生の教科書に載っています。「悪い，よくない，ひどい」などの訳がついています。

　② も「不振」です。① と同じ単語でもよいのですが，（　　）も使えます。「遅い，ゆっくり」を意味する形容詞。「（商売の）活気がない，元気がない，不振だ」にも対応します。「給料の支払いが滞っている」は「給料を払う to be paid」を否定形にします。paid の原形は pay で「... を支払う」。これだけ

55

で「給料を支払う」という意味になります。

　一方，③は「業績が好調」なのですから①の（　　）とは反対。「大きな要因」は「a big part（大きな部分）」と訳しました。

　④の「経営状態は良好」はis doing well。それがさらに良くなるというのですからwellの比較級が（　　）の正解になります。

　⑤の「改善する」はimprove。「好調で」は（　　）の形容詞。これも小学校で学習します。「強い」が基本で「強気の，好調な，丈夫な，健全な，有望な ...」までカバーします。「... のおかげで」はdue to（... が原因で，... のために）。

 解答　① bad　② slow　③ good　④ better　⑤ strong

利益，黒字

　「利益」はprofitで，これが使えないと手足をもがれたゴキブリのようで「当社の今期の利益は」とか「A社は ... ビジネスで多額の利益を上げた」のようなケースを英訳できず，どうにも動きがとれません。

　しかし，profitは中学の英語教科書外ですので，本書ではこれを使わずに「利益，黒字，もうけ」を英訳するよう努めますが，まずはprofitを特例として「中学英語」に追加します。初級者向け英和辞典にはprofitの見出しはあります。

---

① 自宅を処分したら売却益が出た。

　We made a profit by （　　） our home.

② 同社は1000億円の過去最高益を計上した。

　The company posted a （　　） profit of ¥100 billion.

③ 同社は戦争特需で莫大な利益を得た。

　The company made a lot of （　　） during the war.

④ 大手銀行の最終損益はすべて黒字だった。

The major banks all (　　) in the black.　　(*ABC**, 2021 年 7 月 21 日)

［「赤字」であれば in the **red**。*Australian Broadcasting Corp.（オーストラリア放送協会）］

⑤ 同社の損益は 3 年ぶりに黒字化［黒字転換］した。

The company moved into the black for the first (　　) in three years.

---

finished　selling　time　record　money

ヒント〉〉「利益を上げる，利益を出す」を ① では make a profit, ② では post a profit と表現しました。前者の方がよく使われます。① の「売却益」は購入時よりも高い価格で自宅が売れた，ということ。▽原油価格の上昇が同社の利益を圧迫している［利益を押し下げている］。Higher oil prices are **eating into** the company's profit. eat into ...「... を侵食する，... に食い込む，（貯金などを）使い込む」。

　② の「最高」は the highest も可ですが，この文脈では「記録的」を意味する（　　）がピッタリ。これは形容詞。名詞としては「記録」。⇒「売り上げ」の例文 ①（63 ページ）。

　③ の make（　　）は「大もうけする，荒稼ぎする」というニュアンス。しかも，ここでは「莫大な利益」ですから a lot of（　　）。a lot of は huge に言い換え可。huge は 2 社の教科書にあります。「戦争」そのものが「特需」と考えられますから，「特需」の英訳にこだわる必要はないでしょう。

　④ 4 半期や半期の決算では損失を出した銀行もあったが，1 年の通期ではすべて利益を計上できた。そこで「**最終損益**は黒字」。（　　）は「終わる，... を終わらせる」の動詞。

　⑤ では「黒字化した」を moved into the black と表現。「赤字から黒字に**復帰した，回復した**」と考えれば **returned** to the black とも言えます。⇒「赤字転落」。次の項の例文 ⑤。

....

解答　① selling　② record　③ money　④ finished ［ended］　⑤ time

....

⑥ 安全よりも利益を優先する / 利益重視で安全を軽視する［安全は二の次だ］
    put profit （　　） safety
⑦ 利益最優先だ。
    Profit comes （　　）. (*Guardian*, 2017 年 5 月 26 日)［⑧ の（　　）と同じ単語］
⑧ 安全性を高めた製品を作る考えは同社にはない。利益第一だからだ。
    The company won't make its products safer, because profits
    come （　　）.　　　　(*NBC News*, 2021 年 10 月 10 日)［⑦ の（　　）同じ単語］
⑨ 日本の利益［国益］を最優先して行動する
    act in the （　　） **interest of Japan**
⑩ 非営利団体を支援する
    （　　） **nonprofit [non-profit] organizations**

---

    first   help   before   best

ヒント ⑥ の safety は中学英語ではありませんが,「セーフティー」の見出しは国語辞典にもあります。「重視する」は「利益」を「安全」よりも「前」あるいは「上位」に置く, と英語では発想。正解は 2 つあります。

　⑦ と ⑧ では「利益最優先, 利益第一」の profit が単数形と複数形の両方で使われています。同じ頻度で使われています。

　⑨ の interest は「興味, 関心」のほかに「利益」も意味します。public interest は「公益」, national interest は「国益」。

　⑩ の「非営利団体」はいわゆる NPO 法人。organization なしの a nonprofit だけでも通用します。

解答 ⑥ before [over]　⑦ first　⑧ first　⑨ best　⑩ help [support]

赤字，損失

「赤字」とは，家計であれば，収入より支出が多い状態，企業なら損失を出すこと。なぜ「赤」かというと，会計帳簿に記帳するとき，不足額を赤色で書くことから。英語でも red と言います。それ以外でも表現できます。

---

① 当社の経営は大赤字だ。

We are (　　) in the red.

② ことしは赤字増大の恐れがある。／ことしは赤字拡大が心配だ。

There could be (　　) red ink this year.

③ 昨年，同社は 10 億円の赤字を出した。

The company (　　) ¥1 billion last year.

④ 当社は赤字経営だ。

We are running at a (　　).　　　　　　(BBC，2022 年 8 月 16 日)

⑤ 同社は 3 年ぶりに赤字に転落した。

The company (　a　) into the red for the first time in three years. / The company posted its first (　b　) in three years.

---

lost　loss　deep　fell　more

ヒント ① の「大赤字」の「大きい」は big ではなく，英語では「**深い**」と発想。

② の could be は「... の可能性，恐れ」がある。「増大」「拡大」は increase, grow, expansion ... ではなく「より大きい」を意味する形容詞の比較級で対応。

「赤字を出す」は ③ の (　　) も使えます。(　　) ¥1 billion は「10 億円を失った，10 億円の損失を被った」＝「10 億円の赤字を出した」。(　　) を名詞にすると ④ の (　　) になります。running の run は「事業を展開する」。(　　) は「損失，赤字」，英語教科書の単語帳には「喪失，減少，失うこと」とあります。

⑤「赤字」はここでも red。「転落する」もそのまま英訳すれば通じます。**drop** into the red と言わないこともありませんが，（　a　）into the red が一般的。（　b　）は ④ の（　　）と同一の名詞。「黒字転換」は ⇒前項の例文 ⑤。

....

解答　① deep　② more　③ lost　④ loss　⑤ fell, loss

....

---

⑥ 赤字のホテル経営から撤退する［出ていく］

（　　）out of the money-（　　）hotel business

⑦ （商品を）タダにしたら，利益［もうけ］は出ない。

You can't make money if you sell it for（　　）.

(*NPR*, 2018 年 12 月 12 日)

⑧ 赤字［損失］は … を売却して穴埋めする

（　　）up（for）the loss by selling …

---

losing　get　make　free

ヒント　⑥ の「撤退する」の英訳は複数あります。「経営」は訳出不要。ホテル経営が「黒字」であれば the **money-making** hotel business。「撤退する」⇒「海外進出」の例文 ③（72 ページ）。

⑦ の make money は「お金をもうける」。⑧ の（　　）up（for）は「損失などを補う，補てんする，穴埋めする」。「… を補う」を意味する熟語として（　　）up for … を載せている教科書があります。

....

解答　⑥ get [go, pull], losing　⑦ free　⑧ make

....

営 業

「営業」の意味するところは大きく 2 つに分類できそうです。以下の例文 ①
〜④，そして ⑤，⑥ のケースです。当然のことながら，同じ「営業」でも，
その英訳は異なります。

---

① 店は営業中だ。

The store is (a) for business.

[①, ② の (a) はすべて同一の形容詞]

② **コンビニ**は 24 時間年中無休営業だ。

The convenience store is (a) 24/7. / ... is (a) 24 (   )
a day, 365 (   ) a year.

③ ネットで営業する

do (   ) on the internet

④ そのラーメン店は 1970 年代から営業している［1970 年代に開業し，
今も健在だ］。

The ramen (noodle)* (a) has been (b) since the
1970s. [*(noodle) は省略可]

⑤ 商品開発から営業まで

from product development to (b) ［⑤ と ⑥ の (b) は同じ名詞］

⑥ 彼には 10 年の営業（職）経験がある。

He has 10 years of experience working in (b).

---

hours business around days restaurant open sales

ヒント ① の「営業中」は日本語でも「店は（   ）している」と言います。
is (   ) だけでも誤解はありませんが **for business** を加えると「開店して
いて，**営業中です**」がはっきりします。

② の 24/7 は twenty-four seven と発音。「24」は 24 時間，「7」は「(1 週
間のうち) 7 日間」ですから，24/7 は「年中無休」。/ ... 以下は「24/7」の言

い換えです。「年中無休」は around [round] the clock も可。

③ の do（　）は「商売をする」。

④ の「ラーメン店」の「店」は shop とか store ではなく，（　a　）がベ
ター。ファーストフードについても同様で，店舗は a fast food（　a　）。
（　b　）は「... の周りに，周囲に，近くに」を意味する前置詞。ここでは副
詞として活用し「活動している，動き回っている」。ラーメン店であれば「営
業している，店を開けている」。He is still（　b　）, making great music. は
「彼は今でも健在で，素晴らしい音楽を作っている」。⇒「生きる」の例文 ⑨（187
ページ）。

⑤ と ⑥ の（　b　）は日本人の日常会話にもよく登場するカタカナ語がそ
のまま使えます。

解答　① open　② open, open, hours, days　③ business
④ restaurant, around　⑤ sales　⑥ sales

上記例文 ② に関連して「コンビニ」が登場する例文をいくつか紹介します。

（a） そのコンビニには店内に「イートイン」スペースがある。

The convenience store has a dining area [space] (to eat). /
The convenience store has a place where you can eat. / ...
has an area to eat. / There is an area in the convenience
store to sit down and eat.

（b） コンビニは日常生活のインフラの一部になっている。

Convenience stores have become part of the infrastructure
of daily [everyday] life.

解説　（a）の dining は dine（食事をする）の動名詞で「食事をすること」。
英語の eat in は「**自宅で**食事をする」の意味なので，イートイン・スペース
の訳語として使用するのは間違いであるとの指摘があります。

売り上げ

「... を売る，販売する」は sell。それが名詞になって「販売，売ること」は sale。さらにそれを複数形にして sale**s** にすると「売り上げ（高，額）」。「売り上げ」の英訳としては sales でほとんど間に合います。言い換えの必要はありません。

---

① 売り上げは過去最高の ... 円に伸びた。
   Sales rose [increased] to a (　　) of ¥ ... .
② ... の売り上げは堅調だ。
   Sales of ... are (　　).
③ 1 億円を売り上げる
   (　　) in ¥100 million in sales
④ 先月の売り上げは 1000 万円だった。
   Last month, sales (　　) in at ¥10 million.

---

bring   record   came   strong

ヒント》 ① の（　　）には「記録」を意味する名詞が入ります。これは「記録的な」のように形容詞的にも使います。⇒「利益，黒字」の例文 ②（56 ページ）。「単に「伸びる」ではなく「急増する，急上昇する」であれば jump がピッタリ。▽当社の売り上げは右肩上がりで伸びている。/ 当社はずっと売り上げ増を続けている。Our sales have never stopped growing. / Our sales have kept growing and growing and growing.

③ の（　　）in は「... を持ち込む，稼ぐ」。「1 億円の売り上げ」は ¥100 million **in** sales。前置詞が in になることに注意。

④ の（　　）in は「入って来る」が基本的な意味です。

 解答　① record　② strong　③ bring　④ came

----

⑤ 売り上げが頭打ちになった。
    Sales have （　　） growing.
⑥ 売り上げが激減した。
    Sales fell [dropped, went down] （　　）.
⑦ 悪天候［天候不順］でビールの売り上げが打撃を受けた［落ちた］。
    Bad weather （　　） beer sales.
⑧ 新製品の売り上げが会社の運命を左右する［命運を分ける］ことにな
    ろう。
    Sales of the new （　　） will make or break the company.
⑨ 売り上げが落ち込んでいる［低下している］。
    Sales are （　　） down.

---

product　stopped　going　sharply　hurt

ヒント　⑤ の「頭打ちになる」は「伸びが止まる」。level off を使いたいと
ころですが，これは「中学英語」の枠外。

　⑥ の（　　）は副詞で，その形容詞形は「（刃物などが）鋭い，よく切れる」。

　⑦ の（　　）は「... を傷つける」。不規則動詞で，過去形でも変化しません。
「売り上げに**打撃を与える**」のようなケースにも使えます。「悪天候」は直訳調
ですが bad weather で OK。

　⑧ の「運命を左右する」の英訳はいろいろ。ここでは「中学英語」の範囲
内で make or break にしました。決まり文句で make には「... を成功させる」
という意味があり，break は「失敗する」を示唆しています。このフレーズ
は，文脈に応じて「運命の分かれ道，イチかバチか，のるかそるか，...」など
解釈はさまざま。⇒次項の「競争」。

　⑨ の「落ち込む」は（　　）down。「増える，伸びる」であれば（　　）
up。1語では rise，increase など。

....

解答　⑤ stopped　⑥ sharply　⑦ hurt　⑧ product　⑨ going

競争

　ビジネスの世界で「競争」は避けて通れません。競争に勝つ，または生き残れば事業を継続できますし，負ければ市場からの撤退，退場を余儀なくされます。その「生きるか死ぬか」を make or break と表現することがあります。韻を踏んでいます。これを前項の例文 ⑧ では「運命を左右する」の英訳に応用。

　「競争」は英語では (1) competition，動詞の「競争する」は (2) compete，「競争［対戦］相手，ライバル（企業）」は (3) competitor。(1) と (2) は「（競技会，スポーツなどの試合に）参加（する）」の意味で教科書にあります。competitor は「大学生・社会人」レベル。

　以下の ① から ⑤ では competition，compete で，また ⑥ と ⑦ ではそれらを使わずに「競争，競争する」を英訳しました。

---

① 米国は AI（人工知能）の分野で中国との競争に負けつつある。
　The United States is (　　) the competition with China in AI (artificial intelligence).

② 両社は同じ市場で競争［競合］関係にあるが，顧客層はすみ分けている。
　The two companies, competing in the same market, have a different customer (　　).

③ 同じ土俵で［公平・平等な条件で］競争する
　compete on a level playing (　a　)

④ 対等に競争すれば，われわれはいつでも勝てる。/ 同じ土俵で戦えば，絶対に負けない。
　If the playing (　a　) is level, we will (　　) win.

⑤ 同社の新規参入は競争促進のために歓迎だ。
　The company has (　　) into the business and this is good for competition.

⑥ 全員にチャンス［機会］を与え，公平に競争させることが重要だ。/

「平等な機会［機会均等］」と「公平な競争」が重要だ。
Everybody should get a chance and play by the (　　) rules.

⑦ 同社は … との競争で頭ひとつ抜け出しつつある。
The company is taking a small (　　) over …

⑧ 両社の競争は価格戦争へとエスカレートした。
The competition between the two companies has (　　) to a price war.

---

same　lead　losing　got　led　base　field　always

ヒント　① の AI はすべての中学英語教書に載っています。

② の「顧客層」は「顧客ベース」と考えます。「ベース」は土台とか基礎の意味で名詞ですが，英語の教科書では「… に基礎を置く，… を基にする」の動詞として扱われています。customer（客，顧客）といえば The customer comes first.（お客様第一）はビジネスの鉄則。

③ と ④ に登場する level は名詞で「水準，段階」。しかし，この単語は形容詞でもあり「平らな，水平な」。(a) は共通の単語で，ここではサッカーなどの「競技場」を意味します。教科書には「野原，分野，実地の場」などと説明されています。

その「競技場が水平だ」ということはどちらかのチームにとって有利，または不利になるような「傾きはない」。つまり，「公平だ」とか「同じ土俵で，同じ条件で」となります。この a level playing (a) は知っておいて損はありません。

⑤ の「参入する」は (　　) into。「新規」は訳出不要。「歓迎だ」は good。

⑥ では「公平に競争する」を play by the (　　) rules（同じルールで競技する）と訳しました。自分に都合の良いルールを作ってはいけない，という意味です。この表現は広く応用できます。(　　) は小学生にとっても「特に重要な語」に指定されています。▽すべての選手にフェアプレーを望む。All players must play by the rules. play by the rules は「ルールに従って［ルールを守って］プレーする」

⑦ でも compete とか competition を使わずに「競争」を表現しました。

66

「頭ひとつ抜ける」は take a small（　　）。この（　　）は名詞ですが，動詞としては「... を先導する，案内する，（生活を）送る」とか「... につながる，至る」などを意味します。⑧ の（　　）to ... が「... につながる」のケースで，⑦ の（　　）を動詞として活用すると，「競争」が「価格戦争へ**エスカレートする**」を英訳できます。ただし，ここでは原形ではなく過去分詞に変えます。

 解答　① losing　② base　③ field　④ field, always　⑤ got　⑥ same　⑦ lead　⑧ led

ナンバーワン，オンリーワン

（a）世界のナンバーワンで満足してはいけない。目指すはオンリーワンだ。

Being the best in the world isn't enough. We should aim to be the only one in the world.

（b）目標は世界のオンリーワンだ。／唯一無二の存在だ。

We should try to be the only one in the world.

 ## ウィンウィン

　ビジネスにとって競争はつきものとして，時には，生き残りをかけてライバル企業が手を組んだり，業界の垣根を越えての協力，提携関係が成立することもあります。そうした戦略が実現し，成功するための大前提は，それが当事者双方にとって何らかの利益，恩恵をもたらすものでなければなりません。つまり相互利益，これを「ウィンウィン」といいます。英語由来のカタカナ語ですから，そのまま win-win です。

① （業務提携は）両社にとっては「ウィンウィン」だ。

(The business partnership) is a win-win for (　　) companies [... for the two companies]. / (...) has (　　) a win-win situation for the two companies.

② この取引で損する者など一人もいない。全員が勝者［すべての関係者にとってウィンウィン］だ。

There are no (　　) here. It's a win-win (　　) for all of us.

［▽最終的に勝者はたった一人。その他大勢は敗者だ。At the end of the race, there is just one winner and many losers. (*World Economic Forum**, 2020 年 1 月 7 日)

*World Economic Forum ⇒「少子高齢化社会」の例文 ①（96 ページ)］

③ リモートワークは企業, 社員の双方にメリットがある［ウィンウィン］だ。

Remote work is a win-win for both employers* and (　　).

［*「雇用主, 企業」⇒「リモートワーク」(166 ページ)］

④ 両社は持ちつ持たれつ［相互依存］の関係にある。

The two companies (　　) on each other.

(*Wall Street Journal*, 2020 年 6 月 25 日)

---

employees　depend　both　created　losers　deal

 解答 ① both, created ② losers, deal ③ employees ④ depend

 ## 生き残り

「生き残る」を和英辞典で引くと, 最初に見つかるのが survive。そして, survive the accident（事故に遭ったが, 生き残る）といった例文が紹介されて

います。教科書でも，広島の原爆を「生き延びた」，乗っていた漁船が難破し，流れ着いた小島で「生き延びた」のような例文が見つかります。survive 以外にも以下のように「生き残る」を表現できます。

---

① 同社は生き残りを懸けて必死だ。

The company is trying hard to keep its (　　) above water. / ... is (　　) hard for survival.

② 当社が生き残るためには追加の資金援助が必要だ。

We need more money to keep (　　). / More money is needed to help us stay in (　　).

③ コストが上昇し，同社は市場で生き残れなかった。

Higher costs (　　) [　] the company out of the market.

going　business　fighting　forced　head

ヒント　①の keep its (　　) above water は覚えておくといろいろと便利。「水面上に (　　) を保つ，浮かんでいる，沈まないでいる」，つまり，「溺れない」。ここでは会社が「生き残る，持ちこたえる」。... is (　　) hard for ... は「生き残れるよう懸命に闘う」。

②の keep (　　) は「前進する，（事業などを）継続する，続行する」。(　　) は動詞の ing 形で，原形は小学校で学習する基本動詞。stay in (　　) は「事業にとどまる，事業を存続する」。

③には「... を強いる，強制する」を表す動詞が入ります。このケースでは「市場から追い出す」。「市場から押し出す」と考えれば解答欄の [　] 内の動詞も使用可。

 解答　① head，fighting　② going，business　③ forced [pushed]

倒産，経営破たん

　企業が「倒産する［経営破たんする］」は go bankrupt; go bust が最も一般的です。特に後者は，短い単語 2 語のため新聞の見出しとして重宝します。(a) は go bankrupt の例文で，出典はニューヨーク・タイムズ。

（a） 定員割れ［学生数の減少］で大学 3 校が倒産［経営破たん］した。
Three universities have gone bankrupt for lack of students.

(2007 年 6 月 22 日)

解 説 　lack は「不足，欠乏」。大学在学生のはなしですから「定員割れ，学生数の減少」。しかし，bankrupt も bust も中学英語ではありません。中学レベルでは以下のようになります。

---

① その会社は倒産しそうだとうわされている。
　The word is out that the company is （　a　） under.

［② の（　a　）と同じ］

② 同社の倒産は回避したい。
　We should keep the company from （　a　） under.

［① の（　a　）と同じ］

③ 在職 30 年で，会社は倒産した。
　I had （　　） for the company for 30 years before it （　　） out of business.

④ 石油価格の上昇で同社は倒産した。
　（　　） oil prices （　　） the company out of business.

⑤ これでは倒産だ。乳価が安過ぎる。
　We can't （　　） in business. Milk prices are too （　　）.

---

higher　low　going　put　stay　worked　went

ヒント ① の「うわさ」とくれば，すぐに rumor や gossip を思い浮かべますが，word にも「うわさ」の意味があります。「... といううわさが広まっている」は ... The word is getting out that ....「倒産する」は（　）under。これは「（船が）沈む」にも使います。

② も（　）under を使いました。ここでは「倒産回避」を「倒産させないようにする，倒産を防ぐ」と考え，keep the company from（　）under と表現しました。keep は「（ある状態を）保つ，維持する，（約束などを）守る」などの意味で中学の英語教科書に出てきます。これが keep A from（動詞の ing）のパターンになると「A が（　）するのを**阻止する，防止する**」。1 語では prevent。

③ の「在職 30 年」は，その会社で「30 年間働いた」。had（　）... の部分を英文法では「過去完了形」といいます。「会社が倒産した（A）」時点ではすでに 30 年勤務していた（B）わけですから，（B）が（A）に先行しています。そこで，過去よりもさらにさかのぼって「過去完了形」にする必要があります。これは高校で学習します。中学では「現在完了形」まで。

また ③ では「倒産する」を（　）out of business と訳しました。これは「事業から撤退する，事業をやめる，廃業する」で out of business は ④ でも使いました。④ の（　）は「（倒産に）追い込む」を表す動詞。解答は複数あり。

「倒産する（　）out of business」の反対は ⑤ の（　）in business（事業を継続する）。（　）は「とどまる」。この動詞は，ホテルに「滞在する，泊まる」にも使います。ここでは「乳価が安過ぎて倒産する［事業を継続**できない**，廃業だ］」ですから **can't**（　）in business。「乳価が安過ぎる」の「安い」は cheap ではなく「低い」を意味する形容詞。

 解答 ① going ② going ③ worked, went
④ Higher, put [drove, forced] ⑤ stay, low

海外進出

「経済」の章で「国際化，グローバリゼーション」を取り上げました（19 ページ）。ビジネスでも同様の現象は 30，40 年以前から始まり，それは企業の海外進出という形で今でも進行中です。

なかには，もともとは日本で誕生した企業が，世界展開（doing business all over the world）を拡大するうちに日本以外での事業が本国でのビジネスを売り上げでも収益でも上回るようになった会社もあるほどです。そこまでいかないまでも事業を世界規模で展開する会社を「多国籍企業 a multinational corporation」と呼びます。multi は「多い，多数の」を意味する接頭辞。national は形容詞で「国の，国民の」，corporation は「会社，企業」，どちらかというと「大企業」。トヨタ，ホンダ，ソニーは多国籍企業の代表格。

---

① 日本企業の海外進出［展開］の動きが加速している。
More companies are （　a　） out of Japan. / More Japanese companies are （　） abroad. / More Japanese companies are doing （　） abroad [overseas; in other countries].

② スターバックスは 1996 年に日本へ進出した。
Starbucks （　a　） into Japan in 1996. / Starbucks （　b　） its first store in Japan in 1996.

③ マクドナルドはロシアにある 850 の店舗をすべて閉店し，ロシアから撤退した。
McDonald's （　） all of its 850 （　c　） in Russia and pulled out of the country.

④ ホンダは米国へ進出した外国自動車メーカーのなかでは先発グループの 1 社だった。
Honda is one of the first foreign automakers [car makers] to set up （　） in the U.S.

⑤ （海外進出した）製造業を日本に回帰させる［連れ戻す］
（　） manufacturing* back to Japan 　　　　［⇒以下の〈ヒント〉の⑤］

> business restaurants bring shop moved opened closed moving going

ヒント ① では原文を 3 通りに表現。ポイントは「**海外進出する**」。最初の（ a ）out of Japan は「日本から（外国へ）移動する」，2 番目の（　）abroad は「海外へ出ていく」，最後の doing（　）abroad は「外国で事業を展開する」。意味するところはすべて同じ。abroad, overseas はいずれも「海外へ，外国へ」。「加速（する）」は speed up とか acceleration などと難しく考えず **more** Japanese companies で OK。この場合の「加速」は「スピードを上げる」ではなく「（海外進出する企業が）**増えている**」ということ。

② の（ a ）は ① の（ a ）と共通の動詞。スターバックスの場合，「進出する」は「第 1 号店を（ b ）する」に言い換え可。

③ の「閉店する」は ② の（ b ）の反対語。マクドナルドのように食べ物を提供する**店舗**は，store, shop ではなく（ c ）。⇒「営業」の例文 ④（61 ページ）。「... から撤退する」は pull out of ... が一般的。move out of ... も可。▽スーパーマーケットの閉店でその地域は「食の砂漠」と化した。The closing of the supermarket in the community has created a food desert.

④ の set up（　）は「開業する，店を出す」以外に，start one's own business（事業を始める）も意味します。ここでは後者。

⑤ の「製造業」は manufacturing。いわゆる「メーカー（全体）」とか「モノづくり」にも使います。動詞は manufacture で「（工場などで大規模に）生産，製造する」。⇒「企業，事業」の〈ヒント〉（46 ページ）。▽かつて日本はモノづくり大国だった。Japan was once a manufacturing powerhouse*. ここでは a country with a lot of power and energy（大きな経済力と活力に満ちた国）。⇒「エネルギー」の例文 ⑥ の〈ヒント〉の「大国」（297 ページ）。

解答 ① moving, going, business　② moved, opened
③ closed, restaurants　④ shop　⑤ bring

英語公用語化

　ひところ，外国人社員の比率が高い一部の日本企業の間で，"英語公用語化"の動きが話題になりました。インターネット関連サービス大手の楽天や「ユニクロ」を運営するファーストリテイリングあたりが先鞭を付けたように記憶しています。

　"公用語"とは，職場での会議や文書の作成，メールでのやりとり，社員のコミュニケーションに英語を使うということです。グローバル化の影響で，外国人スタッフが増え，日本語だけでのやりとりが難しくなったということが背景にあります。

　さて，その「公用語」ですが，和英辞典には an [the] official language とあります。これを応用して，「当社は英語を社内の公用語として採用している」は We use English as our "official" language. これで通じます。

　公用語といっても，「日本の公用語は日本語で，米国では英語だ」という場合の「公用語」とは意味が異なるので，「いわゆる」を意味する " " でくくることもあります。また，「公用語」だからといって official にこだわる必要のないことは以下の英訳が示す通りです。

---

① その会社では英語が公用語だ。
  It is an English-(　　) company.
② （楽天が進める）職場における英語公用語化に反対意見がないわけではなかった。
  (Rakuten's policy of) building an (　　)-English work environ-ment hasn't been without its challenges. (*Tokyo American Club*)
③ 当社は世界的に事業を展開しており，（国境を越えた）社員間の意思の疎通には英語を使う。
  We use English to (　　) across offices worldwide.
④ 一部の日本企業は英語を公用語化している。/ 日本企業の中には英語をビジネスの共通語として採用しているところもある。
  Some Japanese companies use English as a (　　) language

---

of business.

⑤ 英語はビジネスの世界で最も広く使用されていることばだ。
English is the most (　　) used language (　　) business.

---

common　all　widely　only　in　communicate

ヒント このなかで，意表を突くのは ① と ② でしょう。「公用語」を English-(　　)「英語のみ」，(　　)-English「すべて英語」と表現しました。意味するところは同じです。① のタネ明かしをしますと，これは米 CNN テレビが "Hiroshi Mikitani aims to make Rakuten an English-(　　) company by 2012." (2010 年 11 月 16 日)（楽天の三木谷浩史会長兼社長は，同社での英語公用語化を 2012 年までに実現したい意向だ）と報じたのをヒントにしました。

② の a work environment は「職場環境」。challenge は「挑戦」ではなく，「異議，反対意見」。英文の出典は，会員制社交クラブ「東京アメリカンクラブ」のホームページ。▽当社を働きやすい**職場環境**に変える make our company a better place to work。

③ の (　　) は「意思を疎通する。情報を伝える。連絡する」を意味する動詞。

④ の (　　) には「共通の」を意味する形容詞。それで「公用」を表現できます。

....

解答 ① only　② all　③ communicate　④ common
⑤ widely, in [of]

....

ここでちょっと寄り道して，小学校での「英語教科化」に触れておきます。英語は小学校 5，6 年生の正式な必修科目として 2020 年度に導入［教科化］されました。これをプロの実務翻訳者 2 名に英訳してもらいましたので紹介します。

(a)　**English has become a formal compulsory subject for fifth and six graders of elementary schools since 2020.**

（b） **English became a mandatory subject for fifth- and sixth-graders in 2020.**

　（a）も（b）も原文に沿った忠実な英訳です。「導入される」を直訳ではなくbecome としたのは正解でした。

　しかし，（a）の formal, compulsory そして（b）の mandatory が「中学英語」に含まれないのは不問として，このケースで「正式な」や「必修科目」を忠実に英訳する必要があるでしょうか。

　文部科学省の学習指導要領によれば，そもそも，小学校に「選択教科」は存在しません。つまり，すべての科目が必修教科というわけで，そこで compulsory や mandatory とすると，かえって「選択教科」があるかのような誤解を与えはしないでしょうか。

　つまり，この事例では「必修科目」は無視できる，というか，無視した方がよい。もし「必修」のニュアンスを出したければ「理科や数学と同様の1教科（a subject）して（以下の例文 ⑦ 参照）」のように英訳する方法もあります。

　また，「小学校 5, 6 年生」は，ふつう，上記の訳例のように fifth and sixth graders です。grader は「... 年生，... 学年の生徒 」の意味で，1 社の教科書に載っています。

　「学年」の意味で grade が登場する教科書もあります。これを形容詞的に使って fifth- and sixth-grade students; students in the fifth and sixth grades としても「小学校 5, 6 年生」です。この場合，「小学校」は訳出不要。

　「小学生」は pupil である，と説明している和英辞典があります。ところが，米国メディアの報道では，児童，生徒，学生の区別なく student で一本化しているケースが多いようです。例えば，ニューヨーク・タイムズ紙やワシントン・ポスト紙の記事で，「小学校 6 年生」にあたる sixth-grade **student** と sixth-grade **pupil** を検索すると，いずれも，前者が後者を圧倒します。

　科目［教科］を意味する subject は中学で学習します。これをまとめて，課題の「英語が小学校 5, 6 年生の正式な必修科目として 2020 年度に導入［教科化］された」を英訳しました。⇒「メディア」の例文 ④ と関連の〈ヒント〉（272 ページ）。

⑥ English has been (　　) to fifth- and sixth-grade students since 2020.

⑦ Fifth and sixth graders started (　　) English in 2020 as a subject like science and math.

解答　⑥ taught　⑦ learning

アニメ，漫画

　グローバリゼーションや海外進出に関連し，「アニメ」と「漫画」を取り上げます。「アニメ」は anime, animated, animation, また「漫画」は manga として英語教科書に載っています。海外メディアもしばしば取り上げています。① は米国のニューヨーク・タイムズ紙，② は英国の公共放送 BBC からの引用です。

① 日本のアニメ産業はいまや絶好調だ。

　Business has never been (　　) for Japanese anime.

（2021 年 2 月 25 日）

② 日本の漫画とアニメは一大産業に成長した。

　Japanese manga and anime is (　　) big business.

（2019 年 11 月 27 日）

③ フランスは日本に次ぐ世界第 2 位の漫画・アニメ市場だ。

　France is the world's biggest [the world's second largest] manga and anime market (　　) Japan.

④ アニメの国際化が進んでいる。

　Anime has become increasingly (　　).

[▽東京の秋葉原地区はアニメ，漫画ファンの「聖地（メッカ）」として有名だ。Tokyo's Akihabara district is known as a mecca* of anime and manga fans. *聖地，憧れの土地，... の中心地。大文字の **Mecca** は「メッカ」。サウジアラビア中西部の都市。イスラム教の預言者ムハンマド（Muhammad）生誕の地でイスラム教の聖地]

⑤ 漫画はいまや国際言語になりつつある。

Manga now is becoming an international（　　）.

(*BBC*，2019 年 6 月 12 日)

---

after　international　better　language　now

ヒント　① から ⑤ までの英文で使われている単語はすべて「中学英語」です。「絶好調」「日本に次ぐ世界第 2 位の市場」「国際化」... みんな中学レベルで対応できます。

① の has never been（　　）の部分を直訳すれば「これ以上よかったことは 1 度もなかった」。これは，「これほど活況を呈したことはなかった」。つまり「絶好調」。

② の「一大産業に成長した」は「成長」にこだわらず，「**今や**一大産業だ」。ここでの business は「企業，ビジネス」ではなく「産業」。

③ は「日本に次ぐ」の「次ぐ」を表す前置詞に要注意。

④ の「国際化」は internationalization よりも become [go]（　　）が口語的。（　　）の形容詞は解答候補が 2 つあり，1 つは「地球温暖化」の項で使いました。⇒「国際化，グローバリゼーション」（19 ページ）。

解答　① better　② now　③ after　④ international [global]　⑤ language

もともと「アニメ」は animated movies，animation（いずれも「アニメ映画」）に由来し，日本人が「アニメ」に短縮して，それがいつしか世界標準になりました。

日本のアニメのなかで，あの「ギネス」から「世界記録」に認定された作品もあります。

(a) テレビ・アニメの連続番組として世界最長記録に認定されているのは日本の「サザエさん」だ。

The longest running animated TV series is Sazae-san (Japan).

(*Guinness* World Records*)［*「ギネス世界記録」「サザエさん」が認定されたのは 2013 年 9 月］

解説 例文中の running は run に ing を付けて形容詞化したもの。この run は「走る」ではなく，映画や演劇を「上映，上演する，（テレビ番組を）放映する」。the longest running は「もっとも**長期間**にわたってテレビで放送された，記録的な長寿番組」。「サザエさん」は 1969 年放送開始。

---

⑥ その本をアニメ映画化する

（　　）the book into an anime [animated] movie [film]

⑦ アニメや漫画の人気キャラクター

（　　）anime and manga characters

⑧ その大学には漫画やアニメの専攻科［... を専攻するコース］がある。

The university has manga and anime [animation]（　　）.

⑨ さいとう氏は 1955 年に最初の漫画を出版した。

Saito had his first manga cartoon（　　）in 1955.

(*BBC*, 2021 年 9 月 29 日)

---

courses　turn　published　popular

ヒント ⑥ の「映画化する」は，「... を映画に**変える，変換する**」。この動詞は，日本語を英語に「翻訳する」にも使います。movie も film も「映画」ですが，米国では movie，英国では film が好まれる，と説明している英和辞書もあります。⑧ の（　　）は複数の解答が考えられます。

⑨ は『ゴルゴ 13』シリーズの漫画家「さいとう・たかを」氏が 2021 年 9

月に亡くなった際，彼の死を伝えた BBC のニュース番組から引用。「出版する」の（　　），cartoon（漫画）はそれぞれ 1 社の教科書にあります。（　　）は動詞の過去分詞形で，have ...（　　）は「... を出版してもらう」。

 解答　⑥ turn　⑦ popular　⑧ courses [programs]　⑨ published

　アニメ，漫画とくれば，「クールジャパン」をすぐに連想します。政府が推進する「クールジャパン戦略（Cool Japan Project）」のなかで，目玉として位置付けられているからです。

　クールジャパンは米国人にとっても関心があるようで 2015 年には *The Cool Japan Project and the Globalization of Anime and Manga in the United States*（『クールジャパン戦略と米国におけるアニメと漫画の国際化』）という本が出版されたほどです。cool には「すずしい，冷えた」以外に「かっこいい」「すばらしい」「おしゃれな」の意味があることは 3 社の教科書が触れています。漫画（本）は manga で広く通じますが，comic ともいいます。これはすべての教科書にあります。

　漫画といえば，麻生太郎元首相の漫画好きは有名で，現職当時の 2009 年 4 月 10 日，英国のロイター通信（Reuters）は Japan's manga-loving prime minister, Taro Aso, has long touted the importance of "soft power" content such as comics and anime to boost Japan's global diplomatic status.（日本の麻生太郎首相は漫画好きで，"ソフトパワー"のコンテンツとしての漫画やアニメの重要性に触れ，これは日本の世界的な外交的立場を高めるために必要であると説いてきた）と報じました。ソフトパワーとは，軍事力や経済力などの「ハードパワー（hard power）」に対比して使われ，漫画，アニメのほかには和食やポップカルチャーなども含まれます。

　漫画とアニメについては 4 社のうち 3 社の教科書が取り上げています。例えば *New Crown* 3 の Lesson 4 のタイトルは The World's Manga and Anime。全体で 18 ページもあります。その中の一節を以下に引用します。例文（a）です。

　他社の教科書からの記述も紹介します。

(a) People around the world now know and love Japanese anime. Some characters are familiar to people who do not usually read manga or watch anime.

世界中の人が日本のアニメに触れて，魅了されている。漫画を読んだり，アニメを見る機会の少ない人でも，キャラクターならよく知っているということもある。

(b) (Pixar) became one of the most successful animation studios in the world (*New Horizon* 3)

（ピクサー・アニメーション・スタジオは）世界で最も成功したアニメ制作会社の一つになった。

(c) You should watch Japanese anime. (*Here We Go!* 2)

日本のアニメを見ることをお勧めします。

社 会

　「社会」と「経済」はセットにして「社会経済活動」とか「社会経済の動向」などと言います。英語にも socio-economic（社会経済の）という形容詞があります。

　ところが，「経済」を意味する economy は中学の英語教科書には全く登場しません。これは「経済」の項で触れました。これに対し，「社会（society）」は大半の教科書に出てきます。「特に大切な語である」と太字で表記している教科書もあります。

　和英辞典でも「社会」は society。文脈によっては community または world。community は「地域社会」，world は「世の中，世間」のニュアンスが強いと言えそうです。まずは society から。

---

① 社会の機能を大規模に停止することなく（感染症の拡大を阻止する）
（**prevent the spread of disease**）**without （　　）to shut down large parts of society**　（*WHO* = World Health Organization「世界保健機関」）

② 社会が大きく変化し，働き方や生き方が影響を受けている。
Major changes in society are affecting how we （　　）and （　　）.

③ 社会のどこにも自分の居場所はなかった。
There was no （　　）for me in society.

④ 社会は間違った方向に進んでいる。
The society is moving in the （　　）direction.

⑤ その老人は社会から疎外されているようだと言う。
The old man says he feels "（　　）out" from society.

place　wrong　having　left　work　live

ヒント ① は「新型コロナウイルス感染症」に関する WHO の報告書からの引用。large parts of society は「社会の**大きな部分**」。ここでは「社会の機能を**大規模に** ...」。shut down は「閉鎖する，差し止める」。⇒ロックダウン。「経済成長」の例文 ⑩ の〈ヒント〉(18 ページ)。(　　) は動詞の ing 形。原形で (　　) to shut down の部分だけを訳せば「閉鎖，封鎖しなければならない」。

② の「働き方や生き方」は「どのように働き，生きるか」と英訳。③ の「居場所」は単に「場所」でいいでしょう。

④ で注意したいのは「... の方向に進んでいる」。move **in** the (　　) direction のように，前置詞は in。「正しい方向」であれば in the **right** direction。⑤ の (　　) は動詞の過去分詞。原形で (　　) out ... は「... を除外する，省く，仲間外れにする」。

....

解答 ① having　② work, live　③ place　④ wrong　⑤ left

....

以下では，同じ「社会」でも society 以外の単語の方が適当だと思われるケースを取り上げます。

---

⑥ 彼女は実社会の経験が豊富だ。
　She has "a lot of (　　) world experience." (*BBC*, 2016 年 6 月 30 日)

⑦ あなたには社会経験が足りない［不足している］。
　You (　　) to have more experience in the world.

　　　　　　　　　　　　　　　　　[⇒「世の中，世間」例文 ② (84 ページ)]

⑧ スマホが自動車のように（生活に不可欠な）存在になった社会
　a world where smartphones are (　　) cars

　　　　　　　　　　　　　　　　　(*New York Magazine*, 2018 年 12 月 4 日)

⑨ 学生を社会に送り出して ... を学ばせる
　get students out (　　) the world to learn ...

⑩ 多くの人の努力で社会の機能が維持されている。
　Many people are working hard to keep the world (　　).

---

　　need　like　running　into　real

---

⑥～⑨ の例文では「社会」を world と訳したり，原文の world を「社会」と和訳しました。いずれも「社会」は society より world の方が据わりがよさそうです。日本語では「社会」より「世間，世の中」の方がピッタリのケースもあります。

⑥ の「実社会」の「実」にあたる箇所が（　　）の部分です。「現実の社会」でもいいかもしれません。⑧ の出典「ニューヨーク・マガジン」はニューヨークで隔週発行されている雑誌。

⑩ の「機能」は function という単語を知らなくても（　　）の基本動詞をing 形にすれば代替できます。この場合の（　　）は「走る」ではなく「動く，活動する」。「努力する」は work hard。

....

 ⑥ real ⑦ need ⑧ like ⑨ into ⑩ running [going]

....

世の中，世間

多くの場合，「世の中」は「社会」と交換可能ですが，「社会」より「世の中」の方が落ち着くのは以下のようなケースでしょう。

---

① 世の中どうかしている［世の中ちょっとおかしい，変だ］。
　There's something （　　） with [in] (the) society.
② 彼には世の中の経験が欠けている。
　He is （　　） on experience in the world.
③ このところ，世の中の関心は ... に集中している［世間は ... の話で持ち切りだ］。
　... is all people are （　　） about these days.
④ それはもはや秘密ではない。（世間の）誰もが知っていることだ。
　It's no longer a secret. （　　） all know about it.
⑤ 世の中全体が不景気だ［世の中，不況一色だ］。

第 3 章

［⇒「景気」の例文 ②（12 ページ）］

⑥ 大半の人は世の中を良くしたいと考えている。

Most people want to make a（　　）in the world.

（*Forbes**，2023 年 2 月 3 日）［*「フォーブス」米国の経済誌］

---

talking　wrong　difference　we　short

ヒント〉　①の「おかしい，どうかしている」は英語では「間違っている」。

　②は「社会」の例文 ⑦ を参照。そこでは「世の中」ではなく「社会」と訳しました。be（　　）on ... は「... が不足している，足りない」。（　　）は形容詞で，「（時間，長さ，距離などが）短い，（身長が）低い」も意味します。

　③の **all** は「... がすべてだ，... しかない，集中している，持ち切りだ」。ここでは「世間」を people と英訳，④ の（　　）でも「世間（のみんな）」になります。③〜⑤ では「世の中，世間」の英訳として society も world も不要です。

　⑥の make a（　　）を直訳すると「違いをつくる，生じさせる」。ピッタリの日本語訳は文脈によって異なりますが，基本的には，「... を良い方向に変える，... に好ましい影響を与える」。ここでは「（世の中を）良くする」と解釈。

 解答　① wrong　② short　③ talking　④ We　⑥ difference

 社会人

　「社会人」の英訳は，意外と厄介です。「社会」は society か world，「人」は a person，a human，an individual，a human being，a man，a woman ... など。しかし，それらをどう組み合わせても「社会人」の適訳にはたどりつけません。なぜなら，「社会人」とは「社会的な人」でも単に「社会にい

る人」でもなく，「**仕事を持って**社会で**生活している人**」だからです。

　和英辞典で「社会人」を引くと多様な英訳が見つかります。そのなかの共通項は go out into the world です。以下の ① と ② はこのパターン。

---

① 18 歳で世の中に出た［18 歳で社会人になった］。
I went [got] out into the world (　　) 18.

② これから社会へ巣立っていく［社会人になる］にあたり，何かアドバイスはありますか。
As we go out into the world, do you (　　) any advice for us?

(*Washington Post*, 2001 年 11 月 15 日)

③ 高校を卒業して東京で就職し社会人になった。
I started (　　) in Tokyo (　　) high school.

④ 社会人になる心構え［覚悟］はできているか。
Are you (　　) to enter [go into, move into] the working world?

⑤ 社会人としての生活をスタートする
begin one's (　　) as a member of the real world

⑥ （高校卒業後）大学進学する人もいれば，すぐに社会人になる人もいる。
Some of us move on to college and others (　　) straight into the work force [workforce*]. [*「労働人口，総労働力」]

⑦ 息子は大学を出て，自活を始めた［社会人になった］。
My son has just (　　) college, living on his own.

---

working　ready　finished　at　go　have　life　after

ヒント　① の「18 歳で」は「18 歳の時に」と考えて when I was 18 years old。これは（　　）18 の 2 語に短縮できます。

　② の「社会へ巣立っていく」は enter [go into] the working world も可。

　「社会人になる」を ③ では「働き始める」，④ では「仕事の世界［実社会］に入る」と訳しました。③ は started（　　）の代わりに **began**（　　）でも

86

よいと思うのですが，圧倒的に **started** が優勢です。「高校を卒業後，高卒で」は（　）graduating (from) high school。短縮して（　）high school でも OK。▽社会人になった（就職して世の中へ出た）ばかりの若者 young people who are just starting out (in their careers)。career は「職業」。1 社の教科書にあります。日本語では「キャリア」。英語の発音は kəríɚ（カ**リア**）。「キャリア」と発音すると carrier（航空会社，配達員，病原菌などの保菌者 ...）などと誤解される恐れあり。

　⑤ の the real world は「実社会，現実の社会」。⑥ の straight は「（寄り道をしないで）まっすぐに，（高卒）直後に，（卒業と）同時に」。⑦ の（　）は「... を終える，終わらせる」。college の前に置けば「卒業する」。

....

 ① at　② have　③ working, after　④ ready　⑤ life　⑥ go
⑦ finished

....

国際社会

　「国際社会」の「国際」は international，「社会」は society ですから，「国際社会」は international society かというと，一般的には the international **community**。the (international) community of nations とも言います。この場合は，international を省略することが多い。nation は「国，国家」，その形容詞 national は「国の，国家の」。いずれも教科書に載っています。

　それでは，同じ「国」を意味する country を使って，「国際社会」は the community of **countries** かというと，これはほとんど聞いたことはありません。やはり nations です。

① われわれには国際社会の支援が必要だ。

　We need the（　）of the international community.

② 国際社会の団結が必要だ。

We need the international community to come (　　).

③ 国際社会の一員として活動する

(　　) as a member of the community of nations

④ 国際社会に対し ... の支援を要請している。

We are now (　　) the community of nations to support ...

asking　act　support　together

 「国際社会」を the international community (①, ②) と the community of nations (③, ④) に使い分け。また，同じ「(国際社会の) 支援」も ① は名詞で，④ は動詞です。原文が名詞だからといってその和訳，英訳もそれに合わせる必要はありません。

同様に，② の名詞「団結 (unity, solidarity)」は句動詞の come (　　) を活用。これは「一緒に来る，一体となる」を意味し，「団結する」にも使えます。⇒「地域社会」の例文 ⑤。

 ① support　② together　③ act　④ asking

地域社会

「地域社会」は「地域」と「社会」に分割せず，community 1 語。日本語でも「コミュニティー」。community は「共同社会」と訳すこともあります。

① われわれは地域社会の一員だ。

We're (　　) of the community.　　　　[② の (　　) と同じ名詞]

② 地域社会のために自分の役割を果たしたい。

I want to do my (　　) for the community.　[① の (　　) と同じ名詞]

③ 地域 (社会の) 医療を支える病院を建てる

build a hospital to (　　) the community

④ 同社には利益を地域社会に還元してきた歴史［地域貢献の伝統］がある。

The company has a history of (　　) back to local communities.

⑤ 地域（社会）が足並みをそろえて ... を支援した。

The community (　　) together to support ...

giving　serve　came　part

 ① と ② の（　　）は共通の単語。① の（　　）は members に言い換え可。③ の「支える」は support ではなく，「（食事などを）出す」という意味の動詞として教科書にあります。ここでは「... の役に立つ，奉仕する，... のためになる」。

④ の「歴史」は a history。a tradition（伝統）に言い換え可。（　　）back to ... は「... に恩返しする」。ここでは「地域社会に利益を還元する」。

⑤ の（　　）together は「集まる，まとまる，一体になる」。ここでは「足並みをそろえる」。⇒「国際社会」の例文 ②（88 ページ）。

解答 ① part　② part　③ serve　④ giving　⑤ came

社会問題

「社会」は society で「社会の ...」は social。「問題」は problem ですから「社会問題」は a social problem。ほかに英訳しようはありませんし，言い換えの必要もありません。social は 1 社の英語教科書で見つけました。「ソーシャルメディア（social media）」との関連で登場します。

① ... は日本が直面する最も深刻な社会問題だ。

... is the most serious social problem Japan (　　) today.

② 多量飲酒による［アルコールの多量摂取が引き起こす］社会問題

social problems caused by drinking too (　　)

(*NIH News Releases*, 2015 年 4 月 2 日)

③ 社会問題の原因とその解決法

where social problems (　　) from and (　　) to solve them

④ 社会は多くの問題を抱えている。

We have a lot of problems in (　　) society.

---

how　our　faces　much　come

ヒント　①の（　　）は「直面する」。「顔」を意味する名詞としての方がおなじみ。ここでは動詞として活用。教科書にも（　　）a difficult challenge（難題に直面する）の用例が載っています。②の出典は NIH（National Institutes of Health＝アメリカ国立衛生研究所）。

　③の「... の原因」とくれば the cause of ... をすぐに思い浮かべますが，ここでは（　　）from も使えます。「社会問題の原因」を「社会問題は**どこから来るのか**」と考えるわけです。「解決法」は「**どのようにして解決するか**」。

　④の（　　）には所有格の代名詞が入ります。これは省略可です。「... を抱える」は have 1 語。和英辞典にある「... を抱える（hold ... in one's arms）」はここでは使えません。

....

解答　① faces　② much　③ come, how　④ our

....

いじめ

　社会的関心は高いですし，教育現場でも避けて通れない問題なはずですが，「(弱い者) いじめ (bullying)，いじめる (bully)」を取り上げた中学の英語教科書はゼロです。中学生向け英和辞典には載っています。名詞としての bully は「いじめっ子。がき大将」。動詞では「... をいじめる」。発音は [búli] (ブリィ)。⇒「職場」の例文 ⑤ (139 ページ)。

---

① 学校で低学年の生徒をいじめる
　bully younger (　　) at school
② 小学生の間でネットいじめが増加している。
　Cases of cyberbullying [online bullying] involving elementary school children are on the (　　).
③ いじめなどの社会問題に対処する
　(　　) with social problems such as bullying
④ ロシアによるウクライナいじめは決して終わらない。
　Russia will (　　) stop bullying Ukraine.　　(*NPR*, 2022 年 7 月 12 日)

---

deal　never　students　rise

ヒント　学校での「いじめ」以外にも，職場での「いじめ」や大手企業が下請けの会社を「いじめる」ような場合にも bully，bullying といいます。④ ではウクライナに対するロシアの軍事侵攻 [戦闘行為] も「いじめ」と表現しています。

　① の (　　) の単語について，米国では，小学生から大学生までが対象になるのに対し，英国では小・中学校の児童，生徒は pupils，高校生，大学生は (　　) だというはなしを米英人から聞きました。

　② の「小学校」は米語では elementary school。英語では primary school。「ネットいじめ」が問題になっているのは日本だけではありません。英語では cyberbullying とか online bullying。cyber (サイバー) は「インター

ネットがつくる情報空間（サイバースペース（**cyber**space））」の cyber で，「インターネットの」を意味する接頭辞。online は形容詞で「インターネットに接続した状態の」。case は「事例，件数」。involve は「関わる，巻き込む」。rise はここでは名詞で「上昇，増加」。cyber 以外はすべて「中学英語」。

　③ の「... に対処する」は（　　）with ...。これは「... を取り扱う」を意味する，と説明している教科書があります。

 解答　① students　② rise　③ deal　④ never

 ## 引きこもり

　「引きこもり」は日本に限った問題ではないはずなのですが，ほかの国と比べて特異な現象と見られているのか，米英の報道に接すると，ローマ字でそのまま hikikomori と表記していることがよくあります。例えば，英国の公共放送 BBC は They are known as hikikomori—recluses who withdraw from all social contact and often don't leave their houses for years at a time. (2019 年 1 月 29 日)（彼らは「引きこもり」と呼ばれ，すべての社会的接触を避けて何年間も自宅にこもったままでいることもある），と伝えています。これを中学英語で表現します。

---

① 彼は自室に引きこもって 5 年になる。
　　He has (　　) himself up in his room for five years.
② 子どものころは内気で，自分だけの世界に生き，自宅で引きこもっていることが多かった。
　　As a child, I was (　　) and lived in my own world at home (　　) of the time.
③ その子は自分の部屋に引きこもり，だれとも口をきこうとしない。
　　The *hikikomori* boy has locked himself up [away] in his room,

---

92

not (　　) to anyone

| most | talking | shut | shy |

ヒント ① の (　　) は「(ドアやふたなどを) 閉める」。(　　) oneself up で「閉じこもる」。(　　) を名詞として使い a (　　)-in で「引きこもりの人」を表現することもあります。

② は「引きこもる」を「自分の世界で生きる」と訳したケース。「内気で」の形容詞には「恥ずかしがる」の意味もあります。

③ では ① の (　　) の代わりに lock（鍵をかける，閉じ込める）を応用。lock oneself up [away] で「鍵をかけて ... に閉じこもる」となります。lock は名詞では「鍵」。

解答 ① shut ② shy, most ③ talking

 ## 巣ごもり

「引きこもり」で思い出したのは，新型コロナウイルス感染症流行を受けての「巣ごもり」です。感染拡大防止のためとはいえ，これはかなりこたえました。外出もままならず，自宅に閉じこもったまま孤独な気分に落ち込んだり，まるで刑務所にいるようだと嘆いたり，不満を訴える人もいました。

---

① 新型コロナウイルスのため自宅で巣ごもりだ。孤独を感じることもある。

I have (　　) (at) home because of COVID-19. It (　　) me lonely sometimes.

② 自宅で巣ごもりせざるを得ないが，刑務所の受刑者のようだ。

I must (　　) (at) home. It's (　　) I'm in prison*. 　[*「刑務所」]

---

③ 巣ごもりしてアパートから全く外出しない日もある。

There are some days when I don't even (　　) my apartment at all.

④ 2カ月の間，自宅アパートで巣ごもりした。

I (　　) myself in my apartment for two months.

⑤ 国民には「ステイホーム」をお願いしたい。

My (　　) to people is to stay home. (*NPR*, 2020年12月29日)

---

makes　stay　like　message　shut　leave　stayed

ヒント　新型コロナウイルス感染症（COVID-19, Covid-19, Covid, covid）の COVID [Covid] は，**co**rona**vi**rus **d**isease の略で，19は初の症例が中国の武漢（Wuhan）で報告された2019年に由来。corona も virus（発音は [váirəs]，ヴァイラス）も中学英語ではありません。会話では Covid, COVID だけで通じます。

「巣ごもり」を和英辞典で引くと，nesting とあります。nesting は nest（鳥などの巣）を動詞に転用して「巣を作る，巣ごもる」。

これでも通じないことはないかもしれませんが，「中学英語」の範囲内でもっと分かりやすく，ということであれば，例文 ① と ② のようになります。つまり（　　）(at) home です。外出自粛を要請されているのであれば We are asked to (　　) (at) home. 強制力を伴う命令が出ていれば We are forced to (　　) (at) home.［いずれも (at) は省略可］

③ の don't (　　) my apartment は「アパートから外出しない」。これも「巣ごもり」でしょう。(　　) は「... を去る，離れる」。

④ では (　　) oneself in ...（自分を ... に閉じ込める）で「巣ごもり」を表現しました。(　　) は「（ドアなどを）閉める，（目や口を）閉じる」の意味で教科書に採用されています。

⑤ の (　　) は名詞で，教科書では「伝言」とあります。英文の出典は米国の公共ラジオ放送局 NPR。かつては National Public Radio と称していました。放送の内容を文字テキスト（transcript）でチェックできるのでとても重宝しています。https://www.npr.org/ へアクセスすればどこからでも聞くこ

とが可能。NPR のテレビ版が PBS（Public Broadcasting Service）。これも
transcript を入手できます。サイトのアドレスは https://www.pbs.org。

解答 ① stayed, makes ② stay, like ③ leave ④ shut
⑤ message

3 密，ソーシャルディスタンシング

新型コロナウイルスの感染防止のために控えるよう求められたのがいわゆる
「**密**閉（空間），**密**集（場所），**密**接（場面）」の「3 密を避けること」，そして
「ソーシャルディスタンシング（感染予防のために人との距離をとること）」。

・「3 密」を避ける avoid the "three Cs"―closed spaces, crowded
places and close-contact settings

解 説 　「3 密」については "closed spaces, crowding and close contact"
とか "closed spaces, crowded places and close contact situations" など
とも英訳されます。日本語の「密」と英語の "close" が対応します。しかし，
closed spaces の close は「閉める，閉じる」という意味の動詞の過去分詞
形，close-contact settings の close は「近い，接近した」を表す形容詞で
す。発音も close の se の部分が **z** と **s** で異なります。▽2 メートルのソーシャ
ルディスタンシングを確保しマスクを着用する keep the two-meter social distancing
and wear a mask [put on a mask]。▽隣の人と 1 メートル以上の間隔（ソ　シャル
ディスタンシング）をとって座る sit at least one meter away from each other。

 ## 少子高齢化社会

21 世紀の日本を語る上で避けて通れないと考え，取り上げます。とはいえ，

「少子高齢化社会」を中学英語で英訳するのはちょっとハードルが高い感じがします。

そこで，まずは和英辞典が「少子高齢化社会」をどのように英訳しているかをチェックしました。「少子化」は fewer children; low birthrate; declining birthrate が見つかりました。fewer children（子どもの数が少なくなる）はよいとして，birthrate（出生率）と declining（低下する）は「中学英語」圏外です。

一方の「高齢化社会」は aging society が優勢です。aging は動詞の age（高齢化する）に ing をつけて「高齢化している」と形容詞に変化させたものです。aging は米語。イギリスなどの英語圏では **ageing** とつづります。▽日本は急速に高齢化している。Japan's (population) is aging fast [quickly]. （　　）の「人口」を省略し，Japan is ... も可。

中学の英語教科書に出てくる age は名詞で「年齢，時代」。動詞としては「お茶の葉が**熟成する**」の「熟成する」を age で表現している教科書があります。「高齢化する」とは異なりますが，動詞としての age も中学英語と考えて差し支えないでしょう。

以上から，中学英語で「少子高齢化社会」を英訳すると an aging society with fewer children になります。これで通用します。

それでは，「少子高齢化社会」の英訳はこれで決まりかというと，そんなことはありません。そこが英語の面白いところで，いろいろと言い換えは可能です。そんな例をいくつか紹介します。

---

① （日本では）少子高齢化が進んでいる。
People live (　　) and have (　　) children (in Japan).
(*World Economic Forum*，2021 年 4 月 9 日)

② 日本の高齢化が加速している。
Japan is getting (a) and (a). ［(a) は同一の形容詞の比較級］

③ 日本は少子高齢化社会だ。
Japan is a society with an aging (a) and fewer children. / Japan is an aging society [country] with fewer children. / Japan has fewer children and (　　) elderly people. / Japan's (a) ages and fewer people (　　) children.

(*South China Morning Post*, 2009 年 9 月 12 日) [（　a　）はいずれも同一の単語]

④ 少子化の進行が加速している。これが今の時代だ。

We are living in times when（　a　）and（　a　）children are being born.

(*New York Times*, 2019 年 2 月 11 日) [（　a　）は同一形容詞の比較級]

⑤ 米国や中国など多くの国が高齢化している。その先頭を行くのは日本だ。

Many societies are aging, from America to China, but Japan has a（　　）start.　(*Economist*, 2015 年 4 月 11 日号)

---

population　longer　more　have　older　head　fewer

ヒント　① は World Economic Forum（世界経済フォーラム）のサイトで見つけました。このフォーラムの年次総会には世界の政治，経済，学術分野の指導者が参加し，会議がスイスのダボス（Davos）で開かれることから「ダボス会議（Davos meeting [summit]）」と呼ばれています。マイクロソフトの創業者ビル・ゲイツ（Bill Gates）氏も参加者の常連です。

　さて，ここでは「少子化」を have fewer children（子どもの数が減少する），そして「高齢化」を live（　　）（長生きする，寿命が延びる）と表現しています。見事な中学英語です。aging も birthrate もありません。100%，純粋な中学レベルです。

　② では同じ形容詞の比較級を繰り返し使用することで「高齢化」を強調し，「加速する」を表現しました。④ でも同じ手法を用いています。

　③ では「高齢化社会」を an aging（　a　）; an aging society;（　　）elderly people の 3 通りに使い分けました。すべて「中学英語」です。「社会の高齢化」は the（　a　）ages（人口が高齢化する），「少子化」は fewer people（　　）children（子どもを持つ人が少なくなる）と考えました。「生まれてくる子どもが減少する」「子どもを産む女性が少なくなる」も結局のところは「少子化」です。③ の最後の例文は香港の英字紙「サウスチャイナ・モーニング・ポスト」からの引用。

　④ の times は「時代」。▽時代の変化は速い。Times are changing fast. ▽時代

に取り残されてはいけない。We have to catch up with the times. catch up with ... は「... について行く，追い付く」。

⑤ の a (　) start は「有利なスタート。好調な滑り出し」。(　) は「頭」を意味する名詞。but ... 以下は with Japan leading the way. と言い換え可。lead the way は「リードする」。

「高齢化社会」は an aging society。それでは「**超**高齢化社会」はというと a **super**-aging society。super は「超強力な，実にすばらしい，最高級の，とても，すごく」などに対応する形容詞，副詞として教科書の単語リストにあります。▽日本は超高齢化社会で，高齢化がこれほど進行している国は世界のどこにもない。Japan is a super-aging society, at a level we do not see in other countries in the world.（*Reuters*，2018 年 5 月 23 日）

解答
① longer，fewer　② older，older
③ population，more，population，have　④ fewer，fewer
⑤ head

⑥ 日本は世界で最も高齢化が進行した国だ。
Japan has the oldest (　a　) of any country.
（*VOA Learning English*，2012 年 11 月 27 日）[(　a　) は ⑧ の (　a　) と共通の名詞]

⑦ 日本は（人類の歴史上）最も高齢化した社会になるであろう。
Japan will be the oldest society ever (　) (in human history).
（*Washington Post*，2012 年 10 月 27 日）.

⑧ 限界集落（65 歳以上の高齢者が人口の半数以上を占める集落）
a community with more than half of its (　a　) aged 65 and [or] older [... half of its (　) 65 years of age or [and] older]
[(　a　) は ⑥ の (　a　) と共通の名詞]

⑨ 高齢ドライバーの逆走事故発生件数
cases of (　)-way driving by elderly drivers

⑩ 自宅で孤食する高齢者が増えている。
More and more elderly [older, old] people eat (　) at home.

⑪ 彼は自宅で孤独死した。

He died (　　) in his home.

---

people　wrong　population　alone　known

ヒント ⑥ の VOA Learning English は米国政府が運営する国営ラジオ放送局 VOA（Voice of America, 日本での呼称は「アメリカの声」）の英語学習サイト。文末の of any country の後ろに in the world が省略されています。

⑦ の ever (　) は「これまでに知られている」。この文脈ではこれだけでも「人類の歴史上初めての」と解釈できます。

⑧〜⑩ は「高齢化社会」に関係してよく耳にする用語を取り上げました。⑧ の「限界集落」にピッタリの英訳はありませんから, 具体的に説明します。ここでは「65 歳以上」でしたが,「75 歳以上の後期高齢者」は people aged 75 and over [... aged 75 or older]。「75 歳以上」は 75 歳の人も含まれます。people aged over 75; people（who are）older than 75 と表現すると, 75 歳の人は除外されますので要注意。「以下」の英訳も同様。「未満」については「人口」の例文 ③ と〈ヒント〉（103 ページ）。

⑨ の「逆走する」は drive the (　　) way on a one-way street（一方通行の道路を逆方向に走る）のようにも英訳可。(　　) は「間違った」を意味する形容詞。case は事件, 事故などの「件数, 事例」。

⑩ では「高齢者, 老人」の英訳をいくつか示しました。これ以外には senior citizens もよく見かけます。⑪ の「孤独死する」は die a lonely death とも言えます。

....

解答 ⑥ **population** ⑦ **known** ⑧ **population, people** ⑨ **wrong** ⑩ **alone** ⑪ **alone**

....

介 護

　「高齢化社会」と「介護」は表裏一体のものと考えられます。英語では nursing; nursing care; care; caregiving など。この中では care が中学英語です。take care of ...「... の世話をする」は必須のイディオム。この care を動詞として活用し care for にすると「介護する」。

---

① （彼女は）仕事を辞め［離職し］，母親の介護に専念せざるを得なかった。
　(She) had to quit her (　　) to take care of her mother full-time. *(NPR, 2010 年 9 月 6 日)*

② 仕事を休んで家族を介護する / 介護休暇を取る
　take (　　) off to care for a family member

③ （当初）在宅で母親を介護したが，その後，24 時間の介護が必要になった。
　We cared for our mother at home before she had to (　　) into full-time [24-hour] care.

④ 在宅介護サービスを提供する
　(　　) home [at-home; in-home] care (　　)

---

go　job　time　services　offer

ヒント　① の quit one's (　　) は「仕事を辞める」。leave [give up] one's (　　) でも同じ意味。いわゆる「介護離職」。quit は中学英語。「介護する」は care for でもよい。⇒例文 ②，③。full-time は副詞で「フルタイム」。ここでは「専念して，付きっきりで」。

　② の take (　　) off は「仕事を休む，休暇を取る」。仕事の関連がはっきりしていれば job, work は不要。「介護休暇を取る」は take leave to care for ...。

　③ の (　　) into ... は「... に入る，... を始める」。この full-time は形容詞。

① では「専念して，付きっきりで」と和訳しましたが，ここでは「昼夜問わずの，24 時間の」の英訳に当てました。

④ の「提供する」も中学英語。▽在宅介護スタッフが家事を手伝ってくれる。Home care workers help me (to) run my home. (to) は削除可。run の意味については「経済」の例文 ⑧ の〈ヒント〉（9 ページ）。

解答 ① job ② time ③ go [move] ④ offer, services

---

⑤ 私は認知症の母を介護している。
I take care of my mother, who ( ) dementia*.
(*New York Times*, 2019 年 12 月 13 日) [*「認知症」⇒下記の例文 ⑥]

⑥ 認知症を発症した人の 70％以上は在宅介護を受けている。
More than 70 percent of people ( ) dementia are cared for at home. (*Los Angeles Times*, 2002 年 4 月 14 日) [⇒上記の例文 ⑤]

⑦ 老人介護は家族が行うのが望ましい。
The people who should care for the elderly are ( ) of their own family. (*PBS*, 2006 年 11 月 17 日)

⑧ 家族を養い [仕事をしながら]，母を介護している。/ 仕事と母親の介護を両立させている。
I support my family ( ) taking care of [( ) caring for] my mother. [( ) は同一の接続詞]

⑨ 「老々介護」は珍しいことではなくなってきている。
An elderly person caring for another elderly person is now a ( ) situation. (*NBC News*, 2004 年 4 月 15 日)

⑩ 85 歳になる祖父は，83 歳で認知症の祖母の介護をしている。
At 85, my grandfather is a (a) for his 83-year-old wife with dementia.

---

with members caregiver while has common

ヒント ⑤ の「認知症の母」は「認知症を**発症した**母」。このように，「病気に**かかる**」を英訳する場合に重宝するのが（　）の動詞。これはどんな病気についても応用可。I（　）a cold.（風邪をひいた）。My father（　）stomach cancer.（父は胃がんにかかった）。

⑥ ここでは「病気を**発症している**，病気に**かかっている**」を（　）の前置詞で表現。「在宅で」は at home。▽父は**老人ホーム**への入居を希望し，現在，順番待ちだ［待機中だ］。My father is on a waiting list for a **nursing home.** ⇒「育児，子育て」の例文 ⑥ とヒント（115 ページ）。

⑧ の接続詞は「... している間に」のほか，「... する一方で，... しながら」としても使えます。ここでは後者のケース。名詞では「しばらくの間」。いずれも教科書にあります。

⑨ の（　）は形容詞で「ふつうの，よくある，ありふれた」。situation は「情勢，状況，立場」。いずれも「中学英語」。

「老々介護」は ⑩ のように具体的に説明する方法もあります。（　a　）は「介護をする人」。教科書には載っていませんが，「介護」と「与える人」を 1 語につなげて作ります。▽人口の高齢化で，介護士の求人が多くなっている。As people are living longer,（　a　）are in high demand. この（　a　）と ⑩ の（　a　）は同一の単語。demand は「需要」。

 解答 ⑤ **has** ⑥ **with** ⑦ **members** ⑧ **while** ⑨ **common** ⑩ **caregiver**

 # 人口

「高齢化社会」の中で population（人口）には触れました。これも，もちろん中学レベルの単語です。英語で説明すれば Population means the number of people living in a particular [certain] area.（ある特定の地域に暮らしている人間の数）。particular（特定の）は中学英語です。以下の例文 ①〜③ では「人口」をすべて population と英訳しました。

① かつて日本の人口ピラミッドは（裾野の広い）富士山のような形をしていたが，高齢化に伴い，頭でっかち［逆三角形］に変化した。
Japan had a population pyramid that (　　) like Mt. Fuji. It's now top-heavy, with a (　　) population of older [elderly] people.

② 現在 1 億 2700 万人の日本の人口を 1 億人以上の水準で維持する
keep Japan's population from (　　) below 100 million from 127 million at (　　)

③ 日本の生産年齢人口
the (　　) age population of [in] Japan

---

falling　growing　present　working　looked

ヒント　①の「頭でっかち」は top-heavy（トップ［頭］が重い）。これは，高齢者の人口増加でピラミッドの上部（top）に重心が移動し，不安定になっている状態。いわば逆三角形です。pyramid は教科書に出てきます。

②の keep **A** from ...ing は「**A** を … させないようにする，防止する」。「維持する」は「（人口が 1 億人を）下回らないようにする」と発想。「現在」は at（　　）。（　　）＝「贈り物」であると覚えている中学生が多いと思いますが，この単語は「現在，今」も意味する，と記述している教科書もあります。▽日本の人口は 12 年連続で減少した。死者数が増え，出生率の低下が続いているためだ。Japan's population has fallen for the 12th consecutive year, as deaths rise and the birth rate continues to sink.（*CNN*, 2023 年 4 月 13 日）。

また，「高齢化社会」がこのまま進行すれば，人口比率の高い高齢者層がいずれ死亡し，その結果，「多死社会」を迎えます。この「多死社会」を a mass-dying society; a society of many deaths などと英訳します。mass は「大量の」。

③の「生産年齢人口」の英訳は a（　　）age population。具体的には「**15 歳以上 65 歳未満の人口**」を指すので the（　　）age population **between 15 and 64 (years old, years of age)**。「生産人口」は「生産活動に従

事できる，働くことのできる」人口。「未満」ですから，65 歳の人は含まれません。64 歳までです。「65 歳以下」であれば 65 歳の人も対象になります。「以上，以下」の英語表記については「少子高齢化社会」の例文 ⑧ と関連の〈ヒント〉(98 ページ)。

 解答 ① looked, growing [an increasing] ② falling, present
③ working

「人口」は population 以外の単語で表現することもありますし，可能です。そのいくつかを以下に例示します。

---

④ 人口 10 万人当たりの **(新型コロナ)** 新規感染者数
the number of (　) (COVID-19)* cases per 100,000 people
⑤ 東京への人口流入が増加している。
(　) people are (　) into Tokyo.
⑥ その村ではこの 5 年間で人口が 1000 人減った。
The village has (　) 1,000 people in the (　) five years.

---

new　more　moving　lost　past

ヒント ④ の case は「(病気の) 症例」。(　) は「新規感染者」の「新」にあたる形容詞。この文脈では「人口」は people で OK。population を使うとすると ... cases for **a population of 100,000**。*新型コロナウイルス感染症については ⇒「巣ごもり」(93 ページ)，「3 密」(95 ページ)。

⑤ の「流入 (する)」は「... へ移動する」でいいでしょう。「... から流出する」であれば (　) out of ...。「増加している」は「より多くの」と発想すれば形容詞の比較級が使えます。ここでも people で「人口」を表現。

⑥ の「人口が減った」は「(村が人口を) **失った**」と訳しました。「**過去 5 年間で**」の (　) は 2 つの単語が考えられます。

解答 ④ new ⑤ More, moving ⑥ lost, past [last]

　健 康

　これも「高齢化社会」との関連で,「健康, 病気, 医療費」について中学英語がどこまで通じるかを検証します。

　まず「健康」です。これは health とその形容詞形の healthy でたいていのことは間に合います。人間だけでなく, 例えば a healthy economy (健全［健康］な経済) とか the health of the Japanese economy (日本経済の健全性) のようにも使えます。health も healthy も中学生にとって必須単語です。

---

① 彼は健康だ。
　He is healthy. / He is in (　　) health.
② 健康に生きる / 健康に暮らす
　have a healthy (　　)
③ 健康で長生きできる世の中になった。
　We are living (　　), living healthier. (*HuffPost*, 2017 年 2 月 1 日)
④ (年は取ったが) 今でも健康だし, 仕事も楽しい。
　I still have my health and (　　) my job.

---

　longer　life　enjoy　good

ヒント　③ の「長生き …」の「長い」を英語では「**より長く**」と比較級で表現。これに合わせ「健康で」も **healthier** に。英文は米国のオンラインメディア「ハフポスト」からの引用。④ の have one's health は healthy と同義。

病 気

　「病気」に関する英語表現も中学レベルの単語で十分対応できます。例えば「病気になる」は get [become] sick。「... を食べたら病気になった」は I got sick after eating ....「風邪をひいている」は, おなじみの have a cold ですし,「風邪をひく [風邪にかかる]」は catch a cold です。come down with a cold「風邪にかかって（寝込む）」もよく聞きます。

　同様に have を使って I have cancer. であれば「がんにかかっている」。I have stomach cancer は「胃がんを患っている」。しかし, ここで I **catch** stomach cancer. とは言いません。病気によって, 動詞との組み合わせが変わります。

　その胃がんが「**再発した**」は My stomach cancer **has come back**. come back は「戻る, 帰ってくる」ですから, 病気に関しては「再発する」。ホント？と疑われそうですが, 本当です。

　「（病気が）再発する」で come back が使えるのなら, 同じ意味の（　　）もいけるのでは, と Google（グーグル）で検索したら ① が見つかりました。

---

① がん再発（の兆候は）ない。
　There is no (indication) that the cancer has (　　).
　　　　　　　　　　　　　　　　　　　　（*New York Times*, 2021 年 12 月 17 日）
② その病気は世界中にまん延している。
　The disease is (　　) all over the world.
③ わが家はがんの家系だ。
　Cancer runs in my (　　).
④ それは遺伝性の病気だ。

The disease runs in (　　). (*BBC*, 2022 年 2 月 20 日)

⑤ 加齢に伴い，病気の数も増える。

As we get (　　), we have more diseases.

⑥ この病気は高齢者に多い。

The disease is more (　　) among elderly people.

---

family　older　spread　common　families　returned

---

 ② の「まん延する」は「広がる，拡散する」。③ は run in (　　) に注目。run は「走る」以外にさまざまな意味があり，ここでは「(性格，気質，病気などが) 伝わる，遺伝する」。遺伝するのは親から子へ，子から孫へと (　　) を通して伝わることに気が付けば正解が見えてきます。

④ は ③ の応用です。いずれも (　　) は同一の名詞ですが，④ は複数になります。⑤ の「加齢」は「年を取る」。

⑥ の「多い」は many ではなく「よくある，よく起こる，ありふれた」を意味する形容詞。これも教科書にあります。

 ① returned　② spread　③ family　④ families　⑤ older
⑥ common

医療費

「医療費」は，和英辞典で調べると medical expenses でほぼ確定。しかし，medical はよいとして expense は中学英語圏外です。expense は「費用」。以下では expense 抜きの中学英語で「医療費」を英訳します。

---

① 医療費は拡大している。

Health care costs are (　a　). (*New York Times*, 2019 年 10 月 3 日) /

Medical care costs are (　　) up. (*Los Angeles Times*, 2018 年 8 月 22 日) [(　a　) は ② の (　a　) と同じ動詞の ing 形]

② 高齢者医療費の増加を抑制する「... 増加に歯止めをかける]

(　　) health [medical] care costs for elderly [older] people from (　a　) [rising, growing]

[(　a　) は ① の (　a　) と同じ動詞の ing 形]

③ 企業が社員の医療費を負担する。

Businesses [Companies] pay for medical services for their (　　).

④ (国民皆保険制度の国でも) 医療費の一部は自己 [個人] 負担だ。

(Even in countries with universal coverage), individuals* pay (　　) medical care costs out of pocket.

(*New York Times*, 2010 年 8 月 16 日) [*「個人，(複数で) 人々」]

⑤ 医療費の自己負担額

out-of-pocket payments (　　) medical services

(*Australian Medical Association* = オーストラリア医師会)

⑥ 日本人の医療費の自己負担は原則として 3 割だ。

Most Japanese (　　) 30 percent of medical [health] care costs out of pocket.

⑦ 私は 80 歳なので医療費の自己負担は 2 割だ。

(　　) 80, I pay 20 percent of medical [health care] costs.

---

workers　some　keep　for　pay　at　increasing　going

ヒント　① では前者の health care costs，後者の medical care costs が「医療費」にあたります。これなら単語は中学レベルに収まります。「拡大している」は (　a　) と (　　) up で表現。rising, growing も可です。いずれも「医療費」の**費**は **costs** です。

②の「高齢者」の英訳はいくつかありますが，中学英語では elderly [old, older] people でしょうか。old [older] people は，「老人」のネガティブな印象を与えるので避けた方がよいとの意見もあります。

しかし，実際には，英米人の会話やニュース報道でも old [older] people はよく見かけます。例えば violence against children, women and **older people**（子ども，女性，高齢者に対する暴力）。これは WHO（World Health Organization＝世界保健機関）の報告書の中の記述です。同じく ② の（　　）... from（　a　）は「... を増加させない，... の増加を阻止する」。

③ の「医療（サービス）」は health care [healthcare]（services）とも言います。（　　）の社員も「中学英語」です。

④ の（　　）は「いくつかの，いくらかの，少しの」以外に「一部の」も意味する形容詞。pay ... out of pocket を直訳すれば「... を（自分の）ポケットから払う」。ということは，「（健康保険でカバーされない医療費を）自分で払う，自己負担する，自腹を切る」。out of pocket をハイフンでつなぐと「自己負担の」という形容詞になります。⑤ で使われています。

以上をまとめると，医療費の「個人負担」は ⑥ のように訳すことができます。「原則として」は in principle とか as a（general）rule などとする必要はありません。この「原則」は 6 歳までの乳幼児と 70 歳以上の高齢者を除いた「ほとんどの日本人」という意味ですから most Japanese。

out of pocket にこだわらず，⑦ でも「自己負担」は伝わるでしょう。（　　）80, I pay ... は Aged 80, I pay ... とか As I am 80 years old, I pay ... に言い換え可。

 解答　① increasing, going　② keep, increasing
③ workers [employees]　④ some　⑤ for　⑥ pay　⑦ At

 ## 家族，家庭，家

ここで取り上げる「家」は，もちろん，住宅や家屋としての「家」ではなく，生活の場としての「家」であり，多くの点で「家族」や「家庭」と重なり，お互いに言い換え可能な「家」を指します。この点では，「家」も「家族」も「家庭」も英語では family が共通項になります。まずは「家族」から。

① 両親と子ども2人の核家族［両親と子ども2人の4人家族］
a (nuclear)* family of four—mom, dad, and two children

[*（　）は削除可]

② （人口は）高齢化し、核家族が増えている。
People are living (　　) and more families are nuclear.

(*ABC**, 2008年5月2日)［*Australian Broadcasting Corp.（オーストラリア放送協会）］

③ 懸命に働いているから、家族が三度の飯（めし）を食える。
I work hard, and it puts (　　) on the table for my family. / I work hard to keep (　　) on the table for my family.

[（　）は同一の名詞]

④ 年収300万円で家族を養っている。
I (　　) my family on ¥3 million a year.

⑤ 私の生きがいは家族です。
My family keeps me (　　).

---

food　going　longer　support

［対象は ②〜⑤]

ヒント 　核家族とは「夫婦とその未婚の子女とからなる家族」（『広辞苑』）。和英辞典によれば a nuclear family。nuclear は主として「原子力の」「核エネルギーの」「核兵器の」としておなじみで、a nuclear power plant は「原子力発電所」、nuclear weapons は「核兵器」です。英語教科書でも nuclear は、広島への原爆投下、福島第一原子力発電所事故との関連で出てきます。

　一方、生物学で nuclear といえば「（細胞）核の」を指し、ここから物事の「中心の」「中核の」が生まれ、「家族」と結びついて a nuclear family になったようです。

　しかし、「核家族」だからといって nuclear にこだわることはありません。例えば、上記の例文 ① では（　）の nuclear は省略可です。「夫婦と子ども2人の4人である」と家族構成を具体的に説明すれば十分。

　また、上記の定義によれば、「シングルマザーと子ども2人の母子家庭（a

family of a single mother [mom] with two children)」は核家族ではないことになりますが，これについては見解が分かれています。

たとえば，『明鏡国語辞典』は，核家族を「夫婦，または，夫婦（あるいはどちらか一方）とその未婚の子供からなる小家族」であると説明し，『語源由来辞典』によれば，核家族は「一組の夫婦，夫婦とその未婚の子，父親または母親とその未婚の子（父子家庭や母子家庭）のいずれかからなる家族」です。

② の「高齢化」は「長生きする」。⇒「少子高齢化社会」（95 ページ）。③ の puts（　）on the table を直訳すると「（　）をテーブルの上に置く」。そこから「家族に食事をさせる，食わせる，養う，扶養する」。これはよく使います。keep（　）にすれば「食事を切らさない，食事に困るようなことはない」。

④ の動詞は「... を支える，支援する」の意味で教科書に載っています。ここでは家族を「扶養する，養う」。

⑤ の「生きがい」は文脈によって英訳はいろいろですが，このケースでは，小学校でも学習する基本動詞の ing 形がピッタリ。困難に直面しても立ち上がり，決してあきらめずに前進し，歩き続ける。そのように人を奮い立たせるもの。それこそが「生きがいである」というイメージです。その他の「生きがい」の英訳例は ⇒「生きがい」（188 ページ）。

 解答　② longer　③ food　④ support　⑤ going

以下では「家庭」と「家」をチェックします。ここでも family が登場しますが，日本語としては「家族」より「家庭」の方が一般的，または family 以外の単語で表現する方が自然なケースも紹介します。

---

⑥ 私は貧しい家庭に生まれた［実家は貧しかった］。
　I was（　）to [into] a poor family.
⑦ 仕事と家庭をうまく両立させる／仕事と家庭のバランスをうまく取る
　have a good（　）between work and family（life）／ have a good work-family（　）　　　　［（　）は同一の名詞］
⑧ 食品廃棄物を家庭でリサイクルする

---

recycle food waste at（　　）
⑨ 家庭菜園で ... を育てる
grow ... in the（　　）garden
⑩ 家を出て，一人暮らしを始めた。
I left home and started living（　　）.
⑪ 家業を継いでみようというものは誰もいない。/ 家業の後継者は見当たらない。
Nobody is ready to（　　）over our family business.
⑫ 共働き家庭［世帯］の子ども　⇒「働く」例文 ②（120 ページ）

---

take　born　balance　home　kitchen　alone

ヒント　⑥ の「生まれた」は be（　　）の形ですべての英語教科書の単語リストにあります。▽子どもを抱えた貧困家庭 poor families with children。▽貧困**家庭**の児童が増加している。More children are living in poverty. 後者の例文で「家庭」は翻訳不要。poverty は「貧困」。

　⑦ の「仕事と家庭の両立」は「仕事と家庭のバランス」と考えるのがヒント。⑧ の「ごみ，廃棄物」は waste。動詞としては「無駄にする，浪費する」。いずれも「中学英語」。

　⑨ の「家庭菜園」の「家庭」は family でも home でもありません。「台所」を意味する単語です。そして「菜園」は garden。つまり，自宅の庭の一部を利用して野菜や果物を栽培するところからきた表現です。*Britannica Dictionary* は（　　）garden を a garden where you grow fruits and vegetables for your own use（自家用の果物や野菜を栽培する庭）と説明しています。

　⑪ の「家業」は a family business。nobody は「だれも ... しない」を意味する代名詞として教科書に載っています。（　　）は基本動詞で，（　　）over になると，この例文のように「... を引き継ぐ，継承する」。また文脈によっては「... にとって代わる，（企業などを）買収する」なども意味します。

....

 ⑥ born　⑦ balance, balance　⑧ home　⑨ kitchen　⑩ alone
⑪ take

....

結婚 (⇒「結婚」(193 ページ))

出産

　「出産する」を和英辞典で調べると，判を押したように have a baby; give birth to a baby が出てきます。baby が男の子であれば a baby boy，女の赤ちゃんなら a baby girl。出産するのは赤ちゃんに決まっているのですから baby は不要だと思われるのですが，a **baby** boy，a **baby** girl とセットでよく登場します。**baby** は削除可。⇒以下の ②。birth は「誕生」。ところが，この単語自体は教科書にはありません。しかし，birthday（誕生日）は載っていますから，本書では中学英語に分類します。

---

① 体重 5 キロ超の男子を出産する
   give birth to a（baby）boy weighing*（　　）than 5kg
   [*weigh「... の重さがある」]

② 先週，彼女はカリフォルニアの病院で男の子を産んだ。
   She gave birth to a boy last week in a California（　　）.
   (*NPR*, 2022 年 1 月 25 日)

③ 彼女は第一子を出産後に職場復帰した。
   She came back to（　　）after（　　）her first child [... after giving birth for the first time].

④（新型コロナウイルス流行のさなかに）出産を計画する人などいないと思う。
   I don't think anybody ever plans to bring a baby into the（　　）(during a pandemic). (*NIH*, 2021 年 12 月 5 日)

⑤ 日本女性の出生率は 30 年前と比べて低下している。
   Japanese women have（　　）children in their lifetime* than they did 30 years ago.
   [*「一生，生涯」]

work　hospital　fewer　more　world　having

　　① の動詞 weigh は 1 社の教科書で見つけました。名詞は weight（重さ，重量）で weightlifting（ウェイトリフティング，重量挙げ）も教科書にあります。② には baby はありません。boy だけです。

　③ の「第一子（first child）」は give birth for the first time（初めて出産する）に言い換え可。「職場復帰」の英訳は ⇒「職場復帰」（164 ページ）。

　④ の「出産する」は bring a baby into the（　　）でも通じます。直訳すれば「赤ちゃんを世の中に連れて入る」。なんだか変な言い回しですが，実際に使っています。原文の出典は「アメリカ国立衛生研究所（National Institutes of Health＝NIH）」。

　⑤ の「出生率（しゅっしょうりつ）」を正確には「合計特殊出生率（total fertility rate）」と呼びますが，具体的には「1 人の女性が一生の間に産む子どもの数」ということなので，その通りに英訳しました。（　　）には「少ない」を意味する形容詞の比較級が入ります。

　① more　② hospital　③ work, having　④ world　⑤ fewer

育児，子育て

　「出産」と同様，「育児」の英訳も和英辞典によって大きく異なることはありません。child care; childcare; child-rearing; nursing ... が中心です。「育児する」は take care of one's baby が多いのですが，育児の対象には乳児だけでなく幼児も含まれるでしょうから baby よりは young child [children] とした方がよいケースもあると思います。

① フルタイムの仕事をしながら自宅で子育てする
raise children at home while working full time [while (　　) a full-time job]
② 女性社員が育児休暇を最長 3 年間取れるようにする
allow women employees to (　　) child care* leave for up to three years
[*childcare, child-care も可]
③ 育児中の女性労働者に対する社会の支援が必要になっている。
It is time for society to help (　　) mothers.
(*New York Times*, 2022 年 4 月 19 日)
④ 保育園の費用が高いので自宅で子育てする
stay at home to take (　　) of children due to the high (　　) of childcare
(*New Stateman**, 2023 年 2 月 6 日)[*「ニュー・ステーツマン」英国の週刊誌]
⑤ 子育て減税
tax breaks for families (　　) children
⑥ わが家の息子は保育園に申し込んで，現在，待機中だ。
Our son is on a daycare (　　) list.

care　take　cost　waiting　having　working　with

ヒント ① の「フルタイムの仕事をする」は work full time。または (　　) a full-time job。(　　) の正解は 2 つあります。前者の full time は副詞句、後者の full-time は形容詞。

② の「休暇」は leave。▽ことし入社で（初年度の）有給休暇は 10 日だ。I started with 10 days of paid leave this year. paid は「有給の，給料を支払う」。

③ の (　　) mothers は「働いている母親，仕事を持っている母親」。women ではなく **mothers** ということは子どもがいるはずです。そこで「子どもを抱えている，育児中の，子育てをしている」。

④ の原文に「保育園」はありませんが，high (　　) of childcare は「育児のコストが高い」。これは保育園に通わせているからでしょう。→以下の例

文 ⑥。

⑤ の「減税」は tax cuts [breaks]。「子育て」は「子どもを育てている（家族）」のように（　　）の部分を補足します。

⑥ の「待機中」は，航空便などの「キャンセル待ちリスト」と同じ。米国の「保育園」は daycare / a daycare center。英国は a nursery。▽保育園に息子を迎えに行く pick up one's son from daycare [from the daycare center]。

 解答　① having [working]　② take　③ working　④ care, cost
⑤ with　⑥ waiting

 ## ジェンダー

ひょっとしたらと思って探してみたらありました。gender equality（ジェンダー平等，男女平等）です。中学 3 年生用の教科書です。文章の中ではなく「社会」の項の「単語リスト」に用語の 1 つとして載っています。これで，本書でも堂々と使えます。gender equality に関連した事項についても取り上げます。

① 教育における（ジェンダー）平等の拡大は社会における男女間の壁［女性差別］を撤去［撤廃］するために必要だ。
　　Greater equality in（　　）is needed to help break down gender（ b ）in society.　(UNESCO)　[（ b ）は ④ の（ b ）と同一の名詞]
② 男女の平等［ジェンダー平等］は人権にかかわる問題だ。
　　Equality between men and women, or gender equality, is a（　　）right.
③ 職場でのジェンダー・ギャップを縮小する
　　close the gender gap at（　　）
④ （おもちゃの世界では）「男の子，女の子」向けというジェンダーの境界［壁，障壁］がなくなりつつある。

116

The gender (　b　) are breaking down.

(*New York Times*, 2015 年 10 月 27 日)〔(　b　) は ① の (　b　) と同一の名詞〕

⑤ 企業での女性に対する昇進差別を日本では「竹の天井」と呼ぶ。「ガラスの天井」より撤廃するのは一層厄介だ。

The glass ceiling in Japan is (　　) as the bamboo ceiling, and is even (　　) to break. (*Economist*, 2010 年 11 月 20 日)

---

known　human　barriers　harder　education　work

ヒント　① は UNESCO（United Nations Educational, Scientific and Cultural Organization ユネスコ＝国連教育科学文化機関）のサイトから引用。greater equality は「より大きな平等」。日本語としては「平等の拡大，推進」。break down は自動詞としては「壊れる，故障する」。他動詞では「... を取り除く，破壊する，なくす」。ここでは後者。(　b　) は「壁，障壁，防壁」の意味。equality（平等）も「中学英語」です。

　② では gender equality を equality between men and women（男女平等）に言い換えました。

　③ の gap は日本語でも「理想と現実のギャップ」と言ったりします。英語の教科書では「すき間，隔たり」の意味として登場します。close は動詞で「（ギャップを）縮める」。close the gap はセットで覚えておくと便利。よく使うフレーズです。文脈によっては gap は「格差」を表します。▽拡大する貧富の格差 the growing gap between the rich and (the) poor。(the) は省略可。

　④ はニューヨーク・タイムズの記事を引用。似たような話は日本にもあります。この break down は ① とは異なり，自動詞で「崩れる，崩壊する」。ここでは「なくなりつつある」と訳しました。(　b　) は「壁，障壁」ですが，このケースでは「境界」でもいいでしょう。

　⑤ の出典の *The Economist*（エコノミスト）は英国のビジネス・経済週刊誌で，分析・解説記事に優れ，国際的に高い評価を受けています。**glass ceiling**（ガラスの天井）とは，能力や実績がありながら性別や人種を理由に企業や組織などでの昇進を妨げている**目に見えない壁**。

　ガラスは透明ですから「見えない」壁ですが，『エコノミスト』誌によれば，

117

日本の場合は「目に見える壁［あからさまな女性差別］」なので，ガラスではなく「竹の」天井。「竹」は日本の象徴でもあるのでしょう。▽「ガラスの天井」の障害を乗り越え，女性は多くの分野やビジネスの世界でトップの座に就いている。Despite the glass ceiling, women do **make it to** the top jobs in many areas of work and business. (*BBC Learning English*, 2022 年 8 月 18 日) make it to ... は「... へ到達する，（苦労して）目的を達成する，... をやり遂げる」。**do** make it to ... としたのは make it to ... を強調するため。

 解答 ① education, barriers ② human ③ work ④ barriers
⑤ known, harder

---

⑥ 男女間の賃金差別は許されない［男女に関係なく同一労働同一賃金であるべきだ］。
Women should be paid the (   ) as men for doing the (   ) job. 　　　[（   ）は同一の単語。ただし，前者は「代名詞」，後者は「形容詞」]
⑦ 女性より男性の方が賃金は高い。
Men make (   ) money than women (do).
⑧ 男女平等を実現する
(   ) equality between men and women
(*Washington Post*, 2015 年 3 月 16 日)
⑨ 科学者の研究によれば，男女間に（能力の）違いは全く存在しない。
Scientists find (   ) difference between men and women.
(*BBC*, 2016 年 7 月 1 日)
⑩ 男女の社会的平等［ジェンダー平等］に向けて前進する
make progress towards gender equality in (   )　　(*UNESCO*)
⑪ 教師のなかで女性の占める割合は 45％だ。
Women (   ) up 45 percent of school teachers.

no　society　same　make　more　realize

ヒント ⑥の「男女同一労働同一賃金」もすべて中学英語。▽男子と女子のサッカーチームはすべての試合で平等の待遇［報奨金］を受けている。The men's and women's soccer teams are paid the same for all competitions.

⑦は「男女同一労働同一賃金」を求める運動の背景になっている現実です。make money は「大もうけする」とか「（株の取引などで）利益を得る」を意味する，と説明している英和辞典もありますが，サラリーマンが働いて「収入を得る」のも make money。▽私の年収は 500 万円だ。I make ¥5 million a year.

⑧の（　　）は「理解する，実感する，悟る，… だと気付く」を意味するほか，「（夢や計画を）**実現する**」にも対応します。ここでは（目的・目標を）**達成する**」の動詞も正解とします。equality は「平等」。「否定」の接頭辞 in を乗せて **in**equality にすると「不平等」。▽男女平等実現への道のりはまだまだ遠い。We are still far away from achieving gender equality. achieve は「（目標，目的を）達成する」。1 社の教科書にあり。

⑨の Scientists find ... を直訳すれば「科学者は発見する」。これは「科学者の研究によれば …」としました。▽彼女は女性として世界の最年少で一国の最高指導者になった。She became the youngest woman in the world to run [lead] a country. run は「（組織，企業，政府などを）動かす，運営する，経営する」。

⑩の progress（進歩，発達）も toward(s)（… の方へ，… に向かって）も中学英語。toward**s** は英語，米語では s は不要。UNESCO（United Nations Educational, Scientific and Cultural **Organis[z]ation** ユネスコ＝国連教育科学文化機関）などの国連機関は「英語」つづりを好む傾向があります。この例文の「機関」については，下線部の s は英語，z は米語つづり。

⑪の「占める割合」は（　　）up。これは重要な熟語。意味するところは多様で，例えば，「チームのメンバーは 9 人だ。/ チームは 9 人編成だ」は The team is（　　）up of nine members. ここでは受動態なので（　　）は過去分詞。これは The team has nine members. でも同じ意味。

解答　⑥ same, same　⑦ more　⑧ realize [achieve]　⑨ no
⑩ society　⑪ make

第4章 Work

働く

「働く」は work，そして「労働」は labor が一般的です。その違いは，labor が，苦痛を伴う肉体労働を連想させるのに対し，work には報酬を伴う「仕事」の意味合いが強いことです。つまり「児童労働」は child labor であって，child work ではありません。labor は中学の英語教科書には出てきません。

どの和英辞典を引いても「働く」の見出しで最初に出てくる単語は work。政府の進める「働き方改革」は Work [Working] Style Reform。たとえば，以下の例文に登場する「働く」はすべて work で対応できます。

---

① もっと働いて貯金を増やす
　work longer and （　　） more
② 共働き世帯の子ども
　children with working （　　）
③ がんばって働いて暮らしを良くする
　work hard to get a better （　　）　　　　　　[⇒「暮らし」（174 ページ）]
④ 働き方を変える
　change the （　　） we work / change our working style
⑤ 教育の最前線で働く教師
　teachers on the （　　） line (s) of education
⑥ 大学進学を断念し，就職する［働きに出る］
　give up on college and （　　） to work
⑦ （学校を卒業し）働き出す
　go into the working （　　）

---

parents　life　way　front　go　world　save

① の空欄の動詞には「救う，助ける，節約する」のほかに「貯蓄する」という意味もあります。

② の「共働き世帯」は「両親が**働いている**」と発想。

④ の the（　　）we work は **how** we work に言い換え可。▽働き方，勤務日，勤務時間 how we work, when we work, how much we work。

⑤ の「働く」は訳出不要。「最前線の」だけで OK。⑥ の「大学進学」の「進学」は無視し，「大学」だけで意味は通じます。また give up **on** college は「大学進学を諦める，断念する」なのに対し，give up college は，大学在籍者が「学業を諦める」，つまり「退学する」。⑦ は「社会人」になること。

解答 ① save ② parents ③ life ④ way ⑤ front ⑥ go ⑦ world

以下の ⑧〜⑭ のなかには work 以外で「働く」を表現している例文が含まれています。

---

⑧ できるだけ長く働こうと考えている。
I plan to work for as long as（　　）.

⑨ 女性の労働参加率が向上してきた。
（　　）women are now working.

⑩ 朝から学校の授業を受け，それから夜勤で働く
work at night after a full day at（　　）

⑪ 彼は同社で 15 年働いている。
He has（　　）at [with] the company for 15 years.

⑫ 働き出したのは学生時代だ。
I got the（　　）when I was a student.

⑬ 時給で働いている。
I get paid by the（　　）.

⑭ 日中に睡眠をとって夜勤に備える
sleep during the day to be（　　）for work at night

---

job　more　hour　ready　school　possible　been

⑧ の「考えている」は「... するつもりだ，予定だ」。「できるだけ長く」は as long as I can に言い換え可。

⑨ の「労働参加率」を労働経済学の専門家が英訳すると the labor force participation rate になるはずです。それを「中学英語」で表現しました。「働く女性が増えてきた」という意味です。ちょっと簡単過ぎるようですが，話しことばとしてはこれで十分です。「向上してきた」は動詞ではなく形容詞の比較級を使用。

⑩ の a full day at (　　) は a full day of class でも同じ意味。class は「授業」。「学校」の部分を「大学」に変えたければ college。

⑪〜⑬ では work なしで「働く」を英訳。⑪ は He has (　　) **working** ... としてもよいのですが，このような文脈では working は省略可。at the company (会社で) ... が続くので「働いている」は不要になります。

⑫ では「働き出す」を「就職する」と考えました。

⑬ の get paid は「（働いて）お金をもらう」という意味で，work, working なしでも「労働に伴って」という含みがあります。「時給」ではなく「日給，日払い」であれば get paid by the day; get paid daily [every day]。

⑭ の work at night は working at night; night work に言い換え可。「... に備える」は「用意する」で be (　　) for ...。▽午前 9 時から午後 5 時勤務の労働者 9-to-5 workers。▽9 時 – 5 時の勤務スタイルは今や時代遅れだ。The 9-to-5 work model is now outdated. ⇒「労働時間」の例文⑩と〈ヒント〉（128, 129 ページ）。

解答 ⑧ possible ⑨ More ⑩ school ⑪ been ⑫ job ⑬ hour ⑭ ready

⑮ 「ワーキングプア」のほとんどは 30 歳未満で，多くは両親と同居している。

Most of the "working poor" are (　　) 30 and many live with their parents.

(*CBC**, 2022 年 12 月 23 日) [*Canadian Broadcasting Corp.（カナダ放送協会）]

⑯ 働いているのでボケることがない。

Work keeps me (　　).

⑰ 高齢になっても働いている米国人が増えている。

More Americans are working into old (　　).

(CBS* News，2019 年 12 月 19 日)〔*CBS は米国の主要テレビ・ラジオ放送局〕

⑱ 寿命の伸びとともに，現役で働く期間も延びている。

We are working longer now as we are (　　) longer.

⑲ できるだけ長く働いてポックリ死にたい，と考えている。

I plan to work as long as I possibly can and then hope for a swift* (　　).

(Christian Science Monitor，2016 年 12 月 31 日)〔*「速やかな，すばやい」〕

---

living　sharp　death　age　under

---

 ⑮ の "working poor" が引用符でくくってあるのは「いわゆる」の意味を持たせるため。" " なしでも問題ありません。▽ At 18, I was working poor. 18 歳のころ，私はワーキングプアだった。(*New York Times*，2022 年 9 月 29 日)。

　⑯「ボケる」を「認知症になること」だと限定的に解釈せず「（刃物が）鋭い，よく切れる」を意味する形容詞で表現。これは 1 社の教科書に出てきます。認知症は ⇒「介護」の例文 ⑤ ⑥（101 ページ）。

　⑰ の（　　）は「年齢，時代」に使う名詞。

　⑱ は「生きる」の ing 形。⑲ の（　　）の正解は「死，死ぬこと」。die の名詞形です。出典は米国のクリスチャン・サイエンス・モニター紙。オンライン版と週刊の紙媒体があり，本拠地はボストン。

解答　⑮ **under**　⑯ **sharp**　⑰ **age**　⑱ **living**　⑲ **death**

123

「労働」は work ですから「労働者」は a worker。日本語のイメージでは，工場や工事現場などでの肉体労働を連想しますが，英語では職種に関係なく「働く人，仕事をしている人」は等しく worker。

ですから，企業の「事務職社員」は office workers。doctors, nurses, and other healthcare workers（医師，看護師などの医療**労働者**）ともいいます。これはアメリカ国立衛生研究所（National Institutes of Health＝NIH）のサイトで見つけました。もっとも，この場合，日本語では「医療**労働者**」ではなく「医療**従事者**」の方が一般的でしょう。

---

① 労働者［労働力］が逼迫している。極めて深刻な状況だ。

We are (　　) out of workers. It's very (　　).

② 女性労働者の活躍の場を広げる / 女性労働力を有効に活用する

make (　　) use of women workers

③ その工場では労働者が職場放棄した。

Workers (　　) off the job at the factory.

④ 日本の総労働人口の約 4 割は女性だ。/ ... 日本の総労働人口の約 4 割を女性が占めている。

Women (　　) up about 40 percent of Japanese workers [... 40 percent of Japan's (total) working population].

---

serious　better　walked　running　make

ヒント ① の「逼迫する」は（　　）out of ...「... が不足する，... を使い切る」。この熟語は本書ではたびたび登場します。（　　）の動詞は「走る」という意味だと中学校では習いますが，「（ある状態に）なる」でも広く使います。

② の「活躍の場を**広げる**」は「女性の能力を**より有効に活用する**」と発想してみるのもアイデア。make use of ... は「... を利用する，活用する」。make（　　）use of にすれば「**より有効に活用する**」となり「活躍の場を広

げる」のニュアンスを出せます。

③ の（　　）off the job は「職場を離れる」。「ストライキに入る，ストを決行する」も意味します。job なしで Workers（　　）**out**. でも「労働者はストを決行した」。「ストライキ」は a strike で「... を要求してストライキに突入する」は go on strike, calling for ... なのですが，strike は「中学英語」ではありません。

④ の（　　）up にはいろいろな意味があります。ここでは「... を構成する，（割合を）占める」。「**総**労働人口」の「**総**」は total ですが，なくても誤解の心配はありません。

 解答 ① running, serious ② better ③ walked ④ make

---

⑤ 労働者を組織する

（　a　）**together workers**

⑥ 同社は労働者の待遇をめぐり批判を浴びている。

The company has come under（　　）for its treatment* of workers. [*ここでは「（病気）の手当，治療」ではなく「待遇，取り扱い」。▽労働条件や労働者の待遇 working conditions and how workers are treated [... and the treatment of workers]]

⑦ 労働者の生産性を高める必要がある。

We need to get（　　）out of workers.

⑧ 経済が機能停止に陥らないのはエッセンシャルワーカー（労働者）のおかげだ。

Essential workers keep the economy（　　）.

⑨ 外国人労働者を受け入れる

（　　）**in foreign workers**

---

running　more　bring　fire

ヒント》 ⑤（　a　）together は「（人を）集める，組織する，団結させる，

結びつける」。語順を変えて（　a　）workers together でも OK。次の例文では（　a　）together を「触れ合う」と訳してみました。▽I think that farming is a way to（　a　）people together. 農業を通して人々に触れ合いの場を提供できると私は思う。(*New Crown* 2) *（　a　）はすべて同一の動詞。

　⑥ の come under（　　）は「批判を受ける，非難の的になる」。もともとは，「（戦場で）砲火を浴びる，攻撃を受ける」。

　⑦ の「生産性を高める」は get（　　）out of workers は「労働者から**より多くのものを引き出す**」と英訳。こうすれば「生産性（productivity）」を知らなくても，中学英語でなんとか間に合います。▽社員の能力を最大限に引き出す［発揮させる］get the most out of employees。

　⑧ の（　　）の動詞は「走る」の意味でおなじみですが，ここでは「経済を**動かす，運営する**」。「エッセンシャル」は「必要不可欠な」。ここでは，「日常生活の維持に欠かせない」。市民の生命と安全を守り，暮らしに欠かせないサービスを提供することが「エッセンシャル」だとすれば「看護師，消防士，警察官などのエッセンシャルワーカー」を **front-line workers** such as nurses, firefighters and police officers とも言えそうです。front-line は形容詞で「（戦争の）最前線の」。

　⑨ の「... を受け入れる」は（　　）in。「... を連れてくる」という意味。「外国」が特定できれば（　　）in workers from Vietnam（ベトナム人労働者を受け入れる）のようにも表現できる。

 解答　⑤ bring　⑥ fire　⑦ more　⑧ running　⑨ bring

 ## 労働時間

---

① 労働時間を週 38 時間から 35 時間に削減する
　cut [reduce] work(ing) hours from 38 to 35 hours（　　）week
② 多くの人が労働時間を削減された。

Many people have had (　　) work(ing) hours cut [reduced].

③ 日本は世界的に最も労働時間の長い国の 1 つだ。

Japan has some of the (　　) working hours in the world.

(*CNBC**, 2018 年 6 月 1 日) [*CNBC は米国のニュース専門チャンネル。経済, ビジネスニュースに強み]

④ 長時間労働は死につながる恐れがある。

Long working hours can (　　) you.

⑤ 長時間労働は早死にの原因になる。

Long working hours (　　) to early deaths.

⑥ 労働時間が長ければ, 周囲から評価される。

If you work (　　) hours, people think you are (　　).

(*BBC*, 2019 年 4 月 5 日)

⑦ 20 時間以上, ノンストップで働いている。

I have been working without a (　　) for more than 20 hours.

---

their　good　longest　break　long　a　kill　lead

ヒント〉　上記の例文からも分かる通り, 労働時間は work hours または working hours です。ほぼ同じ頻度で使います。① の「削減する」は reduce でも cut でも OK ですが, どちらかというと reduce の方が好まれます。cut は 4 社すべて, reduce は 3 社の英語教科書に出てきます。

　③ では some が入っているので「世界で**最も**労働時間が**長い**」と断定せずに「**長い国の 1 つ**」。④ の「**死につながる**恐れ」は「... を**殺す**恐れ」。

　⑤ の (　　) to ... は「... につながる, ... の原因になる」。1 語では cause。④ と ⑤ に関連して「同社の企業文化ともいえる長時間労働」を英訳すれば the company's culture of long working hours。

　⑥ は日本の企業文化について報じた英国の公共放送局 BBC のインタビュー記事。日本では職場で働いている時間が長いほど, people think ...「**よい**(社員だ) と人々から思われる」(直訳) と伝えています。その部分は「周囲から**評価される**」と意訳しました。「職場で」は at work; at the [a] place of work も可。「職場環境」⇒「英語公用語化」の項 (75 ページ)。∨勤務時間が増えて

いる。We are spending more time at work.

⑦ の（　　）の答えは「休憩」を意味する名詞。動詞としては「壊す，割る」。▽労働者には 60 分の休憩をとる権利が認められている。Workers have a right to take a（　　）of 60 minutes.

....

解答 ① a [per] ② their ③ longest ④ kill ⑤ lead ⑥ long, good ⑦ break

....

さて，「労働時間」は work [working] hours でよいとして，会話やニュース報道では以下のような表現も見受けます。なるほど，と感心しつつ，言い換えであることもきちんと見抜く能力が必要です。特に ⑧～⑩ に注目。

---

⑧ 労働時間が減った。

We are working（　　）.

⑨ 不景気になると労働時間は短くなる。

We work shorter hours when（　　）is slow.

⑩ 私の所定内労働時間は 9 時-5 時で，1 時間の昼休みがある。

I normally* work from（　　）to（　　）with a one-hour lunch break.
[*「通常は，いつもは」]

⑪ 労働時間がカットされ，購買力が落ちている。

We have less（　　）to spend after having our hours cut.

⑫ サービス残業する

work overtime* for no（　　）
[*「残業」]

⑬ 長時間労働は日本では珍しいことではない。

Long working [work] hours are（　　）in Japan.

⑭ 週 35 時間労働，週休 3 日制を試験的に導入する

（　　）a four-day, 35-hour work week.

---

money pay less test common 5 [five] business
9 [nine]

ヒント ⑧ の「労働時間が**減った**」は，労働時間が**少なくなった**と発想。
▽労働者に残業［時間外労働］を要請する ask workers to put in overtime。put in ...
は「... の中に入れる」が元々の意味ですが，「... に時間を使う，費やす」にも使います。

⑨ の「不景気」の「景気」は「会社，商売，仕事，事業」を意味する単語
として教科書に出てきます。slow は「（スピードが）遅い」。ここでは「活気
がない，（景気が）悪い」。

⑩ は「時間や午前，午後」は無視して数字だけで OK。「所定内」は「残業
がなければ」と解釈し「通常は」で表現しました。「所定内労働時間」は
standard working hours とも言えます。standard は「基準」の意味で，教
科書に載っています。break は名詞で「休憩」。また a 9-5 job（午前 9 時 - 午後
5 時の仕事）には，「定時に出勤し，定時に退社する」ような，ルーティン化さ
れ，単調で退屈な仕事，という含みもあります。

一方，勤務時間を固定せず，出退勤時間を自由に設定できる働き方もありま
す。「フレックス（タイム）制（flexible working system）」と言います。▽
フレックス制で働けるのであれば職場復帰したい。I want to go back to work if it is
flexible. ▽フレックス制で働く work flexibly。flexible, flexibly は中学校の英語教科
書にはありません。

⑪ の「購買力」は「消費に回せるお金」。ここでは hours だけで「労働時
間」の意味になります。

⑫ の「サービス残業」は残業しても賃金に反映されないこと。つまりタダ
働き。（　　）は名詞で「給与，賃金」。この単語は動詞でもあり，教科書には
「（代金などを）支払う」として単語リストに載っています。▽サービス残業を強
制された。/ タダで残業させられた。I was forced to work overtime for free.

⑬ の「珍しいことではない」は「ありふれた，ふつうの，よくある，共通
の」を意味する形容詞。これも中学英語です。仕事が事務職で，労働時間では
なく「勤務時間」という感じを出したければ office hours。

⑭ の「**週休 3 日**」は英語では「**4 日働く**」と発想。「（試験的に）導入する」
は「試してみる」。「実際に導入する」のであれば adopt の出番です。これは
中学英語ではありません。

解答 ⑧ less ⑨ business ⑩ 9 [nine], 5 [five] ⑪ money ⑫ pay
⑬ common ⑭ test

過労死

　過労死（karoshi）は death by [from, due to] **overwork**。言い換えれば「**働き過ぎ**による死」。中学英語では die **from** working too hard [much] / die **from** working too many hours [long work(ing) hours]（長時間労働が原因で死亡する）。この場合は die **from** ... で，die **by** ... ではありません。

　karoshi は英米の主要辞典にも採用され，それが逆輸入されて日本の英和辞典にも載っています。米国人は [kǽrouʃi] と発音し，「キャ**ロー**シ」のように聞こえます。「ロー」にアクセントがあります。karaoke（カラオケ）が「キャラ**オー**ケー」になるのと似ています。

① 日本では過労死が深刻な社会問題になっている。
　Karoshi has become an (　　) social problem in Japan.
　　　　　　　　　　　　　　　　　　　　　（*ILO*，2013 年 4 月 23 日）
② 「カロウシ」は日本語で働き過ぎによる死を意味することばだ。
　Karoshi is a Japanese word (　　) death from overwork. （同上）
③ 過労死した（社員）は 50 日間無休で働き，月々の残業は 100 時間を超えていた。
　The karoshi victim (　　) 50 days (　　) and more than 100 hours of overtime every month.
④ サラリーマンの中には過労死する人もいる。
　Some salarymen work themselves to (　　).
⑤ 教師の仕事に疲れ果ててしまった［すっかり疲弊した，燃え尽きてしまった］。

130

I was (a) out from ( ).

straight　death　burned　meaning　teaching　worked　important

ヒント　① と ② の出典 ILO は International Labor Organization（国際労働機関）の略。① の（　）は「重要な」を意味する形容詞。ここでは「深刻な」と解釈。

③ の「50 日間無休，休みなしで」は 50 days（　）。（　）には「まっすぐに，一直線に」を意味する副詞が入ります。中学 1 年生と 2 年生で取り上げている教科書があります。victim は「犠牲者」で中学英語です。ここでは過労死した人。▽消防士は年中無休で待機している。Firefighters are on call 24/7.「24/7」については「営業」の例文 ② を参照（61 ページ）。

④ の work oneself to（　）の work は「働く」という意味の自動詞ではなく，他動詞で「働かせる，こき使う」。自らを酷使し，その結果死に至るわけで「過労死」。「サラリーマン」の英訳については「ビジネス」の例文 ⑬ の〈ヒント〉（45 ページ）。

⑤ は「過労死」ではありませんが，関連があると思い取り上げます。「燃え尽きる」は「... を燃やす，... が燃える」を意味する（　）+ out。（　）は自動詞としても，他動詞としても使います。その過去形，過去分詞形は米語では（ a ），英語では burnt が一般的。「... に疲れ果てる」は be（ a ）out **from** ... で，be（ a ）out **by** ではありません。▽仕事でへとへとです。I feel（ a ）out at work.（ a ）は同一の単語。

「過労死」の関連でもう 1 つ。新型コロナウイルス（COVID，COVID-19）が猛威を振るっていた米国で，急増する患者への対応に追われた病院の医療スタッフが，人員不足や超過勤務で「労働環境は**限界**に達している，医療体制は**崩壊**しつつある」と現場の窮状を訴えたことがあります。

この「限界に達している，崩壊しつつある」を米国では We are at [We are reaching] a breaking point. と表現していました。a breaking point は「破壊点，限界点，（人が）耐えられる限度，忍耐の限度」。例えば，ゴムひもを引っ張り続けるといずれ「ぷつん」と切れます。その瞬間が a breaking

point です。これは人に限らず，医療体制（health（-）care system）につい
ても使えます。

....

 ① important　② meaning　③ worked, straight　④ death
⑤ burned, teaching

....

 雇 用

　「雇用」を和英辞典で引くと，最初に出てくるのは employment です。
employ（雇用する，雇う）の名詞形。しかし，この単語は中学の英語教科書に
は載っていません。「雇用」は employment ですし，「雇用統計」は employ-
ment statistics で間違いないのですが，米英メディアの報道では，これと同
じ程度か，むしろこれ以上に job data; job numbers が使われています。「雇
用」を job，また「統計」を data（データ）とか numbers（数字）で表現して
いるのです。これもまさに「中学英語」の世界です。

---

① 雇用市場［情勢］は好調［堅調］だ。
　The job market is (　　).　　　　　　　　　　（*AP*, 2022 年 11 月 5 日）
② 海外流出した雇用を取り戻す
　(　　) back jobs (that have been) lost to other countries
③ 日本企業はこの 2 年間で 50 万人の雇用を生み出した［創出した］。
　**Japan's businesses have (　　) 500,000 (new) jobs over the
　past two years.**
④ 先月は 10 万人以上の新規雇用が生まれた。
　More than 100,000 new jobs were (　　) last month.
⑤ オートメーションにより多くの雇用が奪われた。
　Automation* has (　　) away many jobs.　　　[*「オートメーション」]

> bring　added　taken　strong　created

ヒント》　① の（　　）は形容詞。「強い」を意味する単語で，小学生でも知っているはずです。英文の出典は世界三大通信社の 1 つ，米国の Associated Press（AP）。

　② の（　　）は動詞で「... を持ってくる，連れてくる」。（　　）back は「... を思い出させる，持ち帰る，呼び戻す，回復させる」。この例文では「取り戻す」。③ の「生み出す」はすべての教科書に載っています。（new）は削除可。

　同じ「生み出す」でも ④ では「加える，追加する，（数値を）足す」の動詞を受け身の過去分詞に変えて対応。これで「新規雇用を生む」を表現できます。「雇用は増えている」は We are（　　）jobs.（　　）は ing。（　　）は creating に置き換え可。この（　　）は adding。

　⑤ の「奪われた」は「オートメーションが**奪った**」と発想。次の例文では（　　）の動詞が原形で登場します。▽ Will AI（　　）all of our future jobs away? 未来の仕事はすべて人工知能（AI）に奪われることになるのだろうか［AI に取って代わられるのだろうか］。（*New Horizon* 2）。AI は artificial intelligence（人工知能）。（　　）は take。

⋯⋯⋯

解答　① strong　② bring　③ created　④ added　⑤ taken

⋯⋯⋯

⑥　社員が希望すれば 65 歳まで雇用を延長する
　　let workers（ a ）on until 65 if they so choose / allow employees to（ b ）until 65 if they wish
　　　　　　　　　　　　　　　　［⇒「給料，給与」の例文 ⑪（158 ページ）］

⑦　（当社では）希望すれば 65 歳まで雇用延長が可能だ。
　　We can（　　）to work until 65 if we want to.

⑧　「当社での仕事は終身雇用だ」
　　"I've got a job for（　　）here."　　　　　　（*BBC*, 2020 年 11 月 2 日）

133

⑨ 優良企業での終身雇用

　　a (　　　) job with a good company

(*Washington Post*，2002 年 2 月 16 日)

⑩ 同社は 1700 人の雇用［人員］削減を発表した。

　　The company announced job (　a　) of 1,700.

⑪ 今後 3 年間で 10% の雇用を削減する

　　(　b　) jobs by 10 percent over the next three years

---

life　continue　cut　lifetime　stay　work　cuts

ヒント　⑥ の (　a　) は動詞で「とどまる，滞在する」。(　a　) on になると「居続ける」，つまり「仕事を続ける，雇用を延長する」。(　b　) は「働く」。後半の allow は「許す」ではなく「認める，可能にする」。この動詞は 1 社の教科書が使っています。「社員，従業員，労働者，被雇用者」は employees, workers。「使用者，雇用主，企業，会社側」は employers。▽労使関係はこれまでで最悪だ。Relations between the employers and employees are at an all-time low.

　⑦ の (　　　) は「続ける」。⑧ のポイントは a job for (　　　)。(　　　) は「命，一生」を意味する名詞ですが，for (　　　) になると「終身の，一生の，生涯の」。「命のために」ではありません。for (　　　) については「レジ袋」の項の「エコバッグ」の解説でも取り上げました。⇒（312 ページ）

　⑨ も「終身雇用」。(　　　) は ⑧ の (　　　) と「時間」を意味する名詞 (time) を合体して作ります。これは「中学英語」ではありません。これも中学レベルではありませんが，形容詞の permanent（永続する，終身の）を活用して a permanent job としても「終身雇用」を表現できます。

　⑩ と ⑪ の (　a　) と (　b　) は同じ単語ですが，(　a　) は名詞で複数形，(　b　) は動詞。

....

解答　⑥ stay, work　⑦ continue　⑧ life　⑨ lifetime [permanent]
⑩ cuts　⑪ cut

....

仕事，職業

　「仕事」に対する英単語は work，labor，job，career，business，profession ... とあり，文脈によって使い分けます。ここでは，最も使用頻度が高く，かつ，中学英語でもある job と work を中心に話を進めます。

　この 2 語はいずれも「仕事」を意味する英語ですが，ニュアンスには違いがあります。例えば，work が名詞，動詞のいずれとしても活用するのに対し，job は名詞だけです。また，job は具体的な仕事をイメージさせますが，work にはそれがありません。

　これについて，イギリスの公共放送 BBC の英語学習コンテンツ「Learning English」は以下の例文 (a)，(b) で両者の違いについて説明しています。

　(a)　**David works in a café.**
　　　（デイビッドはカフェで働いている［仕事をしている］）
　(b)　**David has now got a new job. He is a cook in a small restaurant.**
　　　（デイビッドは転職した。今は小さなレストランでコックをしている）

　(a) では，カフェで働いていることは分かっても，具体的に何をしているのか，職種は不明です。一方，(b) では，コックとして働いていることが明示されています。この指摘は参考になります。⇒「失業」の例文 ④ の〈ヒント〉の説明（149 ページ）。以下の例文 ① に関する〈ヒント〉も参考。

---

　① 仕事を探しているところだ［求職中だ］。
　　 I'm (　　) for a job [... (　　) for work].
　② 給料の高い仕事に就く
　　 (　　) a good paying job [a job that pays well]
　③ 両親は仕事を 2 つ掛け持ちしている。
　　 My parents are (　a　) two jobs. / My parents (　b　) two

---

jobs.

④ どんな職業に関心があるか。

What kind of job are you (　　) in?

⑤ 仕事と家庭の二者択一を迫られている。

I have to (　　) between work and family.

⑥ 仕事と家庭のバランスを取るのは簡単ではない［困難だ，難しい］。

Work-family balance is (　　). (*New York Times*, 2015 年 11 月 4 日)

---

working　interested　get　choose　difficult　have　looking

ヒント ① の (　　) for はおなじみの熟語。「求職（活動）が厳しさを増している」は It's getting harder to find a job. job に冠詞は必要ですが，work は無冠詞。

② の pay は単に「支払う」ではなく**給料を払う**の意。「給料の良い仕事」は a good paying job。

③ の「仕事を 2 つ掛け持ちする」は「仕事を 2 つ持っている」と発想。(a) は動詞の「働く，仕事をする」の ing 形。(a) two jobs はダブリ感がありますが，問題ありません。実際に使います。③ 後半部分の(b) two jobs の (b) は基本動詞の「持つ」。

④ の (　　) は形容詞であり，動詞の過去分詞形でもあります。be (　　) in ... で「... に関心，興味がある」。これはすべての英語教科書が取り上げています。

⑤ の「二者択一」は「選ぶ」で OK。「仕事と家庭のどちらか（を選ぶ）」は work **or** family ではなく work **and** family。これはよく間違います。

....

① **looking**　② **get**　③ **working, have**　④ **interested**
⑤ **choose**　⑥ **difficult**

....

---

⑦ やり残した仕事がまだたくさんある。

There is still a (　　) of work to be done. / There is so much

work (a) to do.

⑧ 2 カ月入院して，仕事に復帰［職場復帰］した。

I (　　) back [I returned] to work after two months in the hospital.

⑨ 彼女は家庭と仕事を両立させている。

She has (　　) a family and a job [career]. / She has a (　　) work-family balance.

⑩ 多くの女性従業員は家庭と仕事の両立を望んでいる。

Many women workers want to balance work and family (　　).

⑪ 4 人の子供を持つ専業主婦

a-(a)-at-home mother [mom] of four children / a (b) -time homemaker [housewife] raising four children

---

stay　both　left　got　good　life　full　lot

ヒント ⑦ の to be done は「処理すべき，仕上げる必要がある」。(a) は動詞の過去分詞。現在形は「(仕事などを) やり残す」。この単語は他動詞で「... を去る，... を置き忘れる」も意味します。⑧ の「(仕事に) 復帰する」の (　　) の動詞は複数。⇒「職場復帰」(164 ページ)。

⑨ では「両立させる」を「家庭」と「仕事」の**「両方を持っている」**と発想。「仕事」は job。career を載せている教科書もあります。「両立」は balance (バランス) も使えます。⑨ の後半では名詞として使い，⑩ では動詞で「バランスを取る」。教科書にもこの意味で載っています。「家庭」は「家庭**生活**」と英訳。▽健全なワークライフバランス［仕事と家庭の両立］を維持する keep a healthy work/home balance

⑪ の「専業」は (a)，(b) のどちらかを使うことが多いようです。(a)-at-home は「自宅にいる，とどまる」で**「仕事をしていない」**。(b) は「パート (の仕事)」と対比してよく登場する形容詞です。「常勤の」という意味でもあります。housewife だけでも「専業主婦」を示唆します。

解答 ⑦ lot, left ⑧ got [went] ⑨ both, good ⑩ life
⑪ stay, full

以下の例文では job も work も使わずに「仕事，職業」を表現しています。

---

⑫ 自分の仕事［職業］に誇りを持っている。
   I'm (　　) of what I do for a living.
⑬ あなたの職業［仕事］は何ですか。
   (　　) do you do for a living?
⑭ 大人になったらどんな仕事をしたいか。
   What do you want to be when you (　　) **up?**
⑮ 教師の仕事を辞める
   give up (　a　)

---

what　proud　teaching　grow

ヒント ⑫ と ⑬ の do for a living は「(... で) 生計を立てる」。転じて「職業，仕事」。「生計を立てる」は make a living とも言います。⑫ の「... を誇りにしている」は be (　　) **of** ...。3 社の教科書に載っています。

⑭ は子どもに対しての質問で「何になりたいか」は「どんな仕事をしたいか」。

⑮ の (　a　) は「(学校で) 教えること＝教職」。(　　) はいわゆる動名詞。give up に続くので ing 形になります。give up **to do** ... ではありません。▽ 大人になったら学校の先生になりたい［教職に進みたい］。I want to go into (　a　) when I grow up.

---

 ⑫ **proud** ⑬ **What** ⑭ **grow** ⑮ **teaching**

職 場

　「職場」を和英辞典で調べると place of work; workplace; the office; work ... とあります。workplace 以外はすべて中学英語です。その workplace も work と place の合成語とみれば中学レベルと考えられます。「職場」の英訳は，以下の例文からも分かるように，和英辞典に載っている単語や用語の範囲内で対応できます。

---

① 職場に出社せずテレワークする人が増えている。

More people are working (　　) from the office.

[⇒「在宅勤務，テレワーク，リモートワーク」（166 ページ）]

② 職場には仲のよい友人がいる。

I have (　　) friends at work.

③ 私たちは職場の同僚だが，仕事以外の付き合いはない。

We are work friends but not (　　) of work.

④ 「3K 職場」の K は日本語で「きつい」「汚い」「危険」の頭文字だ。

("Three K") work (　　) for "kitsui, kitanai, kiken," meaning, "hard, dirty, and dangerous." (*VOA* Learning English*，2022 年 9 月 1 日)

[*VOA = Voice of America（ボイス・オブ・アメリカ），米国政府の国営放送]

⑤ 残念なことに，法律で禁止されているにもかかわらず，職場でのいじめは増加している。

Unfortunately, bullying* has been (　　) in the workplace in spite of laws against it.

(*BBC Learning English*，2015 年 1 月 8 日)［*「いじめ」］

---

increasing　outside　away　good　stands

ヒント　① の（　　）は「離れて」を意味する副詞。（　　）from the office は「会社を離れて」，つまり「出社せずに」。

　② の at work は「職場で」。これは「勤務中」とか「（機械が）稼働中」も

意味します。③の（　）of ... は「... の外で」。「職場の同僚」は a work colleague とも言います。

　④の（　）は「立つ，... をがまんする，... に耐える」。（　）up で「立ち上がる」。これが（　）for になると「... を意味する」。▽ UN とは United Nations（国連）のことだ［国連を意味する］。The UN（　）for the United Nations.

　⑤の unfortunately（不幸にも，運悪く，残念ながら），in spite of ...（... にもかかわらず）はいずれも 1 社の教科書に載っています。「いじめ」といえば日本では主に学校での問題として取り上げられますが，⑤ では英国の公共放送 BBC が職場でのいじめを話題に取り上げています。出典は外国人向けの BBC の英語学習サイト Learning English - 6 Minute English（https://www.bbc.co.uk › features › 6）。米国には「Workplace Bullying Institute（職場いじめ研究所）」という組織があることを BBC は伝えています。⇒「いじめ」（91 ページ）。

 解答　① away　② good　③ outside　④ stands　⑤ increasing

 ## 就職，就活

　日本語の「就職」は名詞 1 語で済みますが，英語では「仕事に就くこと，働き口を見つけること」のように説明する必要があります。「仕事」の英訳については前項で説明しました。ここでは「（仕事に）**就く，見つける**」がポイント。和英辞典には get a job; find a job が載っています。「就職する」の英訳としてはこれが最も一般的です。

---

① 若者の就職を支援する
　help young (　) (to) find [get] jobs
② 就職には苦労した。
　I had (　) finding [getting] a job.
③ **いいところ**に就職したかったら，**それなりの**教育［学歴］が必要だ。

140

　　　If you (　　) to get a good job, get a good education.
④　就活で忙しい。
　　　I'm (　　) looking for a job.
⑤　そろそろ就活を始めようと思っている。
　　　I'm (　　) to begin job hunting soon.
⑥　学生にとって去年の就活は楽勝だった。
　　　Students didn't have any (　　) finding jobs last year.
⑦　求人数が求職者数を上回っている（売り手市場だ）。
　　　There are more jobs than there are people to (　　) them.（It's
　　　a seller's market.） (*U.S. News & World Report*, 2022 年 3 月 30 日)
⑧　「（企業にとって）人材の確保が困難になっている。仕事を探している
　　　人にとっては有利な状況だ」と彼女は語った。
　　　"It's an employee's market," she said. "It's hard right now to
　　　attract the right (　a　)." (*CBC / Radio-Canada*, 2022 年 11 月 18 日)

---

　　　trouble　talent　people　fill　busy　going　want

ヒント　①の「help ＋ 目的語」に続く動詞の前の to は付けることも付けな
いこともあります。②の（　　）に続く動詞は ing 形にするのが一般的。⇒以
下の例文⑥。

　③の「それなりの教育」は a good education と訳しました。「それなり」
は「いいところ（a good job）」に対応しているわけですから a good educa-
tion でよいでしょう。

　「就職」とくれば「就職活動（就活）」に触れないわけにはいきません。これ
も日本語では「就活」1 語で間に合いますが英語ではそうはいきません。④も
②と似たケースで（　　）の形容詞に続く動詞は ing の形をとります。look
for はおなじみの句動詞で look for a job（仕事を探す）は「就活する」。

　⑤の hunt も「探す」。ライオンなどが「狩りをする」ときにも使います。
教科書でも同様の意味で載っています。hunt a job は「就活**する**」。語順を入
れ替えて job hunting は「就活」。

　⑥の（　　）は②と同じ単語。「就活で苦労しなかった」のは「働き口はた

くさんあった」ということ。労働力を提供する学生にとっては有利な状況で，「売り手市場（a seller's [an employee's] market)」。⇒例文 ⑦, ⑧。「買い手市場」は a buyer's [an employer's] market。

⑦ の和訳を言い換えると，仕事の口はあるがそれを「埋める，満たす，充足する」ための求職者が不足している「求人＞求職」という関係。（　）には，その「埋める，満たす」を意味する動詞が入ります。これは「中学英語」で，教科書には「... をいっぱいにする，満たす」という意味で登場します。英文の出典は米国の雑誌『US ニューズ & ワールド・レポート』。

労働市場での「売り手市場」については「就職戦線は学生にとって売り手市場になっている［学生にとって有利な状況だ］」を Students looking for jobs are now in the driver's seat. のように英訳もできます。be in the driver's seat（運転席にいる）は「支配的で優位な立場にあり，重要事項の決定権がある」ことを意味し，a student's market（学生側の売り手市場）ということになります。

⑧ の employee（従業員，社員)，「才能のある人」を意味する（　a　）の「人材」も教科書に載っています。出典は CBC（Canadian Broadcasting Corp. カナダ放送協会)。▽人材開発計画を立ち上げる start a（　a　）development program。（　a　）は共通の名詞。人材派遣会社は a temp [temporary employment] agency。

 解答　① people　② trouble　③ want　④ busy　⑤ going　⑥ trouble　⑦ fill　⑧ talent

 ## 就職内定

「就職内定」は a job offer で決まり。offer は動詞で「...（することを）申し出る，... を提供する」。a job offer のように名詞としても使います。中学 3 年生向け教科書に名詞として登場します。

決まり文句といいましたが，和英辞典で調べると「就職内定をもらう」は

get a promise of employment; be informally promised employment とか
「内定」は informal acceptance for employment のような英訳を見かけます。

　そこで，英米メディアの記事データベースで検索したのですが，上記の英訳
は全くヒットしません。やっぱり a job offer です。

---

① 彼は同社から内定をもらった。
　　He (　) a job offer from the company. / He was offered a job
　　by the company.
② 同社の内定を受ける（辞退する）
　　(　a　)（turn down）a job offer from the company
③ （採用先が）内定を取り消す
　　(　) a job offer
④ 現在，2 社から内定をもらっている。どちらも魅力的だ。
　　I (　a　) two job offers right now, both of which are (　b　).

　accept　good　have　cancel　got

ヒント　① の「内定をもらう」は，後半部分のように受け身にもできますし，
「同社」を主語にして The company offered a job to him. も可です。

　② の (　a　) は，内定を「受ける，承諾する」。take も可。turn down は
「断る」。▽同社から内定をいただいたので，お受けした。A job offer from the com-
pany came through and I (　a　) it. (　a　) は同一の動詞。come through は「通
り抜ける」。ここでは「（内定の通知が）届く」。

　③ の (　) は「無効にする」。航空便を「欠航する」とか新幹線を「運休
する」にも対応。カタカナ語として日本語でもそのまま使います。

　「採用内定を**もらった**」を最も簡単に表現したければ ④ が参考になります。
(　a　) の動詞は小学校レベル。(　b　) の「魅力的」は attractive ですが，
知らなければ (　b　) でも通じます。

　① got [received]　② accept　③ cancel　④ have, good

求人，採用

　「就職」が仕事に就くことで，「求職」活動の結果であるのに対し，働き手を探し求めるのは「求人，採用募集」です。多くの和英辞典は a job offer と訳しています。「当校では英語教員を2名募集している」は We have job offers for two English teachers [teachers of English].

　これで通じますが，ここでは offer は不要で，jobs for ... だけで OK。offer は1社の教科書に登場します。

　そこで，基本単語をちょっと変化させて，「求人，採用募集」を表現します。その単語とは「開ける（動詞），開いている（形容詞）」の open です。これを opening にすると「（スタッフ，職場の）欠員，就職口，勤め口」という意味の名詞に変身します。

---

① その会社では100人以上の求人がある［100人以上を採用募集している］。

The company (　　) more than 100 job openings. / (　　) are more than 100 job openings at the company.

② 2月末の求人件数は740万人に増加した。

The number of job openings (　　) to 7.4 million at the end of February. (*Forbes**, 2021年4月8日)［*『フォーブス』，米国の経済誌。隔週発行］

③ 事務職を募集しているが，人材が見つからない。

We have (　　) job openings, but can't find workers to (　　) them.

④ 必要な人材を見つける

find the (　　) we need

⑤ 一流大学を卒業すると，大手一流企業に採用される可能性が高くなる。

Graduates from (　　) colleges and universities [... from the best schools] have better chances of getting a job in a big, leading company.

⑥ 同社はすべての職種で従業員募集中だ［職種に関係なく幅広く求人し

ている]。

The company is looking for workers for all (　　) of jobs.

⑦ 彼を正社員として採用する

(　　) him on as a full-time employee

---

fill　there　talent　take　kinds　top　has　increased　office

ヒント ② の (　　) には複数の可能性があります。例えば rose (rise の過去形) とか grew (grow の過去形)。正解はそれ以外の動詞の過去形とします。「求人件数」は job offers も可。

③ では「人材」に惑わされないようにご用心。「人材」は「才能」とか「優秀な能力」を連想させ，和英辞典も a talented [capable] person と訳していますが，「事務職」のように，特別な専門知識や高度な能力を必要としない一般的な「社員，従業員」と考えられるケースについては (　　) workers [employees] でよいでしょう。(　　) は「事務」に当たる名詞です。

また，「人材が見つかる」は，不足している社員の「**穴を埋める**」と考え，動詞は (　　)「満たす」を使いました。これは「中学英語」です。

もちろん，「人材」が，優秀な能力を持った人であれば ④ の (　　) が使えます。⇒「就職，就活」の ⑧ (141 ページ)。

⑤ の「一流大学」の「一流」は和英辞典で最初に見つかる first-class よりも (　　) の方がこの文脈ではベター。「大学 (colleges and universities)」は schools 1 語でも可。「**一流** (大学)」は the **best** ... も使えます。これが「**一流**企業」になると a **leading** company。「採用される」は get a job (就職する) と表現しました。▽大学を卒業してすぐ [大学新卒で] 教師になった。I became a school teacher right out of college.「すぐに」は soon ではありません。ここでは「卒業と**同時に**，卒業**直後に**」ですから **right out of** college または **right after** college。

「求人」を job offer; job opening と説明してきましたが，⑥ の look for workers (社員，従業員を探す) でも「求人する，社員を募集する」を表現できます。どうやらこれが最も「中学英語」らしい英訳のようです。「職種」は「仕事の種類」。⑦ の (　　) は基本動詞で複数解答あり です。

再就職

　「再就職」を見出し語に採用している和英辞典はないだろうと思っていたら，いくつかありました。そして「再就職する」は get [find] a new job と訳しています。これで OK です。「再」だからといって get [find] a job **again** とは言いません。「再就職」とは失業したり，なんらかの理由で離職した人が**新しい**仕事［勤め口，勤務先］を見つけること，と英語では表現します。

---

① 再就職先探しで苦労している失業者は多い。
　Many people who are out of（　）（　）trouble finding [getting] a new job.
② 学校の教員として再就職する
　get [find, take on] a new job（　）a school teacher
③ 失業者の再就職支援が必要だ。
　We should help (to)*（　）people back to（　）. [*(to) は削除可]
④ 高齢の失業者が再就職すると，収入が大幅にダウンするケースがほとんどだ。
　Almost all workers who lose a job at older ages end up（　）much less on the new job than they did on the old job.

(*PBS*, 2020 年 2 月 20 日)

---

as　work　making　get　have

ヒント　①の be out of（　）は「失業している，失業中」。lose a job で

あれば「失業する」。⇒次ページの「失業」。trouble に続く動詞が ing 形になるということは説明済み。⇒「就職，就活」の例文 ② と〈ヒント〉（140 ページ）。

③ には「失業」を意味する英語表現は登場しませんが，back to（　　）は「仕事に復帰させる」ですから，people が単なる「人々」ではなく「失業者」ということが読み取れます。

④ の（　　）は基本動詞の ing 形です。この動詞は，小中学生向け英和辞典でも 2 ページにわたって解説が必要なほど重要な単語で，意味も多様です。基本は「... を作る」ですが，ここでは「かせぐ，収入を得る」。end up ⇒「プラスチックごみ」の例文 ③（308 ページ）を参照。出典の PBS（Public Broadcasting Service）は米国の公共テレビ放送。

 解答 ① work, have ② as ③ get [put], work ④ making

 ## 転 職

「再就職」が「失業」の結果であることが多いのに対し，「転職」には以下の例文からも分かるようもっと積極的な意味が込められています。

---

① 専門を活かせる仕事に転職した。
   I found a new job in my (　　).
② スキルアップのために転職する
   change jobs [careers] to (　　) one's skills
③ 新たな職種へ転職する
   move to a new (　　) of work　　　(*USA Today*, 2020 年 8 月 12 日)
④ この年齢になって今さら転職は無理だ。
   I'm too old to (　　) up a new job.

---

   line   field   improve   take

ヒント ① の（　）は名詞で「野原，分野」として教科書の単語リストに載っています。ここでは「（自分の）専門分野」。② の「スキルアップ」の「アップ」は「改善する，より良くする」。▽社会で成功するために必要なスキルを身に付ける build the skills (that are) needed to succeed in society。▽あなたのスキルが全く活かされていない。Your skills are going to waste.

　スキルといえば，最近，「リスキリング」ということばを新聞やテレビのニュースでよく耳にします。英語では reskilling。「学び直し」と訳されます。② の skill は名詞で，英和辞典を調べても動詞としての活用例は載っていないのですが，「技術や技能を持つ」という意味の動詞と見なし，それを ing の動名詞にし，さらに「再び」の接頭辞を置いて「再び技術や技能を身に付けること」になったのではないかと想像されます。最新の英和辞典は reskilling を載せています。skilled はれっきとした形容詞で「... に熟練した，（高度な）技能を持つ」。

　「リスキリング」について経済産業省は「新しい職業に就くために，あるいは，今の職業で必要とされるスキルの大幅な変化に適応するために，必要なスキルを獲得する／させること」と説明しています。▽社員のための継続的なスキルアップとリスキリング constant upskilling and reskilling for employees (*Forbes*, 2022 年 11 月 16 日)

　③ の「職種」は a（　）of work。（　）は「線，路線，列，行列」の意味で教科書にあります。

　④ の too ... to do ... は「あまりにも ... なので（あまりにも ... すぎて），... できない」でおなじみのフレーズ。（　）は動詞で「... を（手に）取る」が基本的な意味。（　）up になると「（仕事などに）取りかかる，就く。... を始める」など。

解答　① field　② improve　③ line　④ take

失業

　「就職」は単語 1 語で英訳できませんが，「失業」はできます。unemployment です。employment（雇用，仕事がある状態）に「否定，打ち消し」の接頭辞 un を付けます。和英辞典で「失業」を引けば，必ずこの単語が見つかります。joblessness とも言います。これは job（仕事）が less（ない）ness（状態）です。

　しかし，いずれも中学英語ではありません。もっとやさしい単語で，しかも，よく使う表現としては以下のようなものがあります。

---

① ホテルに勤務していた父が失業した。
　　My father lost his （　　） job.
② 失業のショックを乗り越えた。
　　I （　　） over the shock of losing my job.
③ 失業者に寄り添う
　　（　　） by the people who have lost their jobs
④ 彼は失業してしまった。/ 今は無職だ。
　　He no longer （　　） a job. / He is now （　　） of work [（　　） of a job].

---

　　stand　hotel　out　has　got

 「失業する」の英訳としては ①〜③ のような lose one's job が最も一般的です。① の「ホテルに勤務していた」は「勤務」に惑わされることなく「ホテルの仕事」と考えればすっきりします。③ の（　　）by は「... を助ける，... の力になる」。

　④ の no longer（　　）a job は「仕事をしていたけれども，その仕事がなくなった」ということで「失業中」。後半部分の表現は「再就職」の例文 ①（196 ページ）と同じ形です。ここでも job は **a** job，work は無冠詞です。

解答　① hotel　② got　③ stand　④ has, out, out

⑤ 工場閉鎖で多くの労働者が失業した。

The factory has (　　), leaving many workers (　　) jobs.

⑥ ロボットの導入で失業者が発生している。

Robots are (　　) our jobs. (*Washington Post*, 2015 年 3 月 23 日)

⑦ ... の影響で失業した人を支援する

(　　) workers who have seen their jobs (　　) as a result of ...

⑧ （新型コロナウイルスの）流行で失業した。

The pandemic* (　　) me out of work. [*「病気の世界的流行」]

⑨ 日本の失業率は 5% だ。

Five percent of Japanese are (　　) (　　) work.

---

taking　put　of　help　without　out　disappear　closed

ヒント》 ⑤ の leave は「... をある状態にする」という意味。ここでは「工場閉鎖で多くの人が仕事のない状態に追い込まれた」で「失業した」。

⑥ は「ロボットが仕事を盗んでいる，奪っている」，その結果，失業者が出る。（　　）に当てはまる単語はいくつか考えられます。[解答] をごらんください。▽ロボットに仕事を奪われることに反対して闘っている。We are fighting to keep our jobs from going to robots. keep A ... from 動詞の ing は「A が ... するのを [されるのを] 防ぐ，阻止する」。going to robots は「ロボットのところへ行く」，つまり「ロボットに（仕事を）奪われる」。

⑦ は「（仕事が）**消えてなくなる**」で「失業」を表現。as a result of ... は「... の結果，... の影響を受けて」。

⑧ の（　　）は動詞で，教科書では「... を置く，入れる」と習います。ここでは「... の状態にする，追い込む」。⑨ の「失業率」は，和英辞典によれば the unemployment rate。これも「中学英語」で英訳できます。

---

 ⑤ **closed, without** ⑥ **taking [taking over, stealing]**
⑦ **help, disappear** ⑧ **put** ⑨ **out, of**

解 雇

「解雇」を英語では dismissal とか layoff と言います。動詞形は dismiss, lay off ですが、いずれも中学英語ではありません。get fired（解雇される）を載せている教科書はあります。▽ Then I was fired from my own company. その後、私は自らが設立した会社から解雇されました。(*New Horizon* 3)

確かに、「解雇される」で最も一般的な英語表現はこの get fired です。be fired の形でも OK です。以下のようなケースです。

（a） 彼女は勤務先のホテルを解雇された。

She got fired from her job at the hotel. / She was fired from the hotel (where she worked).

ところが、意外なことに、「解雇される」で get fired と同じようによく使われる英語表現が和英辞典には載っていません。let go です。会話でも、報道記事の中でよく登場するのですが、どこにも見当たりません。

一方、英和辞典のなかには let の項で (be) let go は「〈人を〉解雇する」ことを示唆している、と説明しているものはあります。事実、以下の例文にもある通り、米国の新聞、テレビ、ラジオのニュースではひんぱんに見聞きします。

---

① 社員数人が解雇された。

Several employees were let go. (*Los Angeles Times*、2021 年 3 月 2 日)

② ホテルの閉館で、長年勤務していた数百人の従業員が解雇された。

The hotel (　　　), and hundreds of longtime workers were let go. (*NPR*、2017 年 7 月 4 日)

③ 社員を解雇しなければならない事態になったら、どう対応するか。

You may have to let workers go. (　　　) do you do that? (*PBS*)

④ 多くの労働者を解雇するのは胸が痛む。

It (   ) to let many workers go.

⑤ 売り上げの落ち込みを理由に従業員を解雇する

let workers go because sales are (   )

⑥ 彼はその会社を解雇された。

He was (   ) out of his job at the company.

⑦ 彼は欠勤してクビになった。

He didn't come to work and (   ) his job.

⑧ ずけずけ発言したら［遠慮なく言ったら］仕事をクビになった。

Speaking out (a) me my job.

⑨ （解雇されずに）首はつながった。

I could (   ) my job.

---

hurts down pushed lost cost keep closed how

［対象例文は ②〜⑨］

ヒント　① と ② の「解雇される」は be let go, ③〜⑤ の「... を解雇する」は let ... go で受け身ではありません。① の employee（従業員，社員）は 3 年生向けの教科書に出てきます。

　⑥ の be (   ) out of one's job も「解雇される」。イメージとしては「仕事から追い出される，追放される」。相撲で He was (   ) out of the ring. といえば「土俵から押し出された。押し出しで負けた」。⑦ の (   ) は「失う」の過去形。

　⑧ の speak out は「遠慮なく意見を言う，直言する，声を上げる」。(a) の動詞は「お金がかかる，時間を要する」以外に「（命や仕事などで）... を犠牲にする，... を失う」にも対応。▽その事故で彼は命を落とした。The accident (a) him his life. ▽それは 1 万円以上した。It (a) me more than ¥10,000. (a) の動詞は過去形でも変化しない。

　⑨ の (   ) は「... を守り続ける，維持する」。

解答 ② closed　③ How　④ hurts　⑤ down　⑥ pushed [forced]
⑦ lost　⑧ cost　⑨ keep

退 職

---

① 彼は退職し，ブロッガーに専念する［フルタイムのブロッガーになる］
ことにした。

He ( ) his job to go full-time as a blogger.

② 出産を機に，彼女は退職せざるを得なかった。

She had to ( ) work ( ) she had a baby.

③ 彼女は強制的に退職させられた。

She was forced ( ) ( ) her job.

④ その仕事はわずか 2 年で辞めた。

I ( ) at the job for only two years.

⑤ 辞め時だと考えた。

I felt it was time to ( ).

⑥ 教師の仕事を辞める

( ) ( ) teaching / quit one's job as a teacher

⑦ その仕事の労働移動率は高い。

A lot of people come and (a) at the job.

⑧ 若年労働者の離職率は高い。

Young workers jump ( ) quickly.

---

leave of after give go quit ship out stayed up

ヒント》 ① の「専念する」は go full-time と訳しました。これまで「副業」
としていたブロッガーの仕事を「フルタイムにする」，ということはブロッ
ガーとして「独り立ちする」「専念する」。

「退職する」の英訳で最もよく使うのは ① の（ ）one's job。すべてでは
ありませんが，この動詞を生かした例文を載せている教科書もあります。▽**副
業**に ... を販売してなにがしかの収入を得る make some money **on the side** by sell-
ing ...。

② の（　　）work も「仕事を辞める」。これは ① と同じように（　　）one's job の形でも使います。

　③ は「本人は退職したくないのに無理やり辞めさせられた」。be forced to (do) ... は「... せざるを得ない」であると教科書は説明しています。

　④（　　）は「とどまる，滞在する」。（　　）at the job になると「その仕事に従事する，その仕事を続ける」。

　⑤ の（　　）の基本的な意味は「行く，進む」。ここでは「去る，消える，なくなる」。⑥ の（　　）（　　）は「諦める，降参する，... を放棄する」でおなじみの熟語。仕事を「辞める」にも使えます。▽進学を断念して家計を助ける give up school to support one's family。

　⑦ の「労働移動率は高い」は「社員の出入り［入れ替わり］が頻繁に起きている」。「労働移動率」の英訳は labor [worker] turnover rate。turnover (rate) は「（商品，資本，労働者などの）回転（率）」。それをここでは come and（　　）で言い換えています。come は「入社する」。（　　）は「退社する，退職する」。「労働移動率」が高いとか低いとか聞いてもピンときませんが，小学生レベルの単語 come と（　a　）で表現するとずっと分かりやすくなります。そこが英語のおもしろいところ。

　⑧ の jump（　　）は「（沈みつつある）船から逃げ出す」「企業や組織を抜ける，辞める」を意味するイディオム。jump も（　　）も単語としては中学英語です。

　同じ「退職する」でも「（定年で）退職する」場合は retire，「（定年）退職」は retirement。しかし，いずれも中学レベルの圏外。そこで，「65 歳で定年退職する」を中学英語で表現するとしたら We have to stop [quit] working at (age) 65.（65 歳で仕事をやめなければならない）とか We can work up to the age of 65.（65 歳までは働ける）のような言い回しが考えられます。quit（やめる）は 2 社の教科書に載っています。

....

 ① quit　② leave, after　③ out, of　④ stayed　⑤ go
⑥ give up　⑦ go　⑧ ship

....

アルバイト，パートタイム，フルタイム

　アルバイト（の仕事）もパートタイム（の仕事）も英語では a part-time job / part-time work。work には a は付けません。job の方をよく使います。part time は副詞句としても使います。「フルタイム」は full-time; full time。これも形容詞と副詞の用法があります。いずれも形容詞として使う場合はハイフン付き，副詞はハイフンなし，が一般的です。

---

① ... でパートの仕事を始めた。
　　I started (　　) part time [part-time] at ...
② 家族との時間を大切にしたいので（フルタイムから）パートに変える
　　(　　) part time [part-time] so I can have more time with my family
③ フルタイムの仕事を 2 つ掛け持ちしている。
　　I (　　) two full-time jobs.
④ 家計を助けるためフルタイムで働かざるを得ない。
　　I have to work full time [full-time] to make (　　　　) meet.
⑤ フルタイムの仕事をしたい。
　　I (　　) full-time work.
⑥ 月-金 40 時間のフルタイムで働いている。
　　I work 40 hours a week, Monday (　　) Friday.
⑦ パートタイムから正規雇用へ変わる
　　(　　) from part-time to full-time work

　go　ends　through　move　working　want　have

ヒント　②の（　　）は最重要の基本動詞の1つで，ここでは「... の状態になる」。part time [part-time] は副詞。③の「掛け持ち」→「仕事，職業」の例文③を参照（135ページ）。

　④の下線部は重要なイディオムで「暮らしをやりくりする，家計の赤字を

出さない」。→「家計，やりくり」の項を参照（176，177 ページ）。

⑥ の英訳は直接「フルタイム」に言及していませんが，労働時間は「1日8時間，週40時間まで」と日本の法律では定められていますから「月-金の40時間」はフルタイムということ。（　　）の前置詞は to ではありません。ご注意。⑦ の「変わる」は「移動する」。

 解答 ① working ② go ③ have ④ ends ⑤ want ⑥ through ⑦ move

正社員

（a） 正社員を減らし，バイト［パート］を増やす
cut full-time jobs and use more part-time workers
（b） 同社は正社員4人を採用予定だ。
The company has four full-time job openings.
（c） 正社員の仕事に就くのはますます厳しくなっている。
Full-time jobs are getting harder to come by.
（d） ... を正社員として迎える
accept ... as a full-time employee / give a full-time job to ...

解説 いろいろ調べてみたところ，「正社員」は a full-time employee [worker] で OK です。日本では「フルタイム」でありながら，「契約社員（a contract employee [worker]）」だったり「派遣社員（a temporary employee [worker]）」ということもありますが，米国については「full-time ＝ 正社員」で誤解はないようです。(b) の opening は「（職場での）欠員，就職口」。ここでは「募集人員」。

(c) の come by は「... を手に入れる，... がやってくる」。(d) の「... として迎える」は2通りに英訳しました。

給料，給与

　給料，給与，賃金——この 3 つは，専門家によると意味するところが微妙に違うのだそうですが，この項では，「給料」で一括りにして取り上げます。

　上記 3 語を和英辞典で引くとどこでも必ず登場するのが wage，pay，salary です。このうち，中学英語は pay で「〈代金などを〉払う」を意味する動詞です。「給料を払う」の意味にもなります。名詞では「給与，給料」そのもの。ここでは pay とその他の基本単語で英文を作ります。

---

① 毎月の手取り給与は 20 万円前後だ。
　My take-home pay is about ¥200,000 a（　　）. / My（　　）
　take-home pay is about ¥200,000.

② 当社の給料日は毎月 25 日だ。
　Our pay（　　）is the 25th of（　a　）month. / We（　　）paid
　on the 25th of（　b　）month.
　　　　　　　　　　　　　　　　　[（　a　）（　b　）はいずれも形容詞で，交換可]

③ 給料は安いが，毎日変化があって（飽きない）。
　The pay is low but every day is（　　）.

④ 給料が半減した。
　I had my pay cut in（　　）. / My pay was cut in（　　）.
　　　　　　　　　　　　　　　　　　　　　　　　　　　　[（　　）は同一の単語]

⑤ 私の初任給は月額 20 万円で，1 年後に 21 万円に昇給した。
　I（　a　）out at ¥200,000 a month and got a raise to ¥210,000
　the following year. / My monthly starting pay was ¥200,000. It
　（　b　）to ¥210,000 a year later.

---

different　month　get　started　half　every　rose　monthly
day　each

ヒント》　例文 ①〜③ の pay は名詞。② 後半の paid は動詞 pay の過去分詞。

① の「手取り」は take-home。給料の中から税金や社会保険料などを天引きされた後，「家に持ち帰って（自由に使える），手元に残る」。「所得税控除後の手取り給与」は take-home pay after income taxes。

② の（ a ），（ b ）には「毎月」の「毎」にあたる単語が入ります。どちらを使っても，相互に入れ替えることもできます。

③ の「変化がある」は「異なる，違う」と英訳すればよいでしょう。④ の（　）は「半分」。⑤ の（ a ）out は「出発する，始める」。（ b ）は「上がる，（太陽が）昇る，上昇する」の過去形。

解答 ① month, monthly ② day, each, get, every ③ different ④ half ⑤ started, rose

⑥ 給料の良い仕事を探している。
I'm （　） for a good-paying [well-paid] job. / ... a job that （　） well.

⑦ 給与の高い仕事に転職する
（　） to a better job

⑧ 私の安月給ではマイホームは買えない。
I don't make enough (money) to buy a （ a ）. / My pay is too （　） to own a （ b ）.　[（ a ）（ b ）は交換可。(money) は省略可]

⑨ 賃上げが物価上昇に追い付いていない。
Pay （　） haven't kept up with prices.　(BBC, 2022 年 8 月 8 日)

⑩ 医師と看護師は無給で働いている。
Doctors and nurses have been working without （　）.
[ボランティアとして無給で働く work for free as a volunteer]

⑪ 雇用継続と引き換えに［仕事を続けるために］賃金カットを受け入れる
take a pay cut to （　） working
(Los Angeles Times, 2022 年 8 月 23 日)［⇒「雇用」の例文 ⑥, ⑦（133 ページ）］

> move　low　house　pay　keep　looking　increases　pays
> home

ヒント ⑥ では動詞の pay に ing を付けて，形容詞的に使っています。⑦ と ⑧ の前半では pay を使わずに「給料，給与」を英訳しました。

　⑦ の「転職する」は「(新しい) 仕事へ**移る，変わる**」と考えることもできます。「給与の高い」を better と訳しました。これは a better-**paying** job の paying を省略した形。▽収入を増やしたければ転職すればよい。If you want more money, you can find other work.

　⑧ の (a)，(b) はそれぞれ 2 つの正解が考えられます。どちらを使っても OK。交換可です。また，この例文では make money に注目。もちろん，「お金を**作る**」ではなく「お金を**稼ぐ，収入を得る**」。make ¥5 million a year は「年収 500 万円」。この言い回しはよく使います。「安月給」の「安い」は「(価格が) 安い」の cheap ではなく，「(温度や速度が) 低い」を意味する形容詞。

　⑨ の ( ) は「増加」を意味する名詞。中学の英語教科書には「... を増やす，増大させる，増える，強める」を意味する動詞として登場。keep up with ... は「... に遅れないよう付いて行く」。「... と連絡を取り合う，... と接触を維持する」などにも使います。「賃上げ」は a pay raise [hike] も可。

　⑩ では「無給で働く」を work without ( ) と work for free に使い分けました。

　⑪ の ( ) working は「働き続ける，雇用を維持する」。

解答　⑥ looking, pays　⑦ move [change]　⑧ home, low, house
　⑨ increases　⑩ pay　⑪ keep [continue]

出 世

　英語が得意な日本人に「会社で出世する」を英訳して，とお願いしたら，「それは get a promotion in the company とか be [get] promoted in the company だよ」と即座に教えてくれるはずです。

　これで間違いではありません。ちゃんと通じます。しかし，promote も promotion も残念ながら中学英語としてはちょっとハイレベルです。初級英語で，しかも，日常的に使う表現で「出世」を英訳します。

---

① 彼は出世のためなら何でもする男だ。

He would do (　　) to (　　) ahead.

② 彼は社内でスピード出世した。

He quickly (　a　) up in the company. / He (　b　) the corporate ladder* quickly.

　　［*corporate ladder「出世の階段」。corporate は形容詞で「会社の，企業の，組織の」］

③『努力しないで出世する方法』

How to (　　) in Business Without Really Trying

---

succeed　get　moved　anything　climbed

ヒント　①の（　　）ahead の基本的意味は「前進する，進歩する，追い越す，リードする」。そこから派生して「... で成功する，出世［昇進］する」。▽サッカーの試合について「前半で2ゴールを決め試合を**リードする**」は score two goals in the first half to **(　　) ahead**。▽ビジネスの世界で成功したのは教育のおかげだ。Education helped me (to) (　　) ahead in the business world.（to）は省略可。▽企業で給与の高い役職［ポスト］に昇進する（　a　）up into a higher, better paid position in a company。（　a　）は②の（　a　）と同じ動詞。

　英語でも「のぼる」は使い分けます。例えば「東京スカイツリーにエレベーターで**上る**」は **go up** the Tokyo Sky Tree by elevator。これを②の（　b　）the Tokyo Sky Tree にすると「よじ登る」。文法的には間違いではあ

りませんが，まず，あり得ない話でしょう。

　同じく ② の corporate ladder は「会社の（出世）階段」です。これも「出世する」の意味でよく見かけるのですが，corporate も ladder も中学の英語の教科書には載っていません。

　③ は大昔に上演された米ミュージカルのタイトル。映画化され，日本でもヒットしました。ここでは（　　）の「成功する」を「出世する」と訳しています。これは中学英語です。この単語の形容詞形は「成功した，うまくいった」で，3 社の教科書にあります。Without Really Trying は「実際には努力していないのに，努力しているように見せかけて，努力しているふりをして」ということですから「楽して（出世する）」になります。

· ·

 解答　① anything, get　② moved, climbed　③ Succeed

· ·

　「出世する」は以下のようにも言えます。（　　）内はすべて中学 1 年で学習する単語です。

---

④ 父より出世したい［父を超えたい］。
　 I want to (　　) further than my father (　　).
⑤ 彼は同社のトップに上り詰めた。
　 He made it to the (　　) of the company.
⑥ 彼は努力して社長の座に就いた。
　 He worked his (　　) up to the company's president.

---

way　go　did　top

ヒント　④ の（　　）further は「より遠くへ行く」で「... よりも出世する」を表現。教科書では further を「それ以上の，さらなる」を意味する形容詞として扱っていますが，ここでは副詞で「さらに**遠くへ**」。実際に歩いたり，走ったりした「距離」が「遠い，遠くへ」は farther。例えば go **farther** into the forest は「森を**さらに深く**分け入る」。下線部を u と a に使い分け。

　⑤ の make it は「成功する，うまくいく，... まで上り詰める」。I made it

at last.（ついに成功したぞ。とうとうやったぞ）

⑥ の work one's（　　）up to ... は「苦労して ... へたどり着く」。president は，ここでは「大統領」ではなく「（企業の）社長」。

 解答 ④ go, did　⑤ top　⑥ way

休職，休暇

「休職，休業」とは文字通り，仕事を休むこと。風邪をひいて 2-3 日休むのは「病欠」。出産，親の介護，長期の治療が必要な病気などを理由に職場を離れるのが「休職，休業」です。どの和英辞典も判を押したように a leave of absence from work と訳しています。leave は名詞で「休暇」，absence は「欠勤，欠席」。これは使えます。以下のようにやさしい単語でも表現できます。

---

① 出産のために休職した。
I（　　）time off from [of]（　　）[my job] to have a（　　）.
② 休職して自宅で母を介護している。
I（　　）home from work to take（　　）of my mother.
③ 1 年間休職して何か好きなことをする
take a one-year（　　）from work to do something I love [like]
(to do)　　　　　　　　　　　　　　　　　　[末尾の (to do) は省略可]

---

stay　work　baby　care　break　took

ヒント 「中学英語」で「休職する」を英訳するには ① の（　　）time off from（　　）[one's job] ⇒「育児，子育て」の例文②（115 ページ）。② の（　　）home from work は「休職して自宅で過ごす」。⇒「介護」例文 ①〜③ を参照

（100 ページ）。

　③ の（　　）にも「休憩，中断」の意味があります。⇒「労働時間」の例文 ⑦ を参照（127 ページ）。「何か好きなことをする」を do something I love と訳せば「本当に好きなこと，なんとしてもやりたいこと」。like を使うより，好きな度合いを強調できます。

 解答　① took, work, baby　② stay, care　③ break

欠 勤

> **（a）** 彼は無断欠勤してクビになった。
> He failed to report to [He failed to show up at] work without notice and lost his job [... and he was fired]. [⇒「解雇」（151 ページ）]
>
> **（b）** 娘が病気になったので欠勤した［会社を休んだ］。
> I took time off because my daughter got sick [fell ill].
>
> [⇒ 前項「休職，休暇」の例文 ①]
>
> **（c）** 病欠すると電話で（会社に）伝え，ベッドで横になっていた。
> I called in sick and stayed in bed.
>
> **（d）** 彼女は病欠だ。
> She is on sick leave.
>
> **（e）** 必要に応じて病欠を取る
> take sick leave when necessary (*Washington Post*, 2020 年 5 月 18 日)

解説　（a）の report to work は「出勤する」。⇒「通勤，出勤」の例文 ⑤（166 ページ）。この report は「報告，報告書，レポート」ではなく，「... に出向く，出頭する」を意味する動詞。そこで，report to work は「出勤する，出社する」。▽来週，警察へ出頭するよう言われている。I have to report to the police next week.

　同じく（a）の fail は「失敗する，しくじる，できない，しない」ですから

failed to report to work は「出勤しなかった」。notice は動詞では「... に気付く」。名詞では「通知，通告」。ここまでをまとめると「無断欠勤した」は「職場に通告せずに出勤しなかった」。show up は「現れる。姿を見せる。出席する」。

　(c) の call in は「... を（電話で）呼ぶ，... を求めて電話をする」。これが call in sick になると「病欠する旨を電話で伝える［連絡する］，病欠の電話を入れる」。これは決まり文句なので，セットで覚えておきましょう。

　(d) と (e) では「病欠（sick leave）」の活用に注意。(d) の「病欠である」は be on sick leave が大多数で on **a** sick leave はほとんど見かけませんが，(e) の「病欠を取る」は take sick leave と take **a** sick leave が混在しています。出現頻度では，冠詞なしの前者が勝ります。

■ 職場復帰

　さまざまな理由から仕事を休むのは「休職」。これで対応できなければ「退職，離職する」ことになります。leave [give up, quit] one's job と言います。quit も一部の英語教科書には載っています。⇒「退職」（153 ページ）。

　さて，休職すれば，いずれ職場へ復帰します。これも中学英語で対応できます。

---

① 産休明けで職場復帰する
　return [get back, come back, go back] to work after (　　) a baby
② （一時解雇されていた）労働者を職場復帰させる
　get [put, bring] a worker back on the (　　)
③ 3 年間休職して 2 人の子どもを育て，復職した。
　I took three years off from work to (　　) [(　　) up] two children before (　　) to work.
④ 彼女は病院の看護師として職場復帰した。

> She is back at (　　) as a nurse at the hospital.

> job　raise　having　returning　work　bring

 「職場」は a workplace; a place to work ですが，① のように work だけでも表現できます。① の return; come back; go back は主語を選びません。つまり，**I** go back ... でも **She** comes back ... でも OK です。

　② の（　　）は ① の work と同様「仕事，職場」。

　③ の（　　）の動詞には「... を持ち上げる，（声などを）張り上げる，... を提起する」以外に「子育てする」の意味もありますが，中学の英語教科書には載っていません。「子育てする」は（　　）up に言い換え可。▽私は祖母に育てられた。I was brought up by my grandmother.

 ① having　② job　③ raise [bring]，returning [going back; getting back]　④ work

通勤，出勤

　ここでは「通勤」と「出勤」をひとまめにして取り上げます。以下のようなケースです。

> ① バス［自転車，マイカー］で通勤する
>   （　　）[get] to work by bus [bike, car]
> ② 私はマイカー［徒歩］通勤だ。
>   I（　　）[walk] to work.
> ③ バスで通勤する
>   （　　）a bus to work
> ④ 通勤途中で

on my (　　) to work
⑤（在宅勤務ではなく）会社に出勤する
report to work in (　　)

---

drive　take　way　person　go

 「マイカー通勤する」や「バス通勤する」は ①, ②, ③ のいずれも
OK です。これを応用すれば「バス通学する」も go to school by bus / take
a bus to school の 2 通りの表現が可能になることが分かります。

　⑤ の report to work が「出勤する，出社する」であることは「欠勤」(a)
の **解 説** （163 ページ）で説明しました。in (　　) は「本人が」とか「直
接」。オンライン授業に対し，学生，生徒と先生が教室で顔を合わせて実施す
る「対面授業」は in-(　　) classes。⇒「対面授業」（260 ページ）。

 ① go　② drive　③ take　④ way　⑤ person

在宅勤務，テレワーク，リモートワーク

　在宅勤務はテレワーク，でもテレワークは必ずしも在宅勤務ではない。つま
り，テレワークの形態として，例えば，職場へは出勤せずにレンタルオフィス
やネットカフェからオンラインで業務をこなすのもテレワークになります。リ
モートワーク（遠隔地勤務）も同じように使いますが，米国では，出社を全く
前提としないような遠隔地での勤務を意味することもあります。

　しかし，日本でテレワークといえば，ほとんどの場合，在宅勤務を指すで
しょうから，ここでは，テレワーク＝在宅勤務として話を進めます。

　テレワークの「テレ」は **tele**phone （電話），**tele**vision （テレビ）の tele と
同じく「遠い，遠くから」を意味する接頭辞。telework は名詞としても動詞
としても使います。以下の (a) が名詞，(b) と (c) が動詞です。

(a) テレワークの環境に合わせて在宅勤務する
    do one's job from home in a telework environment
(b) テレワークを始めて 1 カ月になる。
    I have been teleworking for a month.
(c) 好きな所で暮らしてテレワークする
    telework from where you want to live

　上記のように「テレワーク」は telework がそのまま使えますが，すでに説明したように実態としては「在宅勤務」でしょうから，以下ではその英訳例を紹介します。

---

① 在宅勤務だが，週に一度は東京へ出かける。
   I work from home but go to Tokyo (　　) a week.
② テレワークとは，会社ではなく自宅を職場とする労働の形態だ。
   Telework is working from one's home rather (　　) an office.
③ 週に 2 日の在宅勤務が認められている。/ 在宅勤務は週に 2 日まで認められている［2 日に制限されている］。
   We are (　　) to work from home two days a week. / Working from home is (　　) to two days a week.
④ 在宅勤務が可能な仕事［職種］は多くはない。
   Working from home isn't (　　) in many jobs.
⑤ 出社して仕事をするか在宅勤務のいずれかを選択する
   choose between coming in [showing up at the office] (　　) working from home
⑥ 出勤［出社］時間は選択できる。
   I am allowed to choose what time I want to (　　) to work.
⑦ 今後，リモートワーク（という働き方）は定着しそうだ。
   It looks like remote work is here to (　　).
   (*New York Times*, 2022 年 10 月 23 日)
⑧ 週に 1 日，リモートで仕事をしている。

I'm working (　　) one day a week.

possible and remotely report stay once than
allowed limited

ヒント》「在宅勤務する」は work **at** home でもよさそうなものですが，work **from** home と言います。work at home だと「常に自宅で仕事をしている，日常的に自宅が職場だ」という印象を与え，「在宅」のニュアンスが伝わらないためです。**from** home にすれば，本来の仕事場は都心のオフィスにあるが，現在は「自宅**から**」仕事をしているという感じが出ます。

　一方，在宅で高齢の両親の世話をするような場合の「在宅介護」は take care of one's aging parents **at** home であって，**from** home ではありません。

　③の「認められる」は「... を許す，可能にする」と英訳します。「2 日しか認められていない，2 日に限って」ということなら，英訳後半部分の is (　　) to ... 。(　　) は「限る，制限する」の動詞として，またこの動詞の過去分詞形を形容詞的に活用して「限られた，限度のある」の意味で教科書に載っています。▽在宅勤務を実施すると「ワークライフバランス」が向上する。Working from home gives us a better work-life balance.

　⑤の show up は「... に来る，現れる」。「A, B いずれかを選択する」は A **or** B としたいところですが，or ではなく (　　) を使うのが一般的です。⑥の (　　) to work については「欠勤」(a) の〈解説〉(163 ページ) を参照。

　⑦の「定着する」は「とどまる」を意味する基本動詞で対応。⑧の (　　) には remote の副詞形が入ります。▽同社はリモートワークへの全面的移行を決めた。The company decided to go fully remote. ▽リモートで働ける仕事を探す look for a remote job。

．．

解答　① once　② than　③ allowed, limited　④ possible　⑤ and
⑥ report　⑦ stay　⑧ remotely

．．

　上記例文 ⑥ に関連して「**退社する**」の例文をいくつか紹介します。「退社」

には「勤務先を辞める」の意味もありますが，これは「退職」（153 ページ）を参照。

(d) 午後 6 時に退社した。

I left the office at 6 p.m.

(e) （職場では）上司より先に退社できない雰囲気がある。

There is a feeling that we shouldn't **leave the office** before our boss*.　　　　　　　　　　　　　　　　　[*「（会社の）上司」]

(f) 通常，午後 7 時までには退社している。

I usually **get off work** before 7 p.m.

[get off work は「仕事を終える」。⇒「太陽光発電，風力発電」の例文 ③（303 ページ）]

(g) 早めに仕事を切り上げて［早めに退社して］，息子を保育園へ迎えに行った。

I finished work early and picked up my son from daycare*.

[daycare は「保育園」。from daycare のように使い，この場合 daycare は無冠詞。pick up は「... を拾い上げる」「... を（車で）迎えに行く」。すべての教科書に載っている重要な熟語]

生 活

　単に「生きる」のではなく，活動を伴い，かつ，社会と関わりながら「生きる」ことが「生活」です。和英辞典では「生活」を life, living と訳し，豊富な例文を載せています。

---

① 家を建てて新生活をスタートする
　　（　　）a house [home] to start [begin] a new life
② ミュージシャンでは生活できない。
　　It's（　　）to make a living as a musician.
③ 生活困窮者を支援する
　　help people (who are) in（　　）
④ 路上生活しているホームレスの人々
　　homeless people who live on the（　　）

(New York Times, 2021 年 12 月 14 日)

⑤ 生活費が上昇している。
　　The cost of living is（　　）up. / ... is rising.
⑥ 問題は「生活の質」であって，「長生きする」ことではない。
　　The question is how well we will live, not how（　　）we will live.
⑦ 田舎暮らしをしており，町へは週に 1 度出かける。
　　Living out in the（　　）, we go to town once a week.

---

street　long　impossible　build　country　need　going

ヒント ①の「家」は house, home のどちらでも可。house は建物としての「家，家屋」で home は「家庭」をイメージするかもしれませんが，

home にも「家屋」の意味があります。住宅建設業者を意味する home builders と house builders の登場回数をニュース報道を対象に比較すると, 米英両国のいずれでも, 前者の方がかなり多い傾向があります。

例えば「全米**住宅**建設業者協会」は National Association of **Home** Builders。一戸建て［戸建て］住宅は a house [home]; a single family [single-family] house [home]。▽庭付き一戸建て住宅を購入するのがアメリカンドリームだ。The American dream is to have a single family home with a yard.（*New York Times*, 2022 年 10 月 11 日)「アパート」「マンション」「集合住宅」はいずれも an apartment。「分譲マンション」を米国, カナダでは「コンドミニアム（a condominium [condo]）」と呼びます。

② の make a living は「生計を立てる, 食べていく」。

③ の in (　) は「困難な状況にある, 生活が苦しい,（経済的に）困って」。(　) は名詞で「必要, 必要なもの, 困窮」。動詞としては「... を必要とする」。

④ の (　) 内の名詞は複数形でも OK。「ホームレスの人々」は people without homes [housing] も可。

⑤「生活費」のうち「食費」であれば spending on food。spend は「(時を) 過ごす」ですが,「お金を使う」にも使えます。「食費を減らす」は cut spending on food。⇒「科学技術」の例文 ④（206 ページ)。

⑥ の「生活の質」は quality of life。略称の QOL（キューオーエル）を見出し語に採用している国語辞典もあります。quality（質, 品質, 特質）は一部の教科書に載っていますが,「生活の質」は, この例文のように, how well we live に言い換えても通じます。well には「健康な, 元気な」の意味があります。

⑦ の (　) は「国, 国土, 田舎」。「都会［町］と田舎」のように対で使う場合は **city** and (　) ではなく **town** and (　) が一般的。ただし「都会っ子」は a city boy / girl。

 解答 ① build ② impossible ③ need ④ street ⑤ going ⑥ long ⑦ country

日常生活

　以下の例文に登場する「日常生活」は「暮らし」と言い換えられるケースもありそうです。両者の境界線は明確ではありません。

---

① 私たちの日常生活に影響を与える

　（　　）our daily lives　　　　　　　(*BBC*, 2014 年 1 月 10 日)

② 日常生活の過ごし方［暮らし方］を変える

　change（　a　）we live our daily lives (*New York Times*, 2020 年 3 月 15 日) / change the（　b　）we live every day

③ 日常の生活が戻ってきた。

　Life has（　　）to normal.　　　　(*Guardian*, 2022 年 7 月 6 日)

④ 新型コロナウイルス感染症の流行が収束し，いつもの生活が戻ってきた。

　Life（　　）back to normal after Covid.　(*BBC*, 2022 年 11 月 17 日)

⑤ 作曲する歌のほとんどは日常生活の経験をテーマ［題材］にしている。

　Most of my songs just（　　）from everyday life experiences.

---

　way　affect　got　how　come　returned

ヒント　上記のような例文で，life と lives を文脈によってどのように使い分けるのかは英語の専門家の説明を聞いてもよく分かりません。多くの英文に慣れ親しんで自然と身に付けるしかないと思います。

　①の（　　）は「... に影響を与える」という動詞。3 社の教科書に出てきます。① と ②「日常生活」は daily lives が最も一般的。everyday **lives**; day-to-day **lives** も可。いずれも life ではなく **lives** が圧倒的です。② の（　a　）は副詞，（　b　）は名詞。

　③の（　　）は動詞 1 語ですが，come back もよく使います。④ ではさらに別の基本動詞を活用しています。Covid は **co**rona**vi**rus **d**isease（新型コロナウイルス感染症）の略。⇒新型コロナウイルス感染症（94 ページ）。after Covid

の部分は原文に「流行」を補足して訳しました。after は「収束」「終息」のどちらとも解釈できます。ここでは前者を採りました。

⑤ の「日常生活の経験を**テーマ［題材］に** ...」は「... の経験から**来ている，経験に基づいている**」。

 解答　① affect　② how, way　③ returned　④ got　⑤ come

 ## 生活水準

「生活水準」を和英辞典で調べると，どこも判を押したように the standard of living; a living standard; living standards が出てきます。そして，「生活水準を**向上させる**」は raise, improve，「**向上する**」は improve, rise, go up。名詞は improvement を使った例文が見つかります。

standard は「水準」。この名詞は１社の教科書に「基準」の意味で載っています。「生活水準」は standard of living; living standard。「日本の生活水準」は the standard of living in Japan。

---

① 経済が成長すれば暮らしが楽になる。生活水準が向上するのだ。
　If the economy (　　), we'll get (　　) off and the standard of living will improve.
② 生活水準向上のため懸命に働く。/ 豊かな暮らしを求めてがんばる。
　We work hard to (　　) our lives better.
③ 生活水準は年ごとに改善している。
　(　　) is getting better and better every year.
④ 教育を受けて生活水準を引き上げる
　get a better life (　a　) education

173

ヒント ① の get（　　）off は「以前よりは収入が増える，暮らしが楽になる，経済的にゆとりができる」。ここでは <u>(a) get（　　）off</u> の直後に <u>(b) the standard of living will improve</u> を続けました。一種の言い換えです。つまり，(a) =(b) の関係で，get（　　）off だけでも「生活水準が向上する」を意味します。

① の off は well, ill, badly などと結合して，生活や暮らし向きを表現するのによく使います。例えば，We are badly off. は「わが家は生活が苦しい」。bad を比較級にして We are worse off than we were 10 years ago. は「10年前と比べ，生活が苦しくなった［生活水準が低下した］」。

②～④ の例文中，生活「水準」を意味する箇所で standard は使っていません。もっと口語的に表現しています。共通して登場するのは better。「より良く」で生活水準の「向上，改善，引き上げ」を表しています。

④ の（ a ）は前置詞。「... を通り抜けて，... によって，... を通して」。ここでは「教育を**受けることによって**」。▽一生懸命働いて［働くことで］夢を実現する live out one's dream（ a ）hard work。（ a ）は同一の前置詞。

 解答 ① grows, better ② make ③ Life ④ through

 ## 暮らし

「暮らし」はかなりのところ「生活」とダブります。英語でも基本は life か living。

例えば，「インターネットは今や暮らしに欠かせない」とか「がんばって働いているのに暮らしは楽にならない」は，「暮らし」を「生活」に変えても不自然な感じはしません。

ところが,「学校生活」とは言っても,「学校暮らし」はあまり聞きません。逆に「私は一人(独り)暮らしだ」は違和感を覚えないのに,「私は一人(独り)生活だ」はちょっと変です。

そこで,この章では,「... 暮らし」「暮らす」と相性のいい日本語表現に絞って,その英訳を考えることにします。

---

① 両親と子ども 2 人の 4 人暮らしの標準世帯
a typical* (　　) of four—two parents and two children

[*「典型的な」]

② 東京暮らしにはいくらかかるのか。
How (　　) does it cost to live in Tokyo?

③ 彼は小さな家で独り暮らしだ。
He lives alone [lives by (　　)] in a small house.

④ 人間の暮らし方には文化的な多様性がある。
There are big cultural (　　) about how people live.

⑤ その島には約 1,000 人が暮らしている[その島の人口は約 1,000 人だ]。
The island is (　　) to about 1,000 people.

(*Guardian*, 2022 年 1 月 7 日)

⑥ 日本で 5 年間暮らした。
I lived in Japan for five years. / I (　a　) five years in Japan.

⑦ その日暮らし　　　　　　　[⇒「食う,食べる」の例文 ⑧(179 ページ)]

⑧ 「日々の暮らし」　　　　　[⇒「日常生活」(172 ページ)]

---

differences　much　himself　spent　home　family

ヒント ① の「世帯」に対応するのは household ですが,これは中学レベルではありません。代用できるのが(　　)です。「家族」の意味でおなじみの単語。「世帯」にも使えます。

② の cost は日本語でも「コスト(名詞)」。これを動詞として活用すると,「(金額,費用が)**かかる**」。It cost me ¥10,000. は「それは 1 万円した。それ

を買うのに1万円払った」（cost は過去形でも変化しません）。動詞の cost は「… を失わせる，犠牲にさせる」も意味します。… cost me my job. は「… のために仕事を失った，失業した」。

④ の「文化的な多様性」は英語の cultural diversity の翻訳。カタカナ語のまま「企業がダイバーシティーを推進する」などという人もいます。「多様性」がむずかしければ「文化的な**違い**」に言い換えると，中学英語で対応できます。

⑤ の（　）も使いこなせると便利。この例文では「家，家庭」ではなく，動物などの「生息地」。人間にも使えます。… is（　）**to** … の形をとり，（　）に **a** や **the** などの冠詞は不要。⇒「ハイテク，高度先端技術」の例文 ①（218 ページ）。「その島の人口は …」は The island has a population of about 1,000 (people). でも OK。(people) は省略可。

⑥ の（　a　）は動詞で「（時間を）過ごす，お金を使う」。▽新聞記者として20 年以上働いた。I（　a　）more than 20 years as a newspaper reporter. ▽… は 1万円以上した。/ 1万円以上払って … を買った。I（　a　）more than ¥10,000 to buy ….（　a　）は共通の動詞。

....

 解答　① family　② much　③ himself　④ differences　⑤ home
⑥ spent

....

 # 家計，やりくり

「やりくり上手」とよく言います。収入は少なくても，ムダをせず，出費を抑え，なんとか暮らしていく。そうした知恵を備え，工夫できる人のことです。

「やりくりする」。英語では make ends meet。由来については諸説あります。関心のある読者は **english.stackexchange.com** で調べてください。以下の例文 ①，③，④ に登場します。とても重要なイディオムです。

① 約半数の米国人は家計が赤字だ。

Nearly (　　) of Americans can't make ends meet.

(*Los Angeles Times*, 2018 年 8 月 31 日)［⇒「赤字」(59 ページ)］

② わが家は収入より支出の方が多い［家計は赤字だ］。

We (　　) more than we bring in. (*WNYC*, 2012 年 7 月 4 日)

③ 家計のやりくりは極めて厳しい。

It's very, very (　　) to make ends meet. (*CNN*, 2009 年 4 月 14 日)

④ 家計のやりくりや住まいに苦労している世帯を支援する

help families who are (　　) hard to make ends meet and keep a (　　) over their heads

⑤ 副業をして家計を助けている。

I am working on the (　　) to support my family.

---

spend　roof　side　half　hard　working

ヒント ① の出典はロサンゼルス・タイムズ。② の WNYC は米ニューヨーク市の公共ラジオ放送局。「家計が赤字だ」を具体的に表現すれば ② のようになります。

④ の keep a (　　) over their heads は「頭の上に屋根を確保する，雨露をしのぐ，住まい，住むところ，住居」。「苦労する」は 1 語なら struggle。しかし，これは中学英語ではないので (　　) hard としました。「世帯」は family で通じます。⇒「暮らし」の例文 ① とその〈ヒント〉(175 ページ)。

⑤ の「副業をする」は work on the (　　)。(　　) は「(左右の) 側，面」。on the (　　) にはいろいろな意味がありますが，ここでは in addition to your main job (*Cambridge Dictionary*)（本業のほかに持っている仕事）。また，副業ではなく「仕事を 2 つ掛け持ちする」ということであれば take a second job または have [work] two jobs。

解答 ① half ② spend ③ hard ④ working, roof ⑤ side

食う，食べる

　「食う」「食べる」には単に食物を口にするだけでなく「生計を立てる，生活する，生きていく」の意味もあります。そんな例をいくつか紹介します。

---

① 働かないと食えない。
   I have to (　　) to eat.
② 農業で食っていく［生計を立てる］
   make a (　　) by farming / do farming for a (　　)

［(　　) は同一の動名詞］

③ 市場で野菜を売って家族を食わせている［養って，扶養して］いる。
   I (　　) my family by selling vegetables at the market.
④ その国では家族の食料を確保できない人が少なくない。
   Many people in the country can't put (　　) on the table for their families.
⑤ 借金して食いつなぐ
   (　　) money to get by

---

food　work　borrow　support　living

ヒント　「生活する，暮す」を意味する「食べる」の英訳としては ② の make a (　　) がぴったり。「農業」は farming。ここでは agriculture よりも farming。farm は「農場，農園」意味する名詞として教科書に出てきます。これは動詞でもあり「土地を耕す，（作物を）栽培する，（魚を）養殖する」。

　③ の動詞は「... を支える，支援する」の方がよく知られています。ここでは家族を「扶養する，養う」。

　④ の put (　　) on the table については前述。⇒「家族，家庭，家」の例文 ③ と〈ヒント〉（110, 111 ページ）。

　⑤ の get by は「なんとか暮らしていく，生きていく」という意味の熟語。(　　) は「... を借りる」。▽ 3 つの仕事を掛け持ちしてなんとか食っていく work three jobs to get by。

 ① work ② living, living ③ support ④ food ⑤ borrow

---

⑥ 英語教師をして食っている。
Teaching English is my（　　）and butter.
⑦ 何をして食っているのかと聞かれた。
They asked me（　　）I do for a（　　）.
⑧ 食うや食わずの［その日暮らしの］生活になったら，貯金どころではない。
If you live from hand to mouth, you don't have enough（　　）to save.

---

what　living　bread　money

ヒント ⑥ の（　　）and butter は「（　　）とバター，バター付きの（　　）」。西洋人の食事の基本。そこから転じて「生活の糧，本業，生活を支える収入源，生計の手段」。（　　）-and-butter は形容詞で「生活に欠かせない，飯（メシ）のタネ，不可欠な，基本的な，… 」など。▷生活費などの日常生活に直結した問題 "bread and butter issues" such as the cost of living (*Reuters**, 2022 年 1 月 31 日)［*「ロイター」世界 3 大通信社の 1 つ。本社ロンドン］

⑦ は ② の表現に共通するところがあります。⑧ の live from hand to mouth は熟語で「その日暮らしを送る」。from **hand** to **mouth** は「食べ物が**手**に入るとすぐに**口**にしてしまうほど空腹な状態」が原義。save には「救う，節約する」以外に「貯蓄する」の意味もあります。savings は「預金，貯金」。▷その国の人口の 30% 以上がその日暮らしだ［食うや食わずの暮らしだ］。Over 30 percent of the country's population live from hand to mouth.

 ⑥ bread ⑦ what, living ⑧ money

食生活

　「食う，食べる」からの流れで「食生活」についてもちょっと触れておきます。

　「食生活」を和英辞典で調べると eating habits と diet（ダイエット）がほとんどです。英語の diet は，「飲食物，食生活」全般を指します。a vegetable diet は「野菜食」，a healthy（balanced）diet は「（栄養バランスがとれた）健康食」。「食育」は diet education; food education。「食育推進英文パンフレット」は Food and Nutrition* Education in Japan（内閣府のサイトから）[*nutrition「栄養，栄養のある食物」　▽学校での食育を拡大する give more children access to food education at school。give access to ... は「... にアクセスを与える」ですから，この場合は「食育を受けられるようにする」。「拡大する」は「より多くの児童，生徒を対象に食育を実施する」と英訳。

　食べ物と関係のない表現，例えば「運動をしてダイエットする［減量する］」のようなケースで diet は使いません。⇒ 次項の「ダイエット」。habit は change this habit（この習慣を変える）という表現を載せている教科書があります。diet は「中学英語」ではありませんが，日本語でも日常的に使うので取り上げます。

---

① 健康な食生活［食習慣］を身につける
　（　　）healthy eating habits
② 魚と野菜中心の食生活はとても健康的だ。
　A diet of（　　）and vegetables is very healthy.
③ 健康な食生活を実践する
　（　　）healthy eating habits
④ しっかり食べ健康的な食生活を送る
　eat（　　）and eat healthy
⑤ （新型コロナウイルスの流行）は私たちの食生活を変えた。
　(The pandemic) has changed（　　）and what we eat.
　(*Chicago Tribune**, 2020 年 12 月 28 日)［*「シカゴ・トリビューン」シカゴを中心とす

る米中西部の代表的日刊紙]

---

well develop fish how practice

ヒント》 例文 ①〜③ は diet と eating habits で「食生活」を表現しました。① の (　) は「開発する，発展させる，発達させる」という動詞として中学生は学ぶはずですが，これは「(習慣や傾向を) 身に付ける」にも応用可。これ以外の動詞も正解になりそうです。

また ③ の (　) は「... を練習する」と学校では教えられますが，「実践する」にも対応します。▽1日30分のウォーキングを実践する (　) 30 minutes of walking a day。

diet や eating habits なしでも「食生活」は表現できます。④ の英文はきわめてやさしい単語しか使っていませんが，「食生活」は伝わるはずです。

⑤ では (　) and what we eat (何をどのようにして食べるか) で「食生活」を表しました。(　) の pandemic は「病気の世界的流行」。ここでは「新型コロナウイルス感染症 (Covid-19)」を指します。⇒「新型コロナウイルス」(94ページ)。

 解答　① develop [build]　② fish　③ practice　④ well　⑤ how

---

⑥ 日本では食生活の欧米化が進んでいる。
   More Japanese are (　a　) to a Western diet [... to Western eating (　b　)].

⑦ アメリカ式の食生活が世界中に広がっている。
   The American way of eating is spreading (　) the world.

⑧ ライフスタイルの変化で日本では魚より肉の消費量が多くなった。
   People in Japan are now eating more meat than fish, as their lifestyles (　).　　(BBC, 2009 年 5 月 15 日)

⑨ スローフード運動は食育運動でもある。
   The slow food movement (　) people about food.

```
change   changing   teaches   habits   across
```

 ヒント 　日本人の食生活の変化に関連してよく話題になるのは「食生活の欧米化」です。⑥, ⑦ のように表現します。⑧ では「欧米化」の象徴である，肉の消費量の増加に触れています。

　⑥ では「食生活の欧米化」を「**欧米型の食生活へ切り替える**」と解釈して英訳。（　a　）の動詞は複数解答が可能です。いずれも ing 形。（　b　）は「習慣」を意味する名詞の複数形。一部の教科書には出てきます。

　「欧米化」といっても実態は「アメリカ化」と解釈したのが ⑦。⑧ の原文「eating more meat than fish」を直訳すれば「魚より肉を**多く食べる**」。これは「魚より肉の**消費量が多くなってきた**」。

　⑨ では「食育」を取り上げました。これは diet education が使えると説明しましたが，（　　）about food でも通じるでしょう。

....

 解答　⑥ changing [switching, moving], habits　⑦ across [around]
⑧ change　⑨ teaches

....

ダイエット

　これは「中学英語」ではありませんが，日本語として日常的に広く使われ，読者の関心も高いでしょうから取り上げます。

　英語で「ダイエット中だ」は I'm on a diet. 米メリアム＝ウェブスター（Merriam-Webster）辞典（https://www.merriam-webster.com）は on a diet を "eating less food or only particular kinds of food in order to lose weight"（減量目的で食事の量を減らしたり，食べ物の種類を制限すること）と説明しています。

① ダイエットを始める
　go on a diet / (　　) a diet
② ダイエットすると結果的にかえって体重が増えてしまう。何度やっても必ずリバウンドする。
　Every time I have gone on a diet I have (　　) up heavier than I was before I (　　). *(BBC*, 2002 年 1 月 18 日)
③ このダイエット法は私には効果があった。
　This diet has (　　) for me. *(USDA*, 2021 年 8 月 2 日)
　　　　　　　　［USDA = U.S. Department of Agriculture（米農務省）］
④ ダイエットして 10 キロ減量した。
　I have been on a diet and (　　) 10kg.
⑤ ダイエット食品の売り上げが落ち込んできた。
　Sales of diet food (　　) have (　　). *(NPR*, 2016 年 1 月 20 日)
⑥ ... などの低脂肪ダイエット食品
　low-(　　) diet foods [food products] such as ...

dropped　fat　start　ended　started　worked　lost products

ヒント〉「ダイエット中だ」が be on a diet なのに対し，「ダイエットを始める」は ① のように言います。(　　) a diet よりも go on a diet の方がよく使われます。

② の例文も go on ... です。(　　) up はとても便利なフレーズで「最終的には，結果的には ... の状態になる」が基本的な意味。(　　) up heavier ... は「減量を目指してダイエットを始めてはみたものの，**終わってみれば［結果的に］**体重が増えていた（heavier）」。ダイエットに失敗したわけです。

③ は米農務省のサイトから。ここの (　　) は動詞で「正常に機能する，うまく行く」。

⑤ の「（ダイエット）**食品**」は food ＋「製品」で表現。売り上げ（高，額）」は sales。「輸出 export」を複数形の export**s** にすると「輸出**額**」になるのと

同じ。

⑥ の「脂肪」は fat。教科書では「太った，太っている」を意味する形容詞として出てきます。「脂肪ゼロ」は（　　）-free。この free は「自由な」ではなく「(砂糖や脂肪などが) 入っていない，含まれていない」。

....

 ① start　② ended, started　③ worked　④ lost
⑤ products, dropped [fallen, gone down]　⑥ fat

....

　ファーストフード

　「ファースト (fast)」も「フード (food)」ももちろん「中学英語」なのですが，これを合わせた「ファーストフード fast food」について英語の教科書は全く触れていません。中学生向けの英和辞典には見出しがあります。カタカナ表記は「**ファスト**フード」と「**ファースト**フード」。国語辞典の多くは「**ファースト**フード」。本書では「**ファースト**」で統一します。

---

① ファーストフードはアメリカ文化の一部だ（ファーストフードなしでアメリカ文化については語れない）。
Fast food is（　　）of American culture.

② ファーストフード店で食事をする
eat at a fast-food（　　）

③ ファーストフードを食べると肥満になる。
Fast food makes us（　　）.

④ ファーストフードは健康に良くない。その理由はいくつもある。
There are many（　　）(why) fast food is unhealthy.

(*National Geographic*, 2019 年 10 月 10 日)

⑤ ファーストフードの人気の秘密は低価格と味だ。
Fast food is popular because it's cheap, and it（　　）good.

> fat　part　reasons　tastes　restaurant

ヒント ① の（　　）には「部分」を意味する名詞が入ります。これは無冠詞で使われることが多く，単に「一部分」ではなく，「アメリカ文化から**切り離せない**」という感じ。

② の「店」に当たる単語については「ビジネス」の章の「営業」の例文 ④（61, 62 ページ）で触れました。「ファーストフードの食事をとる」は have [eat] a fast-food meal。

③ の「肥満になる」は形容詞で「太った」。日本語原文の「食べると」が英訳されていませんが，この部分はカットし fast food だけで意味は通じます。

④ の **un**healthy は healthy（健康によい）に「反対，否定」を意味する接頭辞の un が付いているので「健康によくない」。... is **bad** for your health に言い換え可。（why）は原文では省略されています。出典の National Geo-graphic（ナショナルジオグラフィック）は，米ナショナルジオグラフィック協会（National Geographic Society）が発行する有名な月刊誌。日本語版もあります。

⑤ の「味だ」はもちろん「味がよい，おいしい」。この単語は名詞で「味，味覚」，動詞では「... のような味がする」。

 解答 ① part　② restaurant　③ fat　④ reasons　⑤ tastes

 ## 生きる

「生きる」は live，その名詞は life でほぼ決まり。とは言っても，この 2 語を活用した，おもしろくて役に立ちそうな言い回しはたくさんあります。

① （つらくても悲しくても）人は生き続ける［生きることをやめるわけにはいかない］。

Life (　　) on.

② 激動の経済に生きる

live in the (　　) changing economy

③ 水は生きていく上で不可欠だ［極めて重要だ］。

Water is a big (　　) of our lives.

④ 患者は生きようと必死にがんばっている。

The patient is (　　) for life.

⑤ 健康に生きる

live a (　a　) life

---

healthy　goes　rapidly　fighting　part

ヒント ① は文脈によって，意味が異なります。基本は「生きること［人生］は**続く**」。自分自身について使えば「（いろいろ不幸なことがあっても）くじけないで生きるぞ」のように自らを鼓舞したり，「（これで）暮らしが変わるわけではあるまいし」と冷めた気持ちの表現にもなります。失恋した友人に対しては「人生これで終わりじゃない。明日がある。元気を出せ」という励ましとしても使えます。わずか 3 語の英文ですが，奥は深そうです。

② の「激動の」は「激しく変動する」。（　　）は副詞で，正解は 1 つではありません。

意外性があるのは ③。空欄に入る基本単語（　　）を a big（　　）にすると，「極めて重要または基本的な役割」という意味になります。これはよく登場します。「ファーストフード」の例文 ①（184 ページ）では（　　）は無冠詞でしたが，a big（　　）のように形容詞に続く場合は冠詞が必要になります。▽読書は私にとって生きる支えだ。Reading is a big (　　) of my life.

④ と ⑤ も一種の決まり文句。▽体によい食事を取り健康に暮らす eat (　a　) and live (　a　)。(　a　) は ⑤ の (　a　) と共通。

解答 ① goes ② rapidly [fast] ③ part ④ fighting ⑤ healthy

　live や life を使わずに「生きる」を表現するケースもあります。以下をごらんください。

---

⑥ そんなことは忘れて，前向きに生きていきます。
　I will put it (　　) me and (　　) on.
⑦ あなたの収入では生きていけない。
　You're not making enough to (　　) by.

　　　　　　　　　　　　　　　　　(*New York Times*，2012 年 1 月 29 日)

⑧ 彼はまだ生きているものと信じている。
　We believe he is still (　　).
⑨ 彼はまだ健在だ［元気で活動している］。
　He is still (　　).

---

　alive　move　around　behind　get

ヒント　⑥ の put it (　　) me は「(　　) を私の後ろに置く」。そこから「(不快なこと，嫌なこと，苦しいことなどを) 忘れる，過去のものにする」という熟語。

　⑦ も同様で (　　) by は「やりくりしながら暮らす，生きる」。⇒「食う，食べる」の例文 ⑤ (178 ページ)。make は「稼ぐ，収入を得る」。⇒以下の「年収」。

　⑨ の (　　) には「生きている，存在している，活動している，活躍している」などの意味があります。⇒「営業」の例文 ④ (61 ページ)。

 解答　⑥ behind, move　⑦ get　⑧ alive　⑨ around

年収

> **(a)** 年収 500 万円未満の世帯
> families that make [families making] under ¥5 million a year /
> families with an annual income* of less than ¥5 million[*「収入」]
>
> **(b)** 彼の年収は 500 万円を超える。
> He makes over ¥5 million a year.
>
> **(c)** 年収 300 万円で暮らす
> live on an annual* income of ¥3 million
>
> [*「毎年の，年 1 回の，1 年の」。1 社の教科書にあります]

生きがい

　今度は「生きがい」です。何気なく使ったり聞いたりするのに，いざ英訳するとなると，意外と頭を悩ませます。国語辞典に「生きがい」の見出しはありますが，英和辞典にはありません。

　これはつまり，「生きがい」を 1 語では英訳できず，文脈によって，同じ「生きがい」でもその表現は多様で，「生きる」＝live というような単純なわけにはいかないということを意味します。ちょっと厄介なはなしで，英訳にも工夫が必要になります。試しに以下の例文とその英訳をごらんください。

> **①** 私の生きがいですか？ 自分で育てている植物ですね。とても好きなんです。
> What keeps me going? Well, I love my (　　).
>
> (*NPR*, 2022 年 1 月 19 日)
>
> **②** 音楽が私の生きがいだ。
> Music is my (　　) for living.

③ 生きがいを探しているが，いまだに見つからない。
  I am still looking for a (   ) in life. / ... looking for a (   ) to live for. [(   ) 内は同一の名詞]

④ 生きがいが見つかるかどうか自信がない。
  I'm not sure if I can find (   ) in life.

⑤ 自分が必要とされていると聞くと，生きがいを感じる。
  I feel (   ) when people say they need me.

---

good   reason   plants   purpose   meaning

ヒント 「生きがい」の英訳として最も一般的な表現は ① でしょう。「（くじけたり，打ちのめされたりしても立ち上がり）私を前進させる力。それが生きがいだ」という考え方です。⇒「家族，家庭」の例文 ⑤（110 ページ）。

そういえば，国際的な人権運動に関わる一方，タレントやエッセイストとしても活躍しているイーデス・ハンソン（Edith Hanson）さんは「生きがい」を以下のように英訳しています。

・昔は苦労なさったようですが，そのときの生きがいは何でしたか。
You seem to have had troubles in the past. What kept you going?

（『英会話ペラペラ』，124 ページ）

---

② は「生きる理由」，③ は「人生の目的」，④ は「人生の意味，意義」でそれぞれ「生きがい」を表しています。⑤ の空欄には「気分がいい，幸せだ」という意味の単語が入ります。これでも「生きがい」のニュアンスは出せます。

「生きがい」の訳としては something worth living もよく登場します。ちょっと加工して，Music makes my life worth living. にすれば，「音楽が私の生きがいだ」。これは使います。worth ... ing（... するだけの価値がある）は 1 社の教科書にあります。

伝説的な『斎藤和英大辞典』（1928 年発行）は「（此世に樂みが無ければ）**生**

き甲斐が無い」を Without an object in life, **life is not worth living.** と訳しています。『大辭典』には「生き甲斐」の例文がこのほか 2 つ紹介されていますが，英訳はすべて worth living です。この言いまわしは，最新の和英辞典の多くも踏襲しています。

 ① plants ② reason ③ purpose, purpose ④ meaning
⑤ good

 # 人生

「生きる」の英訳は live か life でほぼ決まりだと言いましたが，「人生」は，どの和英辞典で調べても，life しか載っていません。「ほぼ」ではなく「これで決まり」です。筆者の集めた例文データを調べても，「人生」は life としか英訳しようがないという感じです。

それを承知の上で，この項では，life プラス中学英語でどんな表現が可能かを探ります。

① 人生を一からやり直す
   make a (　　) start in life
② 浮き沈みの激しい人生だった。/ 人生には多くの山や谷があった。
   I've seen a lot of ups and (　　) in my life.
③ 人生に浮沈はつきものだ［上りもあれば必ず下りもある］。
   In life, what goes up must (　　) down.
④ 彼は人生経験の豊富な男だ。
   He is a man with a lot of (　　) of [in] life.
⑤ 米国留学で彼の人生は一変した。
   Studying in the U.S. made a (　　) difference in his life.
⑥ 言葉には人生を変える力がある。

Words have the (　　) to change our lives.

⑦ 彼女は私の人生に大きな影響を与えた。

She (　　) my life deeply. *(Baltimore Sun*, 2015 年 9 月 16 日)*

[*「ボルティモア・サン」。米メリーランド州で発行されている日刊紙]

---

come　experience　power　big　touched　fresh　downs

ヒント　① の（　　）の形容詞は 2 つの単語が思い付きます。同様の頻度で使います。② は ups and（　　）のセット。この例文ではいずれも名詞で「上昇」と「下降」，つまり「浮き沈み」。

これに対し，③ は go と（　　）の組み合わせです。what goes up must (　　) down は「昇っていくものは必ず落ちる，いつまでもいいことが続くことはない」。

「浮き沈み」を遊園地のジェットコースターにたとえて，My life has been like a roller coaster.（私の人生はまるでジェットコースターのようだった）と言ったりもします。株価が「乱高下する」ときもこれが使えます。「ジェットコースター」は **a jet coaster** ではありません。これは和製英語で，英語では **a roller coaster**。

④ の「豊富な経験」の「豊富な」は abundant, rich, ample, plentiful, affluent ... などの単語が和英辞典で見つかりますが，シンプルに **a lot of** で OK。

同様に，⑤ の「一変（する）」は a drastic change とか completely change ではなく，さらりと a（　　）difference でいけます。この場合の change はポジティブな意味の「変化」を示唆しています。つまり，人生にとって「大きなプラス」とか「とても有益」だったことが想像されます。

⑦ の（　　）動詞は「触れる，さわる」のほか「影響を与える」にも使えます。（　　）ing にすれば形容詞になり「感動的な，胸を打つ」。

....

① fresh [new]　② downs　③ come　④ experience　⑤ big
⑥ power　⑦ touched

....

生き方，ライフスタイル

　「生き方」は多くの場合「ライフスタイル」と言い換え可能とみて，まとめ
て取り上げます。辞典を引くと「生き方」の英訳は a [the, one's] way of life
[living] / how to live / lifestyle に集中しています。「生きがい」とはだいぶ
様子が違います。lifestyle は中学英語ではありませんが，日本語化しているの
で採用します。

---

① スマホは私たちの生き方を変えた。
　Smartphones have changed the way we (　　).
② 二人の兄弟の生き方は異なったが，いずれも歴史に名を残した。
　The two brothers (　　) history, each in his own way.
③ 運動と良質な睡眠は健康なライフスタイルにとって重要だ。
　Exercise and (　　) sleep are important for a healthy lifestyle.
④ リモートワークが新たなライフスタイルになった。
　Remote work [working] has (　　) a new way of life.
⑤ あなたのこれまでの人生，そして今後の生き方
　where you (　　) from and where you are going
⑥ 学生に生き方を説く
　tell students (　　) they should live their lives

---

how　live　good　become　came　made

ヒント　① の smartphone （スマホ，スマートフォン）は 4 社のうち 3 社の英
語教科書が取り上げています。詳しくは 263 ページを参照。
　「生き方」を life も live も使わずに表現したのが ② です。(　　) history は
「歴史を作る」ではなく「歴史に名を残す，歴史的偉業を成し遂げる」。
　③ の「良質な」の「質」にはこだわらなくてもよいでしょう。(　　) だけ
で通じます。
　「こんなのもありですか」と言われそうなのが ⑤ です。英語を直訳すれば

「どこからやって来て，どこへ行こうとするのか」。これで「これまでの人生そして今後の生き方」。

　こうした言い回しは日常的に使います。観光地の案内板などで「現在地」は Where You Are。これは「あなたがいる場所」。「資金の使途」は「お金はどこへ行ったのか」と発想し where the money went。

　「生き方」の「方」は way と訳すことが多いのですが，⑥ の（　　）はその言い換えです。「生きる」は単に live だけではなく，live one's life と言うこともあります。複数人であれば，この英訳のように live their **lives**。

 ① live　② made　③ good　④ become　⑤ came　⑥ how

結 婚

　「結婚する」は marry。英語で話したり，書いたりするときに間違えやすいのは marry **with** ... です。日本語の「... と結婚する」に引きずられて with を付けてしまうのです。「彼と結婚する」は marry him か get married to him が正解。with ではありません。以下の ① と ② が前者，③ と ④ が後者の例。

---

① 私と結婚してください。
　（　　）you marry me ?
② 彼女とは 25 歳で結婚した。
　I married her （　　）I was 25 years old.
③ 彼と彼女が結婚したのは 1984 年だった。/ 彼らが結婚したのは 1984 年だった。
　He （　　）married to her in 1984. / They （　　）married in 1984.　　　　　　　　　　　　　　　　[（　　）は同じ単語]
④ 彼女と結婚できて幸運だった。
　I'm （　　）that I got married to her.

---

⑤ 結婚生活は大阪でスタートした。

We began our married (　　) in Osaka.

---

lucky　will　life　when　got

ヒント ① と ② の marry は他動詞で，これだけで「... と結婚する。with とか to は不要。③ のようなケースでは（　　）married to ... よりも，後者の they（　　）married の方が会話では一般的。⑤ の married「結婚している」は形容詞。

∙∙

 解答 ① Will ② when ③ got, got ④ lucky ⑤ life

∙∙

---

⑥ 若者世代の結婚離れが一段と加速している。

（ a ）and（ a ）young people are getting married. /
（ b ）and（ b ）young people choose not to get married.

[（ a ）と（ b ）はそれぞれ同一の単語]

⑦ （2000 年の）日本での国際結婚は 36,263 組だった。

There were 36,263 international marriages* in Japan.

（*New York Times*, 2002 年 7 月 31 日）[*「結婚」]

⑧ 真佐子とジョンは 2 年前に結婚した。（国際結婚で）彼女は日本人，彼は米国生まれだ。

Masako and John got married two years ago ─ she is a Japanese (　　) and he is (　　) the U.S.

⑨ 国際結婚した夫婦

a married (a) from different countries

---

national　more　couple　from　fewer

ヒント ⑥ の「結婚離れ」は「結婚しない」と発想。「一段と」は同じ単語

の繰り返しで表現。前半部分は，結婚する若者が「**どんどん少なくなっている**」，後半は，結婚を選択しない若者が「**どんどん増えている**」。意味するところは同じ。これを応用すれば，「若者の読書離れが進んでいる」は Young people read **less** and **less**.（*NPR*, 2007 年 12 月 25 日）。read だけで「（本を）読む，読書する」を意味します。⇒「消費者」の例文 ④ と〈ヒント〉（201, 202 ページ）。

⑦ の「国際結婚」は international marriage。marriage は marry の名詞形。結婚が「(a) 異なる人種間」であれば mixed [interracial] marriage,「(b) 異なる文化間」は intercultural marriage。「国籍を異にする男女が結婚すること」（『広辞苑』）が国際結婚だとすれば international marriage でよいでしょう。(a), (b) のケースだとしてもカップルの国籍が同じであれば，国際結婚ではないということになります。

⑧ では「国際」の英訳に悩むことはありません。a Japanese（　　）の（　　）は「国の，国家の」という形容詞として教科書に載っています。ここでは名詞で「国民，市民」。... he is（　　）the U.S. の（　　）は前置詞で「...出身の」。

⑨ の（　a　）は 1 語で「夫婦」。a（　a　）of ... で「2，3 つの」を意味すると紹介している教科書もあります。▽二人の結婚は 2–3 年続いた。Their marriage lasted (for) a（　a　）of years.（　a　）は共通の名詞。(for) は削除可。

....

 ⑥ Fewer, fewer, More, more　⑧ national, from　⑨ couple

....

「結婚」の形もいろいろで，なかには「出来ちゃった婚」なんていうのもあります。見出し語に採用している国語辞典もあります。これも「中学レベル」で英訳できます。以下の (a) です。

> (a)　私たちは出来ちゃった婚だ。
> **We got married because we had a baby on the way.**

英文の前半部分は問題ないとして，because 以下は，女性のお腹に「赤ちゃんがいた」，つまり「妊娠していた」。pregnant の婉曲的な表現です。... on the way は「... が近づいている，... がこちらへ向かっている」。ここでは主語の部分が baby なのですから，「赤ちゃんが生まれようとしている，出産を控えて」。ネット通販で買い物をして，その商品が It's on the way. だとすれば「現在，配達中」。

　「出来ちゃった婚」の英語表現はこれだけではありません。アメリカの新聞記事やニュース報道で見つけた例文をいくつか紹介します。すべて中学英語というわけにはいきませんが，比較的やさしい単語を使いました。

(b)　They got married before the baby was born.
(c)　The couple got married before she gave birth to their baby boy.
(d)　They were expecting a baby when they got married.
(e)　My parents got married because my mom found out she was expecting.
(f)　Suzan was six months pregnant when she got married.

解説　(b) は「赤ちゃんが生まれる前に」ということですから，妊娠していることは分かっていた，つまり「出来ちゃった婚」。(c) も同じ。give birth to ... は「(子どもを) 産む，出産する」。この場合は男の子。

　(d) と (e) の expect は「... を予期する，期待する」のほかに expecting の形で「(子どもが生まれるのを) 待つ，妊娠している」の意味も。(f) の six months pregnant は「妊娠6カ月」。

非婚化，晩婚化

　結婚に関連して「非婚化」「晩婚化」にも触れておきます。非婚とは文字通り結婚しないこと，晩婚は結婚する年齢を遅らせること。いずれも日本の少子高齢化の大きな原因になっています。⇒「少子高齢化」(95 ページ)。

　さて，その非婚，晩婚をどのように英訳するか。手元の和英辞典 6 冊を

チェックしたら,「晩婚」はすべての辞典が見出しに採用しています。

　一方,「非婚」は 2 冊だけでした。「非婚の」を non-marital (birth),「結婚しないこと」を failure to marry と訳していました。前者の non-marital は「結婚していない」。non-marital children（婚外子，非嫡出児）のように使います。

　一方 failure to marry は「結婚**できない**」です。「結婚しない」とはまるで違います。「非婚」も「晩婚」も中学英語でやさしく,正確に英訳できます。① と ③ の （　a　）は共通の単語。

---

① 日本女性の晩婚化,非婚化傾向が強まっている。
More Japanese women marry later in (　　) or don't get married at (　a　). / More Japanese women are (　　) off marriage* or not marrying at (　a　).　　　　　　[*「結婚」]

② 若者の晩婚化が進行している。
Young people are (　　) longer to get married. / More young people are marrying [… are getting married] later. [若者の晩婚化 postponement of marriage among young people。postponement は postpone（延期する）の名詞形]

③ 彼女はずっと独身の「おひとりさま」として仕事をしてきた。
She has been working (　a　) her life, (　b　) and unmarried*.　　　　　　[*「独身の,未婚の」]

waiting　single　all　life　putting

ヒント》「結婚する」は marry 1 語でも get married の形でも使いますが,後者の方が「くだけた言い方」。日常会話では get married が主流。

　「晩婚化」は ① と ② の marry later のほか,① の後半の （　　） off marriage（結婚を先延ばしする⇒以下の例文 (a)）とか ② の （　　） longer to get married（結婚までの待機期間を引き延ばす）でも通じます。

　③ は仕事を続けながら,その間,一度も結婚しなかった女性のケース。これも「非婚」でしょう。（　b　）の部分には「独身の」を意味する形容詞が入

ります。unmarried も「結婚していない」ですからダブリ感はありますが，この 2 語はセットでよく使われます。

米有力紙ロサンゼルス・タイムズ（*Los Angeles Times*，2016 年 2 月 17 日）で「晩婚化」に関する記事を見つけました。例文 ①，② との共通点があります。marriage 以外はすべて中学英語です。

（a） 米国の若者の大半は両親の世代よりも晩婚だ。
Most younger Americans are putting off marriage longer than their parents did.

 解答　① life, all, putting, all　② waiting　③ all, single

 # 消費

「消費」は consumption で，「消費する」は consume。前者は中学の英語教科書には見当たりません。consume は countries which consume a lot of chocolate（チョコレートの大消費国）のように使われています（*Sunshine* 3）。The UK consumes less energy today than it did in 1970.（イギリスのエネルギー消費量は 1970 年と比べ減少している）。これは英国の公共放送局 BBC からの引用。the UK は the United Kingdom（連合王国，英国）の略。

確かに consume は「消費する」を意味するのですが，日本語の「消費する」が必ずしも consume とは限らない，ということも知っておいてよいでしょう。以下はそうしたケースです。

① 飛行機は離陸時に大量の燃料を消費する。

Aircraft (　　) a large amount of fuel* to (　　) off the ground.

[*「燃料」]

② 個人消費は経済に占める割合が高い。

Consumer spending is a big (　　) of the economy.

③ 日本人の肉の消費量が増えている。

Japanese are (　　) more meat.

④ 消費を抑える人が増えている。

More people are (　　) less.

⑤ エネルギー消費大国

a major [large, big] energy consuming (　　) [energy consumer]

⑥ 私たちは消費社会で暮らしており，経済は消費の絶えざる増加を前提として成立している。

We live in a (　a　) society, and we have built an economy that (　b　) on more and more consumption.

(*NPR*, 2021 年 12 月 2 日)

⑦ エネルギーの地産地消は環境に優しい取り組みだと考えている。

We believe that (　a　) production for (　a　) consumption of energy is environmentally friendly. (*United Nations Industrial Development Organization* = UNIDO，国連工業開発機関)

---

eating   depends   use   get   local   consumer   country
spending   part

ヒント　① の aircraft は単複同形。ここでは複数。airplanes, planes に言い換え可。「離陸する」は (　　) off。(　　) の正解は 2 つの動詞が考えられます。どちらも同じ程度に使用します。

　② の「個人消費」は consumer spending で決まり。これは「消費者支出」とも訳します。a big (　　) of ... は「... の**大きな部分**」。ここでは「占める**割**

合が高い」「... を**大きく左右する**」。

③ の「消費（する）」は「食べる」。④ では「消費」を「お金を使うこと」と英訳。この動詞の意味を教科書では「（時を）過ごす，費やす」と説明。「（消費を）抑える」は little の比較級で「（支出を）より少なくする」と発想。

⑤ の「消費**大国**」は ⇒「海外進出」の ⑤ の〈ヒント〉「モノづくり大国」（73 ページ）。「ロボット」の〈ヒント〉「ロボット大国」（230 ページ）。

⑥ の「**消費**社会」は **consumption** society よりも（ a ）society の方が一般的。（ b ）on ... は「... に頼る，... 次第である，... に依存する」の意味で教科書に登場します。「... を前提にする」と解釈してもよいでしょう。そして，ここで「前提とするものは」more and more consumption（より多くの消費）。more を繰り返して強調していますから「消費の**絶えざる増加**」と訳しました。▽高度に発達した消費社会 a highly developed（ a ）society。▽脱消費社会 a post-（ a ）society。post は「... の後の，次の」を意味する接頭辞。（ a ）は共通の名詞。

⑦ の「地産地消」は「地元で生産されたものを地元で消費すること」。英語表現は文脈によって多様。ここでは（　　）production と（　　）consumption を組み合わせています。（　　）は同一の形容詞。▽食品の地産地消を後押しする encourage* production and consumption of local food。*「勇気づける，励ます」　▽... を売り物に［メインに］した地産地消のレストランを経営する run a farm-to-table restaurant that focuses on ... run はここでは「経営する，運営する」。farm-to-table の farm は「農園」。farm-to-table は「farm で採れた新鮮な野菜などをそのままテーブルに」。これで「地産地消」を表現。focus は名詞で「焦点」。動詞で focus on ... になると「... に焦点を合わせる，... を重点的に取り扱う」。▽... を地産地消する produce and consume ... locally。

 ① **use, get [take]** ② **part** ③ **eating** ④ **spending** ⑤ **country** ⑥ (a) **consumer,** (b) **depends** ⑦ **local, local**

消費者

　「消費者（consumer）」は「消費する（consume）」の名詞形で，教科書に載っています。（―消費者として as a consumer ...）の用例があります。カタカナの「コンシューマー」としても日本語に定着しており「国語辞典」の項目にも入っています。

---

① 消費者の購買力が高まってきた。
　Consumers have more (　　) to spend.　(*Forbes*, 2021 年 11 月 4 日)

② 消費税率引き上げに伴い，同社は増税分を缶入り飲料の価格［消費者］に転嫁した。
　The company increased [raised] the prices of its canned drinks when the sales tax (　　) up.

③ 当社の製品を改善し消費者のニーズに応える
　improve our products to (　　) the needs of consumers [...
　(　　) consumer needs].　　　　　　　　　　［(　　) は同一の動詞］

④ 消費者の百貨店離れが加速している。
　More consumers (　　) away from department stores.

⑤ 消費者の財布のひもが固くなっている。
　People are spending (　　).

---

　went　meet　stay　money　less

ヒント　「購買力」「価格転嫁」「ニーズに応える」「百貨店離れ」... どれ1つとっても，中学英語の範囲を超えているように見えますが，すべて，なんとかなります。

　例えば ① の「購買力」は「モノやサービスを買うことのできるお金」ですから（　　）to spend です。「高まってきた」は「増えた」と発想し，これを合体すれば ① のような英文になります。原文の出典は米国の経済・ビジネス誌「フォーブス」。

②の「価格転嫁」はいくつかの言い方があります。これはそのうちの1つ。⇒「税金」の③（25ページ）。「まえがき」の例文③とその解説。「... の税金を上げる」は raise the tax on ...。

③の「ニーズに応える」の英訳は（　　）the needs of ... がスタンダード。（　　）は「... と会う，出会う」として知られ，教科書でもそのように使っていますが，「（要求などに）応じる，... を満たす」も意味します。

④の「... 離れ」は「... に近づかない，... から離れる，距離を置く」と考えるのがヒント。「加速する」は「（そうした消費者が）増えている」で表現できます。⇒「結婚」の例文⑥と〈ヒント〉（194ページ）。

⑤の「財布のひもが固い」は「出費を抑える，控える」。これは spend（　　）でいけます。①の反対です。

 解答　① money　② went　③ meet　④ stay　⑤ less

---

⑥ 健康に有害な食品から消費者を守る
protect consumers from food products that are harmful to their (　　)

⑦ 物価下落は消費者にとっては朗報だ［喜ばしい，うれしい］。
Lower prices are (　　) for consumers.

（*Wall Street Journal*，2021年6月17日）

⑧ 消費者の好みが変わった。
Consumer (　　) have changed.

⑨ 消費者運動の先頭に立つ
(　　) the consumer (　　)

⑩ 消費者社会　⇒消費社会（前項「消費」の例文⑥）

---

good　movement　tastes　health　lead

ヒント　⑥の harmful は「有害な，危険な」。動詞は harm で「... に危害を加える」。

⑦ の「物価下落」は a fall [drop] in (consumer) prices が順当なところですが，lower prices でも OK。lower は low（低い）の比較級。a fall [drop] ... の場合，後に続く前置詞は in。出典は米国の代表的経済紙「ウォール・ストリート・ジャーナル」。

⑧ の「好み」は likes and dislikes ではなく「嗜好」。「味」も意味し，動詞として活用すると「... のような味がする」。▽（The pizza）tastes good.（そのピザは）おいしい。(*Sunshine* 2)

⑨ の「運動」に当たる単語は「動き，（政治的，社会的，宗教的な）運動」を意味する名詞として教科書に載っています。「先頭に立つ」は「... を導く，... を先導する」。

 ⑥ health ⑦ good ⑧ tastes ⑨ lead, movement

 消費期限，賞味期限

「消費」の締めくくりに「消費期限」と「賞味期限」を取り上げます。いずれも中学レベルの単語で英訳できます。まず，その違いについてですが，「欧州食品情報協議会（European Food Information Council＝EUFIC）」は以下のように説明しています。

（a）賞味期限は食品の「品質」，消費期限は「安全性」に関する表示だ。
The best-before date is about the quality of the food, while the use-by date is about safety.

この例文にある通り「消費期限」は use-by date と言います。use-before も使います。by は「... までに」，before は「... 以前に」の意味ですから use-by [before] は「... までに［以前に］（消費する，食べる）」。Use by Aug. 31, 2025. であれば「消費期限は 2025 年 8 月 31 日」。use と by をハイフンでつ

ないで（つながないこともあります）use-before [by] にすると (a) の例文の
ように形容詞的に使えます。

　「消費期限」は食品についてで，医薬品であれば「使用期限」。英文表記は変
わりません。ちょっとむずかしい単語を使って an expiration date。これも
「消費期限」。expiration は expire（有効期限が過ぎる）の名詞形。

　これに対し，「賞味期限」は best-by [before] date。Best by Aug. 31,
2025. は「2025 年 8 月 31 日までなら**おいしく**食べられます」。その日を過ぎ
て食べても問題はないけれど味は落ちるかもしれない，ということです。英文
中の safety（安全性），quality（品質）はいずれも中学の英語教科書に載ってい
ます。⇒「食品廃棄物」の例文 ②，③（309 ページ）。

---

① 賞味期限と消費期限の違いはどこにあるのか。
　**What's the （　　） between best-by [before] and use-by [be-
　fore] dates?**

② 消費期限切れの食品を口にする
　**eat food that has （　　） [that is past] its use-by [before] date
　/ eat out-of-date food**

③「賞味期限」の表示は食品の安全性とは無関係だ。
　"Best before" labels* have （　　） to do with food safety.

[＊「ラベル，表示」]

④ 消費期限を過ぎた食品は腐っているとの印象を与える。
　**Food that is past the "sell by date" makes us think it has （　　）
　bad [off].**

⑤ 賞味期限を過ぎていても，見た目や，においや味に問題がなければ食
　べても差し支えない。
　**You can eat food past its best-before date if it （ a ），（ b ）
　and （ c ） fine.**　　　　　　　　　　　　　　　　　　（EUFIC）

⑥ 見た目がいいと品質も良いと思い込んでしまうことが多い。
　We often think food that （ a ） good is better quality.

---

gone　tastes　nothing　smells　difference　passed　looks

[⑤ の（　a　）は ⑥ の（　a　）と共通の動詞]

ヒント　② の「期限切れ」の「切れる，期限を過ぎる」は has（　　）でも is past のどちらも可。（　　）は「通り過ぎる，（時間が）過ぎる」を意味する動詞の過去分詞。out-of-date は「期限が切れた，期限を過ぎた」で，「賞味期限」「消費期限」のどちらにも解釈可。同じ out of date でも The technology is **out of date**. になると「その技術は**時代遅れ**だ」。

　③ の have（　　）to do with ... は「... とは全く関係ない，関わりがない」。「**多少とも**」関係するのであれば have **something** to do with ...,「**大いに**」関係する，「**深く**」関わる，は have **a lot of** things to do with ...。

　④ の（　　）は基本動詞の過去分詞形。（　　）bad [off] は「（食べ物が）腐る」。（　　）off にはこれ以外に「（爆弾が）爆発する」「（サイレンの警報や目覚まし時計などが突然，けたたましく）鳴る，鳴り響く」の意味も。

　⑤ の（　a　）は「... のように見える」，（　b　）は「臭いがする」，（　c　）は「味がする」。いずれも動詞ですべて教科書に載っています。また fine は「すばらしい，元気な，健康な」を意味する形容詞として中学校では習いますが，この例文では「問題ない，差し支えない」。「おいしい」とか「いい味がする」ということではありません。出典は上記の欧州食品情報協議会。

解答　① **difference**　② **passed**　③ **nothing**　④ **gone**
　　　　⑤ **looks, smells, tastes**　⑥ **looks**

第6章　Science & Technology

科学技術

「科学技術」は science **and** technology です。and が入ります。日本の（旧）科学技術庁は the Science **and** Technology Agency。science 単独では「科学」，学校の教科では「理科」。

technology は「技術，テクノロジー」以外に「工業」の意味もあります。「東京工業大学」の英語表記は Tokyo **Institute** of Technology。university ではありません。institute は「研究所，（理工系の）専門学校，大学」。technology は tech と略すこともあります。東工大の略称は Tokyo Tech。米国の名門「マサチューセッツ工科大学」は Massachusetts **Institute** of Technology（MIT）。「東京理科大」は Tokyo **University** of Science。

---

① 科学技術教育の重要性はかつてないほど高まっている。/ 科学技術教育が今ほど重要だったことはない。
The importance of science and technology education has never been （　　）.

② 科学技術を活用し，環境と調和して生きる
（　　）science and technology to live in（　　）with the environment

③ 科学技術は私たちの暮らしを大きく変えた。
Science and technology has changed our lives so（　　）.

④ 2023 年の日本の科学技術関連予算は … 円だった。
Japan's（ a ）on science and technology（　　）to ¥ … in 2023. / Japan（ b ）¥ … on science and technology in 2023.

---

came　spent　greater　use　harmony　much　spending

ヒント 「科学技術」は上記の例文にあるように，すべて science **and** technology です。① の（　　）には「偉大な。大きい，大きな」を意味する形容詞の比較級が入ります。

② の「... と調和して」は in（　　）with ... 。（　　）は「調和，一致，和合」を意味する名詞。2 社の教科書にあります。③ の「暮らし」は life を複数形の lives に。⇒「日常生活」（172 ページ）。

④ の「予算」を和英辞典で調べると budget とあります。多数の例文も載っています。ところが，その budget は中学の英語教科書のどこにも登場しません。

中学レベルの単語では，動詞の（　b　）が使えます。これは中学英語です。教科書では「時間を過ごす，費やす」を意味すると習いますが，時間だけでなく，「... にお金を使う，出費する」にも対応します。この場合（　b　）**on** ...で，前置詞は on を取ります。ing の形にして名詞（　a　）にすると「支出」。国や政府のはなしでは「予算」。「科学技術」であれば「科学技術（関連）予算」。それが（　　）to ... は「（金額が ...）になる，達する」。

 解答 ① greater　② use, harmony　③ much
④ spending, came, spent

---

⑤ 科学と技術はクルマの両輪のような関係だ。
Science and technology（　　）forward together.

(*New York Times*，2009 年 10 月 19 日)

⑥ 科学技術を ... の柱に位置付ける
（　a　）**science and technology at the（　b　）of ...**

⑦ 日本は科学技術の分野で ... をリードしている。
Japan is pulling ahead of ...（　　）science and technology.

⑧ 科学技術の新たな動きを追った NHK のテレビ番組
an NHK TV show [program]（　　）new developments in science and technology

> put　in　move　center　on

 ⑤の（　　）forward together は「一緒に前進する」。日本語では「クルマの両輪」「一体の関係」。

　⑥の「柱」は，直訳すれば pillar。しかし，これは中学英語ではないので，「柱」を「… の核となる重要なもの」を意味する「中心」に言い換え（　b　）を使いました。「… の**中心に据える**」となります。この単語は中学 1，2 年で学習します。（　a　）science and technology の（　a　）の動詞は place でも OK。

　⑦の pull ahead of … は「… の前に出る，… を引き離す」ということから「リードする」。be ahead of … でも通じます。その逆で「… に後れをとっている」は is falling behind …。

　⑧の development には「開発，発展」のほかに「進展，動き」の意味もあります。ここでは後者。「(… の)**動きを追った**」は原文にとらわれず，「… についての，… に関する」と考えれば，前置詞 1 語で処理可能。また，**a NHK TV** ではなく **an NHK TV** … にするのは **N**HK の N の発音（enu エヌ）が母音のため。同じ N でも日産の乗用車は **an Nissan car** ではなく **a Nissan car**。

 ⑤ move　⑥ put，center　⑦ in　⑧ on

科 学

　「科学」には，大きく分けて自然科学，社会科学，人文科学がありますが，ここでは自然科学に絞ります。英語では natural science。natural がなくても，science といえば，通常，自然科学を指します。日本語でも同様です。

　しかし，以下の ① のようなケースは例外です。ここでは natural が必要

です。

---

① 数学などの自然科学分野
math [mathematics] and other natural science（　　）
② 科学の役割が重要性を増している。
The role of science is（　　）（　　）important.
③ 科学への信頼は以前より増している。
We put [place] more trust in science than we did（　　）.
④ 学校の再開は科学的に正しい判断だ。
Science is on the side of（　　）schools.　　(*CNN*, 2020 年 7 月 16 日)
⑤ 理数重視の少人数学級［クラス］を編成する
create smaller classes that（　　）on science and math
⑥ 理数教育への投資を増やす
（　　）more money into math and science education

---

becoming　put　reopening　focus　more　before　fields

ヒント　①の（　　）は「分野」で，英語の教科書では「野原，（陸上競技場の）フィールド」の意味で載っています。②の「重要性を増している」は「**より**重要になっている」。③の「信頼（trust）」は名詞ですが，英語の教科書では「信用する，信頼する」の動詞として出てきます。

　④は米国のニュース専門テレビ局 CNN からの引用。新型コロナの流行で学校が休校したときの報道です。流行が収束しつつあることを印象付けたい政府が，学校再開が可能な根拠として Science is on the side of ... と主張しました。直訳すれば「科学は ... の側にいる」。これでもなんとか見当は付きますが，「... を支持する，味方する」と解釈し，さらに，「科学的に正しい，科学的見地から正しい」とでも訳せば自然な日本語になるでしょう。

　同じく④の（　　）の動詞は「再開する」。これは「開く」に「再び，新たに」を意味する接頭辞 re を付けて作ります。write（書く）を **re**write にすると「書き直す」になるのと同じ理屈です。

　⑤の「理数**重視**」は「理科と数学を**重点的に扱う**，理科と数学に**焦点を合**

209

わせる」。math は mathematics（数学）の短縮形であることに触れている教科書もあります。米国人の日常会話では math が圧倒的に優勢。

⑥ の「投資する」は money（お金，資金）を「置く，入れる，投入する」と考えます。（　　）は基本動詞。「増やす」は形容詞の比較級 more で表現。

....

解答 ① fields ② becoming, more ③ before ④ reopening
⑤ focus ⑥ put

....

---

⑦ 科学教育は改善が必要だ。
We need to（　　）science education.

⑧ 17 世紀に誕生した近代科学は世界を変えてきた。
Since the 17th（　　）,（　　）science has changed the world.

⑨「みんなの科学です。放送は月曜から金曜まで。放送時間は毎回約 10 分です」。
"It's science for（　　）, all in about 10 minutes, every week-day."

⑩ 芸術と科学の境界線はどこにあるのか。
Where do we（　　）the line between art and science?

---

draw improve century everyone modern

ヒント ⑧ の「誕生した」は訳出不要でしょう。訳すとすれば Since its **birth** in the 17th（　　）, …。（　　）science … の（　　）は文脈によって「現代の，最新式の」を意味します。オリンピックの競技種目である「近代 5 種」は（　　）pentathlon。「現代の飛行機」は the（　　）airplane。いずれも教科書に載っています。

⑨ はアメリカのラジオ放送局の番組案内をヒントにしました。

⑩ の「境界線はどこにあるのか」は，「境界線をどこに**引くか**」に言い換え。

解答 ⑦ improve, ⑧ century, modern, ⑨ everyone, ⑩ draw

---

⑪ 地球上では不可能だが，月に行けば可能な科学的研究はたくさんある。

There's a (　　) of science to be done on the moon that can't be done on (　　). *(Toronto Star*, 2016 年 7 月 26 日)

⑫ この 20 年間で科学は大きく進歩した。

Science is well beyond where we (　a　) 20 years ago. / Science has come a (　b　) way in [over] the past [last] 20 years.

［⇒「技術」の例文 ⑧（214 ページ）］

⑬ 気候変動の原因に迫る科学

the science (　　) climate change

⑭ その大学は科学分野ではトップクラスだ。

The college is (　　) the way in science.

⑮ 科学を信じ，専門家の意見を信頼している。

I (　　) in science and trust what experts (　　).

---

leading　lot　earth　believe　behind　say　were　long

ヒント　⑪ はカナダで最大発行部数の新聞トロント・スター紙からの引用。science は「科学」だけでは日本語として意味をなさないので，「科学的**研究**」と訳しました。

　「大きく進歩」の英訳はいろいろ考えられますが，こんなのもあり，というのが ⑫ です。前半部分を直訳すると「科学は，私たちが 20 年前にいた地点からはるか（well）かなた（beyond）にいる」。（　a　）は be 動詞の過去形。

　後半は「科学は，この 20 年間ではるばるここまでやってきた。遠い道のりを歩んできた」。いずれも「20 年間で科学は大きく進歩した」を基本単語で分かりやすく表現できます。come a (　b　) way は，サラリーマンが「大出世，昇進する」とか企業が「大きく成長する，拡大する」にも応用可。▽人工知能（AI）はこの 10 年で大きく進歩した。AI has come a (　　) way in the last

[past] 10 years. ▽彼は野球のスーパースターに上り詰めた。He came a (　　) way to become a baseball superstar. (　　)はいずれも (　b　)と同じ形容詞。

⑬ は (　　) に注目。「... の後ろに，裏側に」と中学では習いますが，「... の原因，真相」という意味もあります。⑭ は「トップクラス」を (　　) the way（先頭に立つ，先頭を引っ張る）と訳しました。

⑮ の (　　) in ... は「... を信頼する」。1 社の教科書にあります。(　　) 単独では「信じる，... だと思う」。これはすべての教科書に載っています。「専門家の**意見**」は opinion ではなく，小学校レベルの基本動詞で OK。

解答　⑪ lot, earth　⑫ were, long　⑬ behind　⑭ leading
⑮ believe, say

技 術

「技術 technology」は，「特に重要な語」として太字で単語リストに載せている教科書もあれば，全く取り上げていない教科書もあって，扱いはまちまちです。科学（science）とはだいぶ様子が異なります。

① その技術を使ってロボットを造る
(　　) the technology to build [make] robots
② 単なる金もうけではなく，生活改善につながる技術を開発する
develop technology to (　　) lives instead of simply to make
(　　)　　　　　　　　　　　　　　　　　　　　　（*NPR*, 2001 年 7 月 3 日）
③ 新技術によって ... することが可能になった。
The new technology makes it (　　) for us to do ... / The new technology (　　) us to do ...
④ 同社は節水技術で世界をリードしている。
The company (　　) the world in water-(　a　) technology. /

The company is a [the] world (　　) in water-(　a　) technol-ogy.

[(　a　) は同一の単語]

leads　improve　saving　leader　money　possible　use allows

ヒント〉　① の「ロボットを造る」の「造る」は build がぴったり。ビルを「建設する」のも build ですが，「(多くの部品を) 組み立てて ... を造る」ときにも build を使います。「造船業」は shipbuilding，「造船会社」は a ship-builder。

　② は米国の公共ラジオ放送局からの引用。「技術開発」の「開発する」はdevelop で決まり。「生活改善」は make our lives easier（暮らしを楽にする）も可です。make (　　) は「お金をもうける，利益を追求する」。「お金を作る」ではありません。

　③ の後半部分の (　　) は「許す，認める」も意味します。ここでは「... を可能にする」。▽新技術の登場で，より多くのデータを提供できるようになる。As the new technology is coming into play, we're able to provide more data.（*Forbes*, 2017 年 3 月 2 日）

　④ の (　　) は文字通り「リードする」。water-(　　) の (　　) には「... を節約する」に使う動詞の ing 形が入ります。「リードする」ではなく「新技術に**取り残されないようついていく**」であれば **keep up with** the new technology。

① use　② improve, money　③ possible, allows
④ leads, saving, leader, saving

⑤ 温室効果ガス排出量削減の画期的［革新的］な技術を開発する
develop game-(　　) technology to (　　) greenhouse gas emissions*

[*「排出量」]

⑥ 新技術はすでに実用化されている。

213

The new technology is (　　) out there.

⑦ 私は技術開発チームの一員だった。

I was (　　) the team that developed the technology. / I was a (　　) of the team that developed the technology.

⑧ その技術はこの 10 年で大きく進化した。

The technology has (　　) a long (　　) in the last 10 years.

(*Sydney Morning Herald*, 2021 年 5 月 15 日)

⑨ 同社は技術開発競争で勝者になった。

The company (　　) the technology development race.

---

come　way　changing　won　cut　member　already　on

ヒント　⑤ の game-(　　) は日本でもカタカナ語としてそのまま使うようになってきました。「ゲーム［試合］の流れを変える」が原義で，「従来の考え方，制度，仕組みなどを変える」「社会や生活を一変させる革新的，画期的な」を意味する形容詞。この例文では「画期的な」に当たります。「温室効果ガス排出量」⇒「温室効果ガス」（292 ページ）。▽その技術を他社に開放する open (up) the technology to other companies。

⑥ の is (　　) out there は「すでにそこにある，手の届くところにある，世の中に出回っている」。これを新技術 … の文脈に置けば「研究開発段階を経てすでに実用化されている」。▽新技術を市場に投入する bring the new technology to the market ⇒「電気自動車」の例文 ⑦（234 ページ）。

⑦ の「チームの一員」は例文前半の（　　）の前置詞に注意。「彼はその委員会のメンバーである」も He is (　　) the committee. (　　) は同じ前置詞。

⑧ の (　　) a long way は「大きく発展，進歩，進化する」。もともとの意味は「はるばる［はるか］遠くまでやってくる」。出典はオーストラリアの有力紙，シドニー・モーニング・ヘラルド。⇒「科学」の例文 ⑫（211 ページ）。

解答　⑤ changing, cut [reduce]　⑥ already　⑦ on, member
⑧ come, way　⑨ won

「技術」は technology を使わずに英訳できることもあります。way と skill の出番です。いずれも「中学英語」です。

---

⑩ 家庭の生ごみをエネルギーとして利用する［リサイクルする］技術 ［アイデア，方法］を生み出す［思い付く］
（　　）up with a way to recycle [turn] kitchen waste（　　）energy

⑪ ... の強度を高める技術を発明する
invent a way to make ...（　　）

⑫ 当社にはその橋を建設する技術と経験がある。
We have skills and（　　）to build the bridge.

⑬ 高学歴で専門的技術を持つ人材
highly-educated* and skilled（　　）　　　　［*educated「教育を受けた」］

⑭ 大学生のほとんどは当社が求めている情報技術（IT）のスキルを身につけていない。
Most college students don't have the IT skills we（　　）.

［⇒「情報技術」（248 ページ）］

⑮ 新社長は技術畑の出身だ。
The new president is an（　　）by training [... has an engineering background; ... has a background as an engineer].

［background には「背景，バックグラウンド」のほか「経歴」の意味もあります］

⑯ 若い世代に技術を伝える
（　　）the skills on to the younger generation

---

professionals　engineer　need　pass　come　into　stronger　experience

---

ヒント ⑩ と ⑪ では way を使って「技術」を英訳しました。⑩ の「家庭の生ごみ」は「台所のごみ kitchen waste」。（　　）up with ... は覚えておくと便利な熟語。I（　　）up with the idea of writing a book. は「本を書いてみようという気になった」。その他，文脈によって意味はさまざまに変化します。

⑫ と ⑬ のように，「技術」を skill と英訳することもあります。⑫ は名詞。複数形で使うのが一般的。

⑬ の skilled は形容詞で「専門的技術［高度のスキル］を持った」。highly-educated は「教育水準の高い，高学歴の」。（　　　）は名詞で「専門職」。英語の教科書には形容詞の「プロの，専門職の」があります。「人材」は talent も可。▽多くの IT 組織はハイテク**人材**を求めているが，確保に苦労している。Many IT organizations struggle to find tech **talent** with the skills they need.（*Wall Street Journal*，2020 年 5 月 5 日）struggle は「奮闘；努力する，苦労する，もがく」。

⑮ の「技術畑」は「技術者としての経歴」と解釈。「技術者」は（　　　）。by training は通常「（大学などで）... を専攻した」という意味で使いますが，社内でどのような仕事に従事してきたかにも応用できると考え，「技術畑」の英訳に当てました。誤解の恐れがあるようなら The new president was an engineer at the company for a long time before becoming its president.（新社長は同社の技術部門で長年勤務してきた）と説明すればよいでしょう。

⑯ の（　　　）... on to ... は「まえがき」例文 ③ の「消費税増税分を価格引き上げで消費者に**転嫁する**」で触れました。ここでは「伝える，引き継ぐ」。

解答　⑩ come，into　⑪ stronger　⑫ experience　⑬ professionals
⑭ need　⑮ engineer　⑯ pass

ハイテク，高度先端技術

「高い」を意味する high も「技術」の technology も中学英語です。しかし，これを合体させた high technology（ハイテク）を取り上げた教科書は 1 冊だけでした。形容詞の high-tech（ハイテクの，高度先端技術の）として登場します。

確かに，和英辞典で「ハイテク」を調べると，「ハイテク」は **high** technology で，形容詞形は **high**-tech，**high**-technology です。米英のメディア報道でも **high**-technology equipment（ハイテク機器・装置），**high**-tech products（ハイテク製品），a **high**-tech reporter（ハイテク担当記者）のように使います。

　しかし，それと同じ，またはそれ以上の頻度で high を省略し，tech, technology だけで「ハイテク」を表現するケースが多いように思われます。以下に示します。

（a）　マイクロソフトなどのハイテク企業
　　　Microsoft and other **tech** companies

（New York Times，2018 年 12 月 4 日）

（b）　フェイスブックやグーグルなどのハイテク企業
　　　technology companies such as Facebook and Google

（BBC，2017 年 11 月 8 日）

（c）　ホンダのような自動車メーカーがソニーなどのハイテク企業と提携して電気自動車の新たなブランドを立ち上げる。それは何を意味するのだろうか。
　　　What happens when an automaker like Honda teams up with a **tech** company like Sony to create a new brand of electric vehicles?

（Car and Driver，2022 年 3 月 4 日）

解説　　（a）は米国の有力紙，（b）は英国の公共放送，（c）は米国の有名な自動車雑誌が出典です。「ハイテクの」は high-tech になるはずなのですが，（a）と（c）は tech，（b）は technology で，どこにも high-tech はありません。（c）の team up with ... は ... と「チームを組む，提携する」。vehicle ⇒「電気自動車」（232 ページ）。

　米国のビジネス誌「フォーチュン（Fortune）」もソニーを世界的に有力な technology company と呼んでいます。トヨタやホンダは自動車メーカーであってハイテク企業には分類されません。

　「ハイテク」は先端技術，とりわけ，エレクトロニクス（電子）やデジタル技術，コンピューター，また情報処理に関わる企業と考えられます。

　年代順に報道記事のデータベースを調べた結果，**high**-tech や **high**-technology はここ数十年間で徐々に high が省略されるようになり，tech, technology が優勢になる傾向が見えてきました。以下の例文 ③ では high-tech が出てきますが，出典は 1980 年代の新聞記事です。

---

① （その地域には）ハイテク企業が集中しており，アマゾンなどの企業が本社を構えている。

(a) (The area is) a tech (　　) that's **home to** companies like Amazon. (*Nasdaq*, 2023 年 2 月 14 日) / (b) The area is **home to** Amazon and many other tech companies. / (c) There are many technology companies in the area, including Amazon.

② 日本のハイテク企業トップテン

(　　) 10 Japanese tech [technology] companies

③ コンピューターなどのハイテク企業を誘致する

attract computer and (　　) **high-tech** companies

(*Washington Post*, 1982 年 11 月 10 日)

④ 大手ハイテク企業は大きな利益を上げている。

Big tech companies are making a (　　) of money.

⑤ ハイテクベンチャー企業を設立する

(　　) up a tech [technology] startup [start-up]

---

top　set　lot　hub　other

ヒント　① の「集中」を和英辞典で引くと concentration とあります。これを応用して a concentration of colleges and universities は「大学の集中」。

しかし，concentration は「高校学習語」で，このままカタカナ語として日本語の日常会話に登場することもなく，本書の「中学英語」の定義には当てはまりませんので不採用。

①(a) の a tech (　　) も中学レベルではないのですが，小型の国語辞典の見出しに採用されています。例えば「羽田は（　　）空港だ」のように使います。「中心，中核，拠点」を指します。これならいけそうだと考えて探し出したのが ①(a) の例文です。出典の Nasdaq（ナスダック）は米国の株式取引所の１つで多くのハイテク企業が上場しています。もし，(a) の（　　）を思

い付かなかったら (b) や (c) でもなんとか間に合うでしょう。

　ここで (a) と (b) に出てくる be home to ... について説明します。これは，英和辞典によると，主として「... が存在するところ，... の生息地」に当てはまる表現なのですが，文脈によっては「... の本社，本拠地，発祥の地」にもなります。① はそのケースです。これを応用すると，「兵庫県西宮市は阪神タイガースの本拠地だ」は Nishinomiya, Hyogo prefecture, is **home to** the Hanshin Tigers. と英訳できます。home に冠詞は不要。これは応用範囲の広い言い回しです。

　③ の記事は 1982 年の米ワシントン・ポスト紙からの引用。これによって当時は **high-tech** が使われていたことが分かります。コンピューター関連以外では，フェイスブック＊やグーグルなどの IT（information technology 情報技術）企業もハイテク産業の主役。＊社名としての「フェイスブック」は 2021 年 10 月，メタ・プラットフォームズ（Meta Platforms Inc.）に変更。SNS の名称「フェイスブック」は存続。

　④ の make money は「お金を稼ぐ，もうける」。「損をする，赤字を出す」は lose money。この文脈の「大手」は large ではなく big が一般的。「**巨大ハイテク企業**」は a tech [technology] **giant**。

　⑤ の「ベンチャー企業」とは「革新的な技術を開発し，新しい製品やサービスを生み出している新興企業」。英語では a startup [start-up]。company は不要。「ハイテクベンチャー」は a tech startup [start-up]。「（企業を）設立する」は（　）up 以外には found，establish など。

‥‥‥‥‥‥‥‥‥‥‥‥‥‥‥‥‥‥‥‥‥‥‥‥‥‥‥‥‥‥‥‥‥‥‥‥‥‥

 解答　① hub　② top　③ other　④ lot　⑤ set

‥‥‥‥‥‥‥‥‥‥‥‥‥‥‥‥‥‥‥‥‥‥‥‥‥‥‥‥‥‥‥‥‥‥‥‥‥‥

---

⑥ ハイテク人材の需要は引き続き伸びている。

Demand for tech（　）continues to grow.

　　　　　　　（*Yahoo Finance*，2023 年 2 月 7 日）［（　）は ⑦ の（　）と共通］

⑦ IBM，グーグル，バンク・オブ・アメリカなどの巨大企業はハイテク人材を常に求めている。

Giants such as IBM, Google and Bank of America are always

looking for tech (　　).

(*Forbes*, 2022 年 11 月 7 日) [（　　）は ⑥ の（　　）と共通]

⑧ ハイテク開発センターを建設する

build a high-tech (　　) center

⑨ ハイテクのおかげで在宅勤務が可能になった。

Technology allows us to work (　　) home.

⑩ 彼はハイテクに強い［詳しい］。

He is (　　) at technology.

---

from　good　talent　development

ヒント ⑥ の「需要」は demand。「... に対する需要」は demand **for** ...。これは名詞ですが，動詞では「要求する」。ある教科書は「強く尋ねる」の意味で例文を載せています。⇒「税金」の例文 ⑦（26 ページ）。

　⑥ と ⑦ の「人材」も「中学英語」。「才能のある人，才能，適性」にもあたります。語尾に ed を付けて形容詞化すると「才能のある，有能な」となり，教科書に載っています。（　　）はカタカナ語として広く流通していますが，テレビやラジオに出てくる「芸能人，有名人」を連想する人が多いはずです。

　⑧ の（　　）は名詞。動詞の「開発する」はすべての教科書にあります。⑨ の allow は「許す，認める」ではなく「... を可能にする」。この意味で取り上げている中学の英語教科書はありません。▽奨学金のおかげで大学へ進学できた。The scholarship allowed me to go to college.「在宅勤務する」は work **at** home ではありません。⇒「在宅勤務，テレワーク，リモートワーク」の〈ヒント〉（167, 168 ページ）。

　⑩ の be（　　）at は「... が上手だ，得意だ」。すべての教科書にあります。「（ハイテクに）強い」のようなケースにも使えますし，これ以外にも広く応用できそうです。

解答 ⑥ talent　⑦ talent　⑧ development　⑨ from　⑩ good

研究開発

　「科学技術」は「科学 science」と「技術 technology」で science and technology ということはすでに触れました。同様に「研究開発」も「研究 research」と「開発 development」で research and development（R&D）です。「研究」と「開発」を and でつなぎます。いずれも「中学英語」です。これはそのままセットで覚えるしかありません。言い換えは不要ですが ⑤ ではちょっと変化をつけました。

---

① 研究開発に 100 億円を投資する

　（　　）¥10 billion into research and development（R&D）

② 研究開発費を増額する

　increase research and development（　　）/ increase（　　）
　on R&D　　　　　　　　　　　　　　　　[（　　）は同一の動名詞]

③ クリーンエネルギー研究開発センターを建設する

　（　　）a clean energy R&D center

④ 同社は AI（人工知能）の研究開発を 2004 年に始めた。

　The company（　　）the research and development of artificial intelligence（AI）in 2004.

⑤ ... の研究開発を実施する

　（　　）out research to develop ...

---

spending　carry　build　put　started

ヒント》 ① の「投資する」は invest，名詞は investment. どちらも英語の教科書にはありませんが，中学生向け英和辞典には小さな活字で載っています。

　だとすれば，本書でも invest を中学英語扱いしてもよいことになりますが，ここでは小学生でも知っているはずの（　　）の基本動詞で「投資する」を表現しました。この場合，「... に投資する」の ... の部分の前置詞は into です。

「... に投資する」を「... に（資金を）投ずる，つぎ込む，注入する」と発想するわけです。

　② の「研究開発費」の「費，費用」は，和英辞典によれば expenditure, expense, outlay, ... といろいろあります。いずれも「中学英語」の世界ではありません。これは「（時間を）過ごす，（お金を）使う，費やす」を意味する動詞に ing を付けて，動名詞化することで解決できます。これで「支出，出費（額）」の意味になります。（　　）に続く前置詞は on。⇒「科学技術」の例文 ④（206 ページ）。

　③ と ④ についてはコメントの必要はないでしょう。⑤ の「実施する」は「（計画などを）実行する，遂行する」のような場合に対応する熟語（　　）out を応用しました。

 解答　① put　② spending　③ build　④ started　⑤ carry

 ## コンピューター

　computer の日本語表記は「コンピューター」と「コンピュータ」の 2 通りあります。中学英語教科書の単語リストでも表記が割れています。

　国語辞典の扱いもバラバラですが，新聞記事の用語用字に関する日本のスタンダードである共同通信社の『記者ハンドブック 第 14 版』（2022 年）は「コンピューター」。本書では「コンピューター」で統一します。

① コンピューターを使って仕事をしている。
　I'm now (　　) at my computer.
② 自分のパソコンを使って在宅勤務する
　use my own PC to work (　　) home
③ オンライン授業を受けるにはコンピューターが必要だ。
　You need a computer to (　　) online classes [(　　) classes

online].　　　　　　　　　　　　　　　[(　　) は同一の動詞]
④ コンピューターに向かってメールの返事を書く
　　sit at a computer to answer (　　)　　[⇒「E メール」(269 ページ)]
⑤ コンピューターの処理速度を上げる
　　(　　) **the speed of the computer**

---

emails　working　from　take　increase

---

 ② の英訳の PC は personal computer の略でパソコン。ただし，personal を省略して単に computer とするのが一般的。機種によって「ノートパソコン」は a laptop (computer)，「デスクトップ」は a desktop (computer)。いずれも computer は省くことが多い。「ノート」を notebook と表記するのは和製英語。③ の online classes の online は形容詞，(　　) classes online の online は副詞。

　⑤ の「処理速度を上げる」の「処理 (processing)」は省略し「速度」だけで OK。「速度を**上げる**」は「速度を**増やす**」と発想。▽日本が開発した「富岳」は世界最速のスーパーコンピューターだ。Japan's Fugaku supercomputer is the world's fastest.

··

解答　① working　② from　③ take，take　④ emails　⑤ increase

··

---

⑥ 1 台のコンピューターに侵入できても，すべてのコンピューターに侵入できることにはならない。
　　Just because a person knows how to (　a　) into a computer, it doesn't (　　) he knows how to (　a　) into all computers.
　　　　　　(*New York Times*，2009 年 4 月 29 日) [(　a　) は同一の動詞]
⑦ コンピューターが故障した。
　　The computer is (　　).
⑧ コンピューターが故障し（データを）全て失った。
　　The computer (　　) down and I lost everything.

⑨ コンピューターの故障の原因を突き止める

　find out what is （　　） with the computer

⑩ コンピューターを立ち上げたら［起動したら］，その都度，パスワードを入力する［打ち込む］

　（　　）your password every time you（　　）your computer

---

down　start　went　wrong　enter　break　mean

ヒント　⑥の「コンピューターに侵入する」の「侵入する」は（　　）into。他人の家へ「侵入する」場合にも使います。get into も使えます。▽ハッカーがシステムに侵入した。Hackers （　　）[got] into the system. ▽システムはハッカーに簡単に侵入される状態だった。The system <u>was left wide open</u> for hackers. 下線部は「（ドアなどが）広く開放された［開けられた状態の］ままだった」。つまり「無防備」だった。▽ハッカー集団が盗み出したデータの量は不明だ。It is not known how much data the hackers stole.「コンピューターのハッキング」は computer hacking。

　⑦〜⑨の例文は「故障する」が共通項。⑧の「故障する」は複数の正解の可能性があります。「故障」を意味する malfunction という難しい単語を知らなくても「中学英語」で対応できます。

　⑨の what is（　　）with ... はケースバイケースでいろいろな意味になります。What's（　　）with you? は「どうした。どこか体調［具合］でも悪いのか」。コンピューターについては「故障」とか「トラブル」。「突き止める」は find out（見つけ出す）が使えます。

　⑩の「コンピューターを**立ち上げる**」は「... を始める」で OK。「（テレビや照明）をつける，... のスイッチを入れる」を意味する turn on も可。boot up とも相性がよいのですが，これは「中学英語」ではありません。「入力する」は「（部屋に）入る」の「入る」。

··

⑥ break, mean, break　⑦ down　⑧ went [broke]　⑨ wrong
⑩ enter, start

··

⑪ ... するためのコンピュータープログラムを作成する［つくる，書く］

    (   ) a computer program to do ...

⑫ ソフトウェアエンジニアは大学新卒でも高給取りだ。初任給も高い。

    Software engineers make very good money right (   ) (   ) college with a high starting salary.

⑬ 徹夜してコンピューターゲームで遊んだ。

    I (   ) up all night playing a computer game.

                                  (*BBC 6 Minute English*, 2015 年 7 月 16 日)

⑭ コンピューターがクラッシュし，突然停止した［動かなくなった］。

    My computer suddenly stopped (   ). It crashed*.

    [*「（コンピューターが）クラッシュする，（飛行機が）墜落する，（大きな音を立てて）壊れる」]

⑮ そのコンピューターには日↔英翻訳機能が付いている。

    The computer can translate (a) Japanese and English. / ... can (b) Japanese into English and English into Japanese.

---

out   between   create   turn   of   stayed   working

ヒント ⑪ の「（プログラムを）作成する，書く」の動詞は複数あります。⑫ の (   ) (   ) は 2 語で「... から出る」。直後に college が続きますから，これで「大学から出る」，つまり「卒業する」。right は「（卒業して）**すぐ**，（卒業）**直後**」。

⑬ の「コンピューターゲーム」には「ビデオゲーム」や「テレビゲーム」（この 2 つは英語ではいずれも a video game。a TV game は和製英語）も含まれるようです。

⑭ の (   ) は「（機械などが）作動する，機能する」を意味する動詞の ing 形。▽コンピューターが突然フリーズし，データをすべて失った。My computer suddenly *froze and I lost everything. *現在形は freeze。1 社の教科書にあり。▽コンピューターがフリーズし再起動できなくなった。The computer froze and did not restart.

⑮ は日本語と英語の二言語間の翻訳についてですから前置詞は（ a ）。フランス語やスペイン語なども含む多言語ということになればこの部分の前置詞は among。「翻訳する」は translate 以外に（ b ）を使うこともあります。これも中学英語です。（　　）into ... は「... に変わる，... になる」を意味すると教科書は説明しています。

 解答 ⑪ create [make, write] ⑫ out, of ⑬ stayed ⑭ working
⑮ between, turn

AI（人工知能）

　これは実に意外でした。まさか，すべての中学校の英語教科書が AI（artificial intelligence, 人工知能）を取り上げているとは予想しませんでした。独立した単元として扱っている教科書もあります。

　もっとも，これは，21 世紀を生きる中学生にとっては，当然といえば当然のことでしょう。

> ① 現在，人工知能（AI）と無縁なものは何ひとつない。働き方，日常生活の過ごし方など全てに及ぶ。
> Artificial intelligence is in（　　）these days. From the way we work ― to the way we go about our daily（　　）.
> (*Microsoft*, 2020 年 9 月 25 日)
> ② AI を活用して ... を研究する
> use artificial intelligence to（　　）...
> ③ 人工知能に将棋を教える
> teach artificial intelligence（how）to（　　）shogi［（how）は削除可］
> ④ 人間が AI から学べるかもしれないこと
> what（　　）could learn from artificial intelligence

(*Washington Post*, 2022 年 9 月 9 日)

⑤ AI 技術はすべての家庭，企業に広がりつつある。
　AI technology is（　　）every home and business.
⑥ 障害者の支援に AI を活用する
　use AI to help（　a　）with disabilities
⑦ AI を備えたロボット　a robot（　　）artificial intelligence

study　play　with　everything　humans　lives　entering
people

ヒント　① は米マイクロソフト社のサイトから引用。単語はすべて中学レベル。go about は「（日常生活を）いつも通り過ごす，送る，歩き回る，習慣的にこなす，...」。

　②「AI を活用する ...」は以下の例文 ⑥ と ⑧ にもあります。▽ AI ソフトを使って ... を作る use AI software to create [make] ...。「ソフト（ウェア）」は不可算名詞。a software, softwares とは言いません。

　③ については 2017 年 5 月，人工知能の「ポナンザ（Ponanza）」が将棋の佐藤天彦名人に勝って大きなニュースになりました。「将棋を教える」は「将棋の**指し方**を教える」。（　　）の部分を補足して英訳する必要があります。（how）は削除可。

　⑤ の「広がりつつある」は「家庭や企業に**入り込んでいる**」と考えることもできます。▽ どこもかしこも AI の時代になった。AI is everywhere these days. ▽是非はともかく［好むと好まざるとにかかわらず］，これからは AI の時代だ。AI is coming, whether we like [want] it or not.

　⑥ の disability は「（身体的）障害」。（　a　）with disabilities で「障害者」。disabled（　a　）とも言います。（　a　）は同一の名詞。disability, disabled は教科書にあります。⑦ の「... を備えた」は動詞ではなく，前置詞で対応可。

⋯⋯⋯⋯⋯⋯⋯⋯⋯⋯⋯⋯⋯⋯⋯⋯⋯⋯⋯⋯⋯⋯⋯⋯⋯⋯⋯⋯⋯⋯⋯⋯⋯⋯⋯⋯

解答　① everything, lives　② study　③ play　④ humans
⑤ entering　⑥ people　⑦ with

⋯⋯⋯⋯⋯⋯⋯⋯⋯⋯⋯⋯⋯⋯⋯⋯⋯⋯⋯⋯⋯⋯⋯⋯⋯⋯⋯⋯⋯⋯⋯⋯⋯⋯⋯⋯

⑧ AI を活用してコンピューターとのコミュニケーション［対話］を可能にする

use artificial intelligence（AI）to allow us to（　　）with a computer

⑨ AI はビジネスの手法を変えた。

Artificial intelligence has changed the（　　）we do business.

⑩ 将来，仕事は AI にすべて奪われるのだろうか。

Will AI（　　）all of our future jobs away? *(New Horizon 2)*

⑪ 生徒を教えるのと同じように AI に学習させることは可能だろうか。

Do you think we can（　　）artificial intelligence the（　　）way we teach students?

⑫ 人工知能（AI）は画期的な［革新的な］技術だ。

Artificial intelligence is a（　　）-changing technology.

⑬ AI とビッグデータを活用して問題を解決する

use AI and big data to（　　）the problem

---

way　game　take　solve　communicate　same　teach

ヒント　⑧ の allow は「... を可能にする」。make it possible for us to（　　）with a computer に言い換え可。

⑨ の changed the（　　）we do business＝changed **how** we do business。⑩ の（　　）... away は「... を奪う，取り上げる」。1 語では **steal**（盗む）。⇒次項の「ロボット」の例文 ② と ④。

⑪ の「同じように」は「同じ**方法**で」。この例文では「生徒」と「AI」を同格に扱っており，「AI に**学習させる**」は「AI に**教える**」ことだと解釈できます。

⑫ の（　　）-changing については「技術」の例文 ⑤（213 ページ）を参照。名詞は a（　　）-changer。「ビッグデータ」もそのまま big data。▽新技術は ... の生産にとって画期的だ。The new technology is a（　　）-changer for the production of ....

228

⑬ の（　　）は「解決する」。すべての教科書にあります。

....

 ⑧ communicate　⑨ way　⑩ take　⑪ teach, same　⑫ game
⑬ solve

....

　以下では，AI 関連で近ごろ話題になっている用語を取り上げます。ご参考
までに。

（a）　AI ツールの**チャット GPT** を活用してレポートを作成する
　　　use the AI tool ChatGPT to write a report
（b）　**チャット GPT** のような技術の開発に従事している **AI エンジニア**
　　　AI engineers who are working on ChatGPT-like technology
（c）　チャット GPT は人工知能（**AI**）を使った**チャットボット**だ。
　　　ChatGPT is an AI-powered chatbot.
（d）　AI を使って制作した作品の**著作権保護**
　　　copyright* protection for works created with AI　　　［*「著作権」］
（e）　**機械学習**は人工知能とコンピューター科学の１分野だ。
　　　Machine learning is a branch of artificial intelligence（AI）
　　　and computer science.　　　　　　　　（*IBM）［*米国の巨大 IT 企業］
（f）　**ディープラーニング（深層学習）**の技術を健康増進に役立てる
　　　use deep learning technology to improve human health
（g）　**AI 時代**におけるスキルの重要性
　　　the importance of skills in the age of artificial intelligence

---

 ## ロボット

　日本は，産業用ロボット分野で世界をずっとリードしてきました。工場現場
でモノづくりに活躍するだけでなく，犬型のペットロボット（pet robot

dog），人型ロボット（human-like robot）をはじめ，すしロボット（sushi robot; sushi-making robot），高齢者介護を補助するロボット（nursing-care robot）まで登場しています。

---

① ロボットが高齢者を介護している。まさに，それが日本だ。
   Japan is the （　a　） where robots take （　b　） of old people.
   　　　　　　　　　　　　　　　　　　　　　　　（*NPR*, 2012 年 11 月 19 日）

② ロボットが（労働者に代わって）その仕事をするようになった［ロボットに仕事を奪われた］。
   Robots have （　　　） over the job.

③ ロボットを開発，製造し健康増進に活用する
   develop and （　　　） robots to （　　　） the health of people

---

care　taken　make　improve　place

ヒント　「日本はロボット大国（a robotics superpower; a superpower in robotics）」というイメージが海外では定着しています。そんな見方を ① の米国の公共ラジオ放送局のニュース番組は反映しています。Japan is **the** (a) ... という表現からは，高齢者の介護にロボットを活用しているような国は「日本**だけだ**」という驚きが感じられます。（　a　）は country でもよいと思いますが，原文ではそれ以外の名詞を使っています。take （　b　） of はおなじみの熟語で，「... の世話をする，介護する」。（　b　）を動詞として使い，（　b　） for でも「介護する」。superpower は「超大国」，robotics は「ロボット工学」。a robot superpower とは言わないようです。

　② の（　　　） over には「... に取って代わる，交代する，引き継ぐ，（会社を）乗っ取る」などの意味があります。▽ロボットに仕事を奪われている。Robots are stealing our jobs. ⇒「AI」の例文 ⑩（228 ページ）。以下の例文 ④。

　③ の「（ロボットを）開発する」は develop。「製造する」は複数解答可。そのうちの 1 つは「家を**建てる**」の「建てる」を意味する動詞。「健康増進」の「増進する」は「改善する」。「健康**増進**」は for our **better** health も可。

解答 ① place, care ② taken ③ make [build], improve

---

④ ロボットが人間に代わって多くの仕事をこなすようになる。そんな未来がよく話題になる。

We often (　　) about a future in which robots can do many (　　) jobs. [⇒本項の例文②。前項「AI」の例文⑩]

⑤ ロボットを設計，製造しゴジラと戦う

(　　) and build a robot to fight Godzilla

(*New York Times*，2002年10月6日)

⑥ そのロボットの開発は2010年に始まった。

The robot has been in development (　　) 2010.

⑦ 職場にロボットを導入する

use a robot at (　　)

⑧ ロボットは同僚だ。/ ロボットは仕事仲間だ。

We work (　a　) to (　a　) [We work (　b　) by (　b　)] with robots. / We and robots work as a (　　).

[(　a　)，(　b　) はそれぞれ同一の名詞]

---

human　shoulder　talk　team　since　work　side　design

ヒント 「人間に代わって」の「代わる」は (　　) over である，と ② では説明しました。④ では「代わる」にこだわらず，「人間の仕事をする」と英訳しました。

⑤ の出典はニューヨーク・タイムズ紙。海外でも「ゴジラ」は有名。それにしても「ゴジラと戦うロボット」というのは不思議な話です。動詞で「... と戦う［闘う］」「... に対して戦う［闘う］」は fight 1語で against は不要。fight を名詞で使う場合は the fight **against** the disease（その病気との闘い）。

⑥ の「開発」は development。**in** development で「開発中，開発段階」。**under** development も同様。「2010年に**始まった**」は「2010年**以来，開発**

231

が続いている」。「開発計画」は a development plan。その計画を「**前倒しする**」は **bring forward** the plan to develop ...。bring forward は「前へ持ってくる，早める」。

⑦ の「職場」は at (　　)。(　　) は動詞としても活用し「働く」。「導入する」は，和英辞典にある introduce ではなく use がここではベター。▽ロボットの導入で失職［失業］した。Robots stole our jobs.

⑧ の (a) to (a) は「肩を並べて」，(b) by (b) は「横に並んで，一緒に，隣り合って」。いずれも「協力して」の意味。work as a (　　) の (　　) は「仲間，人々の集まり」。

 ④ talk, human　⑤ design　⑥ since　⑦ work
⑧ shoulder, side, team

 電気自動車

「自動車」を和英辞典で引くと，a car とか an automobile が出てきます。だとしたら「電気自動車」は an electric car [automobile] かというと，an electric vehicle [víːəkl]（ヴィークル）が一般的です。略して EV。vehicle は「中学英語」外。

その理由は，car は自動車のなかでも特に「乗用車」を意味するからです。バスやトラックなどを含む「乗り物」全体は vehicles。江戸時代の「駕籠（かご）」も「ケーブルカー」も vehicle の一種。そこで「電気自動車」は an electric vehicle。

しかし，実態としては，電気自動車の多くは乗用車ですから，electric cars で誤解される恐れはありません。事実，vehicle と car は，辞書の定義にあるように厳密に使い分けされているわけではありません。それは以下の例文から推測できます。

① 米ゼネラル・モーターズ（GM）は，2035 年までに自動車を全面的に電動化する［... ガソリンエンジン車を全廃する］ことを明らかにしている。

General Motors says it will（　　）only electric vehicles（EVs）by 2035.

(BBC, 2021 年 6 月 1 日)

② 最近，電気自動車はどこでも見かけるようになった。

Electric cars are all over the roads（　　）days.

(NPR, 2019 年 7 月 29 日)

③ その乗用車は電気で動く［電気自動車だ］。

The car（　　）on electricity.

④ 100 万台の電気自動車を導入する

（　　）one million electric vehicles [EVs] on the road

⑤ その自動車メーカーは 10 年後にクルマの完全電動化を実現する計画だ。

The automaker plans to（　　）all electric（　　）10 years.

---

put　make　go　in　runs　these

ヒント 》　① は英国，② は米国の公共放送局からの引用です。① の vehicles をここでは「自動車」と訳しました。「乗用車」と報じた日本の新聞もありました。

　一方，② の cars には乗用車だけでなく，商用車も含まれているはずです。だとしたら，vehicles が正しいのですが，cars になっています。どうやら，米国人も vehicle と car の違いを特に意識しているわけではないようです。それはそれとして，電気自動車は EV だということは知っておいていいでしょう。同じく ② の all over the roads は「道路の至る所で，どこにでも」。

　③ の（　　）は「（電気，ガソリンなどの燃料で）**走る**」。同じ動詞を使って The computer is（　　）ing は「コンピューターが動いている，稼働中だ」。

　④ の「電気自動車を**導入する**」は，「電気自動車を路上で**走らせる**」と考えます。「走らせる」は「... を**置く**」の動詞が使えます。これは小学校でも学ぶ

「特に重要な語」です。これで「導入する」を表現できます。

⑤の（　　）all electric を住宅に応用して"We plan to（　　）all electric."と言えば「わが家ではオール電化にする予定だ」。（　　）の動詞は小学校の英語の授業で最初に習う英単語の１つ。基本中の基本とはいえ，その守備範囲は広大です。「10 年**後に**」は（　　）10 years。（　　）は前置詞ですが，これが意外と落とし穴で，大学生でも間違える人はかなりいます。

 解答　① make　② these　③ runs　④ put　⑤ go, in

---

⑥ ガソリン車から EV 車に乗り換える

　（　　）from a gas-（　　）car to an electric vehicle（EV）

⑦ 電気自動車はすでに実用化されている。

　Electric cars are already on the（　　）.

⑧ EV は従来の自動車と比べ使用する部品が少ない。

　EVs are（　　）with（　　）parts than regular* cars.

　（*Washington Post*，2022 年 9 月 21 日）[*「通常の，一般的な」]

⑨ その電気自動車は 1 回の充電［フル充電］で約 400 キロ走行できる。

　The electric vehicle can（　　）about 400 kilometers on a single charge [... 400 kilometers when fully charged].

⑩ 電気自動車の製造は技術［ハイテク］がカギを握っている。/ 電気自動車づくりは技術［ハイテク］が命だ。

　The electric car is（　　）about technology.

　road　built　all　travel　switch　fewer　powered

ヒント》　⑥の「乗り換える」は「... に切り替える」と考えるのがヒント。この場合，最もよく使われる動詞は（　　）。この単語は英語の教科書では「（テレビなどの）（　　）を入れる」のようなケースで登場します。これはカタカナ語として日常的に使用し，国語辞典には「（野球で）左投手に（　　）する」などの例文があります。

「ガソリン車」は a gas [gasoline] car [vehicle] のほかには，例文の a gas-（　　）car も使います。（　　）は名詞では「動力，電力」，動詞になると「... に電力を供給する」「... を動力に使う」。例文 ⑥ ではこの動詞を過去分詞に変化させ「ガソリンを動力にする，ガソリンを燃料に使う」。

⑦ の「... を実用化する」は put ... to practical use とか put ... into practice などと和英辞典にあります。ここでは，「すでに**道路の上にいる**（公道を走っている）」だけで OK。これ以上，簡単な英語表現はありません。⇒上記の例文 ④。また，on the（　　）は「（自動車で）旅行している」「（劇団などが）地方公演している」「（仕事で）出張中だ」なども意味します。

⑧ の EVs are（　　）の（　　）には「製造する，作る，造る」を意味する動詞の過去分詞が入ります。made も可ですが，多くの部品を組み立て，時間をかけて「造る」ような場合には（　　）の動詞の方がベター。「造船，船を**造る**」のと同じ動詞です。⇒「技術」の例文 ①（212 ページ）。with（　　）parts の（　　）は形容詞の比較級を使って「数が**より少ない**」を表現。

⑨ の（　　）は動詞で「走行する」。「走る」と解釈すれば run だろうと想像できますし，事実，run を使った英文も見かけるのですが，この文脈では（　　）の方がはるかに使用頻度は高いといえます。教科書では（　　）overseas（海外**旅行する**）とか（　　）to the future（未来に向けて**旅行する**）のような例文が紹介されています。「1 回の」は single，「充電する」は charge で，いずれも「中学英語」。「（高速）充電器」は a (fast) charger。「充電**スタンド**」は a charging **stand** ではなく a charging **station**。▽電気自動車充電スタンドのインフラを整備する［構築する］build the infrastructure to power electric cars [vehicles]。power は動詞で「電気を供給する」。

⑩ のポイントは ... is（　　）about technology。直訳すれば「... は技術についてのすべてだ」となりますが，この（　　）about は決まり文句で *Longman Dictionary* は it's all about somebody / something は say who or what is important in a situation のように使うと説明しています。つまり technology が「電気自動車づくりにとっては重要だ」。▽はっきりしているのは，すべてカネ次第ということだ［お金が最も重要だということだ］。What we know for sure is that it is all about money.（*Los Angeles Times*，2019 年 4 月 16 日）

自動運転車

「自動運転車」には 2 通りの英訳があります。以下の ① の a self-driving car [vehicle]（自ら運転するクルマ）と ② の a driverless car [vehicle]（運転手のいないクルマ）です。an autonomous car [vehicle] とも言いますが，autonomous（自動の，自立した）は中学レベルではないので本書では除外します。

---

① 自動運転車に乗る
  (   ) a ride in a self-driving car
      (*CNN**，2022 年 2 月 8 日)[*CNN は米国のニュース専門チャンネル]
② 自動運転車開発にかけた（同社の）11 年がかりの取り組み
  (the company's) 11-year (   ) to develop a driverless car
(*Financial Times**，2021 年 1 月 3 日)[*「フィナンシャル・タイムズ」。英国の大手経済・ビジネス紙]
③ 自動運転車の安全性を高める
  (   ) the safety of self-driving cars
④ そのクルマは自動運転が可能だ。
  The car can be (   ) with nobody behind the wheel*.
      [*「自動車のハンドル」]
⑤ ... は自動運転技術で先行している
  ... is a (   ) in self-driving technology.

---

driven effort leader get improve

236

ヒント〉 ① の「... に乗る」は（　　）を省略して ride in だけでも OK。この場合，ride は動詞。（　　）a ride の ride は名詞。② の「取り組み」は「努力」と考えることができます。

③ の「（安全性を）高める」は「改善する」とか「増やす」を意味する中学英語の動詞が使えます。

④ では self-driving とか driverless を使わずに「自動運転」を英訳。wheel は「車輪」とか「円形で回転するもの」。ここでは a steering wheel（自動車のハンドル）のことで with nobody **behind the wheel** は「ハンドルの背後［後ろ］にだれもいない状態」つまり「運転手がいない（driverless）」。wheel と chair（いす）が合体すると a wheelchair になり，「車いす」。これはすべての英語教科書にあります。▽事故当時，クルマを運転していたのは彼だ。He was behind the wheel at the time of the accident.

⑤ の「先行している」は，原文に引きずられて動詞で英訳したくなるところですが，「指導者」を意味する名詞が使えます。

 解答 ① get ② effort ③ improve ④ driven ⑤ leader

 ## ハイブリッド車

「ハイブリッド車（a hybrid car [vehicle]）」に触れてこの章を締めくくります。「ハイブリッド」は日本語としてすっかり定着していますが，中学の英語の教科書には載っていません。もともとは動物や植物の「父雑種」を意味します。具体的には，メスのウマとオスのロバとを交配して生まれる「ラバ」（A mule is a hybrid between a female horse and a male donkey.）のケースがよく知られています。「ハイブリッド車」は，ガソリンエンジンと電気モーターを組み合わせた［交配した］クルマ。対面授業とオンライン授業を組み合わせた授業は「ハイブリッド型授業［学習］（hybrid learning [classes]）」。⇒「対面授業」（260 ページ）。

① ハイブリッド車は電気とガソリンで走る。
Hybrid cars （ a ） on both electricity and gasoline. / Hybrid vehicles （ b ） both gas and electricity [... are powered by both gasoline and electricity].

② ハイブリッド車は内燃エンジンと電気モーターを搭載している。/ ハイブリッドの動力は内燃エンジンと電気モーターだ。
Hybrid vehicles （ ） both an internal combustion engine* and an electric motor.
[*「内燃エンジン」]

③ トヨタのプリウスは5人乗りで，ガソリンと電気で走るハイブリッド車だ。
The Toyota Prius is a five-seat, gas-（ ） hybrid.

(factsanddetails.com)

④ 地球温暖化改善にハイブリッド車の役割は増すだろう。
Hybrids can do （ ） to reduce global warming.

(CNN, 2023年3月17日)

---

have　use　more　electric　run

ヒント ①の（ a ）は「走る」のほか，他動詞として「（企業や組織を）経営する，運営する」。run on ... になると「...（を燃料として）動く，稼働する」。（ b ）は「（燃料として）使う」。[　]のなかの are powered by ...は「...を動力にする」。

②の（　）は基本動詞で「持っている」。③の seat は「座席」。five-seatは「5つの座席」，つまり「5人乗り」。（　）は「電気」を意味する単語の形容詞形。

④の reduce global warming を直訳すれば「地球温暖化を減らす」。日本語としては「改善する」。can do （　）は「もっとできることがある」。つまり「役割は増す」。「ハイブリッド車」は car も vehicle も省いて a hybrid だけでも可。複数形は hybrids。

解答 ① run, use ② have ③ electric ④ more

　上記の例文 ③ で紹介したトヨタのプリウスは，ハイブリッド車（HV＝hybrid vehicle）の代名詞的存在になっています。世界初の HV 量産車として**市場に投入された**のは 1997 年（The Prius first **came out** in 1997.）で，米国の公共ラジオ放送 NPR は当時を振り返り a revolutionary vehicle（革命的なクルマ）だったと評しています（2023 年 2 月 24 日）。

　この番組の中で，NPR はプリウスについて，"The Prius was the first of a new category of cars, **marrying** an electric motor **to** a gasoline engine."（電気モーターとガソリンエンジンを**組み合わせて**走る，新分野の自動車のパイオニアだった）と伝えました。「... と組み合わせる」を marry to ...（ ... と**結婚させる**）と表現したところがミソ。動詞の marry は 1 社の教科書にあります。

---

① ハイブリッド車はガソリンの節約になる［省エネだ］。
Hybrids can (　　) (on) gas [gasoline]. ［(on) は省略可］
② （いずれ電気自動車の時代が来るとして）当面, ハイブリッド車は（大気汚染改善に）有効だ。
Hybrid vehicles still make (　　).
③ 電気自動車も検討したが［考えてみたが］, 最終的にはハイブリッド車に決めた。
I (　　) at [(　　) about] electric vehicles but (　　) up in a hybrid.

---

looked　sense　save　ended　thought

 解答 ① save ② sense ③ looked, thought, ended

情 報

　本章では「情報」がテーマです。英語は information。中学生にとっても「特に重要，大切な語」に指定され，give us information about ...（... について情報が欲しい）とか get more information（もっと情報を集める）のような用例が教科書に載っています。

　ここでは，情報そのものにとどまらず，情報を伝え，共有するための重要なインフラであるインターネット，携帯電話，スマートフォン，ソーシャルメディアなども取り上げます。

　まずは information から。

---

① 探していた情報はすべて見つかった［入手した］。
　　I found [got] all the information I was (　　) for.

② 情報源は ... だ。
　　The information (　　) from ...

③ ... について間違った情報を伝えられた。
　　We got [received] (　　) information about ...

④ ... に情報を発信する［流す］
　　(　　) [put out, give out] information to ... / get information out to ...

⑤ 情報は多ければ多いほどよい。
　　The more information we have, the (　　).

　　　　　　　　　　　　　　　　　　　　　　　(World Health Organization)

⑥ 必要な情報はワンストップですべて入手できる。
　　We have only one (　　) to go for all the information we need.

---

came　looking　place　wrong　send　better

ヒント ① の（　　）for はおなじみの熟語。② の「情報源」は「情報の出所，情報が発信されたところ」。

③ の「伝えられた」は受動態ですが，We を主語にして能動態で英訳。「間違った情報」は false information; misinformation ともいいますが，false も misinformation も中学英語ではありません。（　　）の単語は教科書にあります。▽ネット上の間違った情報を見抜く see through the misinformation on the internet。▽... が発信する間違った情報を信じてはいけない。Don't buy into the misinformation that was put out by ...　buy into にはいろいろな意味があります。ここでは「（情報，考えなどを）信じて受け入れる」。ビジネスの世界では「（企業の株を）買い入れる，（事業を）買収する」など。

④ の「発信する」の英訳としては（　　）の動詞が最も一般的。その他の動詞の場合，いずれも out とセットで使います。

⑤ は形容詞の比較級に the を付け，the more ..., the（　　）にすると「... するほど，ますますよくなる」という構文。出典は World Health Organization（WHO＝世界保健機関）のサイト。⑥ の「ワンストップで」は「1 カ所で」。

 解答　① looking　② came　③ wrong　④ send　⑤ better　⑥ place

---

⑦ 情報化時代におけるビジネス手法
　（　a　）to do business in the information（　　）

⑧ 情報が足りない。/ 情報不足だ。
　We（　　）more information.

⑨ 警察に ... に関する情報を提供する
　（　　）information to police about ... / provide police（　　）information about ...

⑩ すべての情報を精査する
　go（　　）all the information

⑪ 情報が外部に漏えい［流出］した経緯を調べる
　look（　　）how the information got out into the public

⑫ B について A と情報交換する

(　) information with A on [about] B / compare notes with A on [about] B

⑬ 私たちは大量の情報にさらされている。
There's a lot of information (　) to [at] us.

---

through　coming　with　age　exchange　give　into　how
need

ヒント ⑦ の「情報化時代」の「時代」は era ではなく別の単語の方がベター。「ビジネス**手法**」の「手法」に惑わされずに（ a ）to do business。（ a ）は副詞。これは小学校で学習することになっています。▽彼に英語の学習法を教える teach him（ a ）to learn English。（ a ）は共通の単語。

⑧ の「足りない」は「もっと必要だ」，⑨ の「提供する」は「与える」。provide（一部の教科書に載っています）を使う場合「警察に ... を提供する」は provide police（ 　 ）...。（ 　 ）は前置詞。

⑩ の go（ 　 ）... は「... を通り抜ける，通過する，... を経験する，... を詳しく調べる，検証する」。ここでは「詳しく調べる」。1 語では examine, check など。⇒「データ，コンテンツ」の例文 ②（244 ページ）。

⑪ の「漏えいする，流出する」は get out。the public は「一般の人，大衆，世の中」。「情報が流出し広く世の中に知られるようになった」というニュアンス。look（ 　 ）には「... の中をのぞく，調べる，チェックする」などの意味があります。「情報を漏らす，漏えいさせる」は leak。日本語でも「情報をリークする」と言います。leak は名詞としても使います。

⑫ の「交換する」の動詞は，載せていない教科書もあります。an（ 　 ）student は「交換（留）学生」。この（ 　 ）は名詞。後半部分を直訳すると「B に関して A と**ノートを比べる，比較する**」。これで「情報を交換する，共有する」になります。これはよく使います。

⑬ の「さらされている」は「（大量の情報が）こちらへ向かってやって来る」と英訳。「中学英語」の制約なしに英訳すると We are exposed to a huge amount of information.（*WHO*, 2021 年 2 月 2 日）。WHO は World Health Organization（世界保健機関）。be exposed to ... は「... にさらされる」。

解答　⑦ how, age　⑧ need　⑨ give, with　⑩ through　⑪ into　⑫ exchange　⑬ coming

　次いで information を使わずに「情報」を英訳できるケースを見ていきます。

---

⑭ われわれは ... に関する情報発信に努めている。
　　We are (　　) to get the word out about ...
⑮ ... について詳しい［詳細な］情報が欲しい。
　　I want to (　　) more about ...
⑯ 報告すべき情報は何もない。
　　There is no news to (　　).
⑰ 個人情報を保護する（個人情報の保護）
　　(　　) personal information [data] (protection of personal information [data])
⑱ 情報をデジタルデータ化する
　　(　　) the information into digital data

protect　know　turn　report　trying

ヒント　⑭ の word には「単語，言葉」以外に「情報」の意味もあり，get the word out は inform or let people or the public know about ...（... について人々に情報を提供し通知する）。口語では **the** word の the が省略されることがあります。

　⑮ では「情報」を「知りたいこと」，⑯ では news と訳しました。news は新聞やテレビの「ニュース」のほか「新しい情報」の意味もあります。

　⑰ の「個人情報」は **p**ersonal **in**formation [data]。頭文字をとって PIN または PIN number は「暗証番号」。「4 けたの暗証番号」は a four-digit PIN (number)。

　⑱ の (　　) A into ... は「A を ... に変える，変換する」。これは「アニメ，

漫画」の例文 ⑥ （79 ページ） の英訳でも応用しました。▽世界最古の歴史ある新聞がデジタル化し，ネットで読めるようになった。The oldest newspaper in the world has gone digital and is now available online.（*New York Times*，2007 年 2 月 5 日）available は「入手できる，利用できる」。1 社の教科書にあり。go の活用法については「オンライン授業」の ② の〈ヒント〉（259 ページ）を参照。

 解答 ⑭ trying ⑮ know ⑯ report ⑰ protect ⑱ turn

 ## データ，コンテンツ

「データ」は英語でも data。「資料，情報」も意味する，と説明している教科書もあります。「情報」の例文 ⑰ の「個人情報」がそれに当たります。ここでは information と data は置き換え可能。data は datum の複数形ですが，Such data **are** ... ではなく Such data **is** ... のように単数扱いが一般的。medium の複数形である media（メディア）についても同様。

① データの出典は ... だ。
  The data （　） from ...
② すべてのデータを検証する
  （　） through all the data
③ ... に関するデータを集める
  （　） data on [about] ...
④ 長年にわたってデータを集めてきた。
  I have data （　） back for years.
⑤ （統計の）データはきょう発表された。
  The data （　） out today.
⑥ ソーシャルメディア上のコンテンツは誰でも閲覧可能だ。
  The content on social media can be （　） by anyone.

⑦ フェイスブックはその投稿を削除したが，その間，**250 万回以上閲覧 [視聴] されていた。**

By the time Facebook (　) down the post, it had received more than 2.5 million views.

（*Reuters*，2019 年 4 月 3 日）[出典はロイター通信。世界 3 大通信社の 1 つ]

---

go　going　took　collect　seen　comes　came

---

　①の「出典」は「... から来る」と発想。②の（　）through の基本的な意味は「通り抜ける」ですが，文脈によっていろいろと姿を変えます。ここでは「くまなく調べる，詳しく検討する」。⇒「情報」の例文 ⑩（241 ページ）。

④の「長年にわたって」は「何年も前にさかのぼって」。for years だけで「長年」。long は不要。「さかのぼる」は（　）back。⑤の「発表された」は「出てきた」。

⑥の「閲覧する」は「見る」。⑦の「削除する」の（　）down は「... を（高いところから）下ろす，下げる」が基本的な意味。「... を削除する」は 1 語では delete。名詞は deletion。「閲覧（数）」は view。「視聴数」ともいいます。教科書には名詞で「眺め，景色」，動詞としては「眺める，見る」とあります。

．．

　① comes　② go　③ collect [gather]　④ going　⑤ came
⑥ seen　⑦ took

．．

ビッグデータ

---

① ビッグデータを活用して消費者の関心を探る

---

use big data to (　　) out what consumers are (　　) in
② 世界中からビッグデータを集める
collect big data from all (　　) the world
③ ビッグデータは暮らしを変えようとしている。
Big data is changing our (　　).
④ ビジネスにとってビッグデータは何を意味するか。
What big data (　　) for business?
⑤ ソーシャルメディア上の［ソーシャルメディアで発信される］ビッグデータを集める
collect big data (　　) social media

---

lives　on　find　over　interested　means

ヒント ①の (　　) out は「見つけ出す」。be (　　) in ... は「... に興味を持っている」でおなじみ。▽消費者のニーズに応える meet the needs of consumers。

②の all (　　) the world を応用して all (　　) the place にすると「至るところで」。「集める」は gather も可。③の「暮らし」は the way we live とも言えます。⑤の (　　) は前置詞。1つではありません。

解答 ① find, interested　② over　③ lives　④ means　⑤ on [from]

情報公開

「情報公開」は disclosure of information とか information disclosure。「公開する」は disclose です。これを中学英語でやさしく言い換えます。

① 同社は，... について情報を全面公開しなければならない。
The company has to make (　a　) everything it knows about ....

② この情報は公開されなかった。
This information was not made (　a　). / This information was (　　) from the (　a　).　[①と②の（　a　）は共通の単語]

③ その情報は公開しないことに決めた。
We decided to (　　) back the information.

④ 資金の使途について情報公開が必要だ。
We need to know (　a　) and (　b　) the money is being used [spent, going].

---

kept　hold　how　public　where

ヒント 「情報公開する」を初級英語で英訳するとしたら，まず，思い付くのは ① と ② です。（　a　）はすべて共通ですが ① と ② は形容詞で「公の，公共の」，② の後半の （　a　）は名詞で「一般の人々，大衆」。（　　）official を「公務員」と訳している教科書があります。

① では「全面公開する」を「知っていることをすべてオープンにする」と英訳しました。▽国民に情報を公開する（オープンにする）make information open to the people [public]。

② の後半部分の was （　　）from ... の（　　）は動詞の過去分詞で，現在形の（　　）... from は「... を隠す，秘密にする」。

③ の（　　）back も「秘密にする，本当のことを言わない」。

④ の「資金の使途」は「お金がどこで，どのように使われているか」と考えれば中学英語で対応可。（　a　）（　b　）の語順は問いません。

解答　① public　② public, kept, public　③ hold　④ how, where

情報技術（IT）

「情報技術」は information technology（IT）。information も technology もそれ自体は中学レベルの単語で，短縮形の IT は，「米国の大手 IT 企業は …」などと，ニュースでも日常会話でもひんぱんに使っていながら「情報技術」としては中学の教科書には載っていません。

---

① インターネットが発明されたのはわずか 25 年前のことだが，これは情報技術がいかに世界を変えるかを知る上で格好のケースとなった。
／インターネットが発明されてまだ 25 年。情報技術による世界の変化を理解する上で，これは象徴的だ。
The internet, (　　) only 25 years ago, is a good example of how information technology has changed our world.

(*BBC, Science Focus*)

② 情報技術への理解を深め，活用する
(　　) understand and use information technology

③ 情報技術の影響は教育，文化，エンターテインメントなどすべての領域に及んできた。
Information technology has (　　) everything from education to culture and entertainment.

④ 情報技術の有効活用はますます重要になっている。
The effective use of information technology (IT) is (　　) more important.

⑤ マイクロソフトやグーグルなどの巨大 IT 企業
Microsoft, Google and (　　) IT giants ／ IT giants (　　) as Microsoft and Google

---

such　invented　better　becoming　other　influenced

ヒント　① の原文は英 BBC 放送の Science Focus から。これだけの内容を

すべて「中学英語」で表現しています。やさしい単語を意識的に使っているわけではないのでしょうが，やはり，「中学英語」のポテンシャルの高さを改めて実感します。a good example は「良い例」。ここでは「格好のケース［事例］」。

② の「理解を**深める**」は「**よりよく**理解する」。③ の entertainment と ⑤ の giants は教科書には出てきませんが，カタカナ語として日本語に定着しています。小中学生向け英和辞典にもあります。

同じく ③ では「... の影響」の英訳に注目。原文は名詞ですが，英訳では「... に影響を及ぼす」と動詞で表現。（動詞としては 2 社の教科書で使われています）。原文が名詞だから英訳も名詞で，という決まりはありません。

ついでながら，米国のニュース報道に接していると，「影響する」を impact で表現するケースが増えているような印象を受けます。impact は日本語でも「インパクト」で，国語辞典には「衝撃，強い影響」とあります。これを動詞として活用します。以下に紹介するのはニューヨークタイムズ紙（2023年 2 月 13 日）からの引用です。▽気候変動は，雪がどこで，いつ，そしてどの程度降るかに影響を与えている。/ 気候変動は，降雪の場所，時期，量に影響を与えている。Climate change is impacting where, when and how much snow falls.

⑤ では「... など」を二通りに言い換えました。下記 ⑥ の include でも「... など」を表現できます。

解答 ① invented　② better　③ influenced [affected]
④ becoming [getting]　⑤ other, such

⑥ ネットワークサポートやソフト開発などの IT サービスを提供する
   provide [offer] IT services including network support and software (　　)
⑦ IT 業界は企業の交代［入れ替わり，出入り，新陳代謝］が激しい。
   Many companies just (　a　) and (　b　) in the IT industry* [business].　　　　　　　　　　　　　　　　　　　［*「産業，業界」］
⑧ 情報技術（IT）を活用するには，IT についての知識が必要だ。

We need to know (　　) information technology in order to use it.

⑨ 教育における情報技術の役割を支援する

support the (　　) of information technology (IT) in education

⑩ 情報技術の活用で教育のコストダウンが可能になる。

The use of information technology can (　　) the cost of education.

---

about　role　reduce　development　go　come

---

 ⑦の (　　) and (　　) は「来たり行ったりする，出たり入ったりする」という意味で，ここでは「企業が現れては消える，顔触れが頻繁に変わる，新陳代謝が激しい」。語順は (a) and (b) で，(b) and (a) にはなりません。

⑧の「知識が必要だ」を「IT についての知識を**深める**必要」に変えれば know **more** (　　) information technology。和英辞典によれば「知識を深める」は deepen our knowledge になるかもしれませんが，deepen は「中学英語」ではありませんし，know more ... の方が口語的です。

....

 ⑥ development　⑦ come, go　⑧ about　⑨ role
⑩ reduce [cut]

....

インターネット，オンライン

　「インターネット (internet)」は中学 1 年生の教科書に載っていることが多いようです。しかも，偶然でしょうか，そのすべてが surf the internet のパターンです。「ネットサーフィンをする，ネット上であちこち閲覧する」という意味です。

かつて，「インターネット」は Internet とつづり，I は大文字でした。最近では小文字の internet が主流になりつつあります。これは，米国の AP（Associated Press）通信社が 2016 年の記事スタイルブック改定で，大文字から小文字へ転換したことが影響しているといわれています。このスタイルブックは，英語で記事を書くときのスタンダードになっています。本書でもそれに従い，小文字表記に統一します。英語教科書の表記は小文字派と大文字派に 2 分されています）。computer のカタカナ表記については ⇒「コンピューター」（222ページ）。

---

① インターネットを利用して［ネットにアクセスして］買い物する人が増えている。/ ネット［オンライン］ショッピングする人が増えている。

More and more people get on the internet to (　　).

（BBC, 2012 年 7 月 9 日）

② インターネットが暮らしを変えた。

The internet has changed our (　　).

③ インターネットは生きてくうえで重要なインフラだ［暮らしに欠かせない存在だ］。

The internet is a (　　) part of my life.

④ インターネット利用者の 60% 以上は毎日ネットに接続［アクセス］している。

More than 60 percent of (　　) who use the internet go online every day.

⑤ インターネットでよく音楽を聴く。

I often go online to (　　) to music.

---

listen　shop　people　lives　big

ヒント　① は英公共放送 BBC からの引用。get on the internet は「インターネットに接続する［つながる］」get on ... は「（バスや電車に）乗る」の意味もあります。▽インターネットの接続を切る［切断する］shut down internet connections。

② と ③ はまさに同感です。③ の a（　）part は「大きな部分」「重要な存在」「欠かせない」... など。④ の go online は「（インター）ネットに接続する，ネット上で通信する」。every day は副詞で「毎日」。1語で everyday にすると形容詞で「毎日の，日常の，日々の」。⑤ でも go online を使いました。

 解答　① shop　② lives　③ big　④ people [those]　⑤ listen

上記のように「インターネット」と「オンライン」は互換性がありますから，以下では同じものとして取り上げます。

---

⑥ インターネットに常時接続して就職活動をする
I（　）the internet on（all day; all the time）to（　）for a job.
⑦ インターネットを使うとオンラインで新聞が読める。
The internet（　）us to read newspapers online.
⑧ ネットに接続して ... の結果を調べる［チェックする］
go online [on line] to（　）the result(s) of ...
⑨ 電話またはネットで ... を注文する
（　）or go online to place an order for ...
⑩ 無料でオンラインゲームを楽しむ
play online games for（　）

see　allows　call　free　keep　look

ヒント　⑥ の「常時接続して ...」を英訳せよと言われたら，「常時」は always とか all the time で，「接続する」は connect だろうなどと考え込んでしまいそうですが，（　）the internet on で間に合います。これ以上，簡単な表現はありません。（all day; all the time）はあってもなくても構いません。（　）の部分は基本動詞で「（ある状態を）保つ，維持する」。この例文の on

は「コンピューターの電源が on」。

⑦ の（　　）は「... を可能にする」。教科書にあるように「許す，認める」にも使います。

⑧ の「調べる」はいろいろありそうですが，最も簡単な単語を［解答］欄に紹介しました。この動詞にはさまざまな意味があって，代表的なものだけでも「見る，（人に）に会う，理解する，調べる」。「（医師の診療を）受ける」の「受ける」にも対応します。

⑨ の「電話または ... 」は telephone を使わずに，動詞１語で表現できます。⑩ の「無料で」は for（　　）。（　　）は形容詞で「自由な，ひまな，免除されている，無料の，タダの」。▽子どもたちのオンラインゲーム利用時間に制限を設ける set rules limiting the amount of time children can play online games。

 解答　⑥ keep, look　⑦ allows　⑧ see　⑨ call　⑩ free

---

⑪ インターネットが本格的に普及し始めたのは 1990 年代だ。
   The internet began to (　　) off in the 1990s.
⑫ ネットは，従来のビジネス手法を一変させた。
   The internet has changed the rules of the (　　) in business.
⑬ ネット社会とは，仕事の場所を選ばない社会ということでもある。
   The internet (　　) we can do the job (　　).
⑭ 多くの人が高速インターネットを利用できないでいる。
   High-speed internet is out of (　　) for many people.
⑮ 日本の隅々までネットで接続する
   (　　) every part of Japan to the internet
⑯ インターネットの通信速度が遅い。
   The internet is (　　) slow.　　　　　　　　　　　　　　［(　　) は省略可］
⑰ モノのインターネットによってつながったコミュニケーション・ネットワーク
   communication networks that are connected through the Internet of (　a　) [internet of (　b　)]

anywhere　take　things　connect　reach　game　means

ヒント　⑪ は面白い言い回しです。よく使います。（　　）off は日本語では，飛行機が「離陸する」を表現するときにそのままカタカナで使います。中学の教科書では「... を取り外す」「(衣服や靴を）脱ぐ」などの文脈で登場します。また，「(ビジネスなどが）軌道に乗る」も意味しますので，「普及する」の英訳として使えます。「1990 年代」は the 1990**s**。「... 年代」は the を挿入し 1990 を複数形にします。2020 年代は the 2020**s。**

　⑫ の the rules of the （　　）も気の利いた言い回しです。この rule は（　　）の「行動基準，進め方，決まり事，ガイドライン」。これを business と合体させると「ビジネス手法，ビジネスのあり方」。

　⑬ は「ネット社会とは ... を**意味する**」と考えてみるのがヒント。「場所を選ばない」は「どこでも，どこにいても」。

　⑭ の（　　）は「着く，到着する」を意味する動詞の名詞的活用です。動詞も名詞もつづりは同じ。be out of （　　）で「(手が）届かない，利用できない」。▽大学教育は（お金がかかるので）私には手が届かない［経済的に無理だ］。A college education is out of （　　）for me.

　⑮ の「隅々まで」は every part; everywhere。「接続する」は「... をつなぐ，結びつける」。

　⑯ の「速度」を **the speed of** ... と訳す必要はありません。slow だけで「(速度が）遅い」。

　⑰ の「モノのインターネット」は the Internet of （　　），略して IoT。o は多くの場合，小文字。

解答　⑪ take　⑫ game　⑬ means, anywhere　⑭ reach
　　　　⑮ connect　⑯ running　⑰ Things, things

ウェブサイト，サイト，ホームページ

　「ウェブサイト（website）」は中学の英語教科書すべてが取り上げています。「サイト（site）」と短縮することもあります。「ウェブサイト」とは何かについて，NHK 放送文化研究所は以下のように説明しています。

> 　「ホームページ」は，もともとはウェブブラウザーを起動したときに最初に表示されるページのことでした。転じて，ウェブサイトの**トップページ**のことを「ホームページ」と呼ぶようになったものです。
> 　さらに，現在では「ウェブサイト」のことを「ホームページ」と呼ぶことが多くなっています。（中略）
> 　<u>ウェブサイトのことをホームページとする用語の使い方については，すでに市民権を得ていると考えます。</u>（下線は筆者による）

　ということで，日本語では「ウェブサイト＝ホームページ（homepage）」と考えて誤解はないというか，境界がはっきりしていないようです。「**ホームページ**の公開方法を初心者向けに解説」というサイトを開いてみたら「初心者が **Web サイト**を作る手順」を説明していました。ここでも「ホームページ＝ウェブサイト」です。

　一方，英語の場合，例えば，*Longman Dictionary of Contemporary English*（『ロングマン現代英英辞典』）は homepage を "The first page of a website, which often contains links to other pages on that website." （ウェブサイトの最初のページで，同じウェブのほかのページへジャンプできるようリンクを貼ってあることが多い）と定義しています。つまり，「ホームページ」は「ウェブサイト」の「表紙」であって，同じものではないのです。

　これに対し，日本語の「ウェブサイト」は英語では website ではなくて homepage かもしれないし，「ホームページ」は homepage ではなく web（site）が正しい可能性もあるということです。そんな背景を念頭に以下の例文を紹介します。

① サイトにアクセスして［サイトを訪れて］... に関する情報を入手する

（　　）to the website [visit the website] and get information on [about] ...

② サイトを作り，運営する

（　　）[make, build] and （　　）a website

③ 500万人が出会い系サイトを利用している。

Five million people use online （　　）sites.

④ サイトを閉鎖する

（　　）down a site / （　　）a website

⑤ サイトを立ち上げる［オープンする］

（　　）[open] a website

---

start　go　create　dating　run　shut　close

ヒント ① の「サイトにアクセスする」は access the website でもよいのですが，もっとやさしい単語も使えます。

② の「作る」の正解候補は複数あります。「運営する」の動詞は，すでにおなじみ。

③ の「出会い系サイト」は「デートするためのサイト」。「デートをする」は動詞。（　　）はその動詞の ing 形。同じ単語は名詞になると「日，日付」。

④ の「閉鎖する」は2つの動詞が解答候補。

⑤ の「立ち上げる」は「開始する」。

解答 ① go　② create, run　③ dating　④ shut, close　⑤ start

---

⑥ その新聞のホームページは最新のニュース速報を見るにはうってつけだ［最適だ］。

The homepage of the newspaper is the （　　）place to go for the （　　）breaking news*.　　　　　　　　　[*「ニュース速報」]

⑦ ... をホームページに掲載する
( ) [place] ... on the homepage

⑧ ウェブサイトのホームページに戻る
( ) to the homepage of the website

⑨ ウェブサイトからスマホに情報をダウンロードする
download information ( ) a website to your smartphone

⑩ ここをクリックするとワシントン・ポストのトップページに移動します。
Click here to ( ) to the front page of the Washington Post.

---

put　latest　go　return　best　from

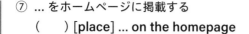 ⑥ の「見る」は訳出不要。「最新の」は「（時間が）遅い，（時間に）遅れた，遅刻した」を意味する形容詞の最上級。この部分は most recent に置き換え可。

⑦ の「掲載する」は post も OK。⇒「ソーシャルメディア」の例文 ② と〈ヒント〉（275, 276 ページ）。

⑨ の「ダウンロード」の反対は「アップロード」。「映像をユーチューブにアップ（ロード）する」は upload the video on YouTube または get [put] the video on YouTube。▽彼女はユーチューブで料理チャンネルを運営している。She has [runs] a YouTube cooking channel [a cooking channel on YouTube].「（チャンネルを）開設する」は start, set up, open など。

⑩ の「移動する」は move も可ですが，( ) の方をよく使います。また「トップページ」は **top** page より **front** page が一般的。

解答　⑥ best, latest　⑦ put　⑧ return　⑨ from　⑩ go

ネット［オンライン］ショッピング

① 店での買い物とネット通販とではどちらが好きか。
Which do you like (　　) ― shopping in person or shopping online [online shopping]?

② ネットで ... を買う
go online to buy ... / buy ... online / use the (　　) to buy ...

③ ネットショッピングの役割［比重］が日常生活の中で拡大している。
Online shopping has become a (　　) part of daily life.

④ ... のネット価格と店頭価格を比べる
compare the online prices with in-(　　) prices of ...

⑤ 本を買って（クレジットカードで）ネット［オンライン］決済する
buy a book and (　　) for it online (with your credit card)

---

store　pay　better　bigger　internet

ヒント ① の「どちらが好きか」は Which do you prefer? しかし，prefer は中学英語ではないので like (　　)。この in person は「... と直接会う」のような場合の「直接」。⇒対面授業（260 ページ）。online shopping の online は「形容詞」，shop online の online は「副詞」。

③ の「拡大している」は「より大きな部分」と英訳。単に「日常生活」であれば daily life。「**私たちの**日常生活」は our daily **lives**。⇒「携帯電話」の例文 ①（261 ページ），「日常生活」（172 ページ）。

④ の（　　）には「店，店舗」を意味する名詞が入ります。in-(　　) prices は「（スーパーなどの）実店舗の価格」。「実店舗」は「リアルショップ」ともいいます。英語では a brick and mortar store [shop]; a physical store。

⑤ の「ネット決済」は online payment。「中学英語」では（　　）for it online。（　　）は動詞で「支払う」。

258

解答 ① better ② internet ③ bigger ④ store ⑤ pay

 ## オンライン授業

---

① オンライン授業を受ける

（　　）online classes /（　　）classes online　［(　　)は共通の動詞］

② 授業はすべてオンラインになった。

（　a　）classes have（　　）online. /（　a　）classes are（　　）online.　　　　　　　　　　　　　　　［(　a　)は同一の形容詞］

③ 授業はすべてオンラインになったが，ネット環境が整備されていない学生もいる。

Classes have gone online-（　　）, but not all students have the internet access*.　　　　　　　　　　　　　　　［*「アクセス」］

④ オンライン授業を検討中の大学が増えている。

（　　）colleges plan for online classes.

---

more　all　take　gone　held　only

ヒント》　① の「（授業を）受ける」の動詞は（　　）で決まり。② の「オンラインになった」の「**なる**」は最も基本的な動詞が使えます。「（テレビ放送が）デジタル化する」「オール電化にする」のようなケースの「... 化する」にも応用できます。

「すべて」は all ですが，③ ではこれを「オンライン**だけ**」と発想しました。「**すべて**オンライン」も「オンライン**だけ**」も同じこと。「ネット環境が整備...」は「環境」や「整備」にこだわることなく「ネットにアクセスできるかどうか」と考えます。④ の「増えている」は形谷詞でも表現可。

259

解答 ① take ② All, gone, All, held ③ only ④ More

対面授業

　対面授業は in-person classes または face-to-face learning（対面学習）。in person は meet ... in person（... 本人と直接会う）の「直接」。face-to-face は文字通り「面と向かって，顔と顔を合わせて」。face-to-face sales of cigarettes and tobacco products は「たばこやたばこ製品の（自販機ではなく）対面販売」。

---

① 対面授業を再開する
　　（　　）to in-person classes /（　　）back to in-person classes
② 対面授業とオンライン授業のどちらかを選択する
　　（　　）between in-person classes and online learning /（　　）
　　between in-person and online classes　　　[（　　）は同一の動詞]
③ 対面授業を実施する
　　（　　）classes in person
④ 対面授業を全面的に再開する
　　return to（　　）, face-to-face classes

---

hold　go　return　full-time　choose

ヒント　① の「再開する」を和英辞典は reopen とか resume などと訳していますが，（　　）でも対応可。しかも，こちらの方がよく使われます。

　② の日本語原文では「授業」が 2 度繰り返されています。英訳では classes と learning に使い分け。英訳後半部分では classes 1 語にまとめました。「2 つのうち**どちらか**を選択する」は choose A **and** B。choose A **or** B では

ありません。

③ の「実施する」は，前項「オンライン授業」の例文 ② にも登場。

④ の「全面的に」を意味する単語は教科書には載っていませんが，「パートタイム」と対比して日常的に使います。

 解答 ① return, go ② choose, choose ③ hold ④ full-time

 携帯電話

「情報」の章でケータイとスマホとは絶対に外せません。「インターネットが暮らしを変えた」とか「インターネットは暮らしに欠かせない」という例文はすでに取り上げました。携帯電話についても同じことが言えます。

① 携帯電話は日々の暮らし［生き方］を変えた。
Cell [Mobile] phones [Cellphones] have changed (　　) we go about our daily [day-to-day] lives.
② 学校は教室での携帯電話の使用を禁止した。
The school has banned cellphone use in (　a　). / The school has banned the use of mobile phones in (　a　). / The school has (　b　) [placed] a ban on the use of cell phones in (　a　).　　　　　　[(　a　) は同一の名詞]
③ おかけになった携帯電話は圏外です。
The mobile [cell] phone you called is out of the (　　) area.
④ 携帯電話の電源を切る
turn (　　) the mobile phone
⑤ 私の携帯電話は電池の減りが早い。
(a) My cell phone has a short battery (　　). / (b) My cell phone battery needs charging more (　　).

［⇒ 次項「スマートフォン」の例文 ⑧ と〈ヒント〉］

⑥ 携帯電話に保存した音楽を聴く
listen to music（that is）（　　）on my mobile [cell] phone

---

life how off put stored classrooms often service

ヒント　① の「携帯電話」の英訳は cell phone [cellphone] と mobile phone の2つがあります。英語の教科書でも出版社によって表記が異なります。

　一般的に，米国では cell phone [cellphone]，英国では mobile phone の傾向があります。「相手がイギリス英語を学んだ人でない限り mobile phone は使わない」という米国人もいます。cell phone を cell，mobile phone を mobile に短縮することもよくあります。

　もはや，固定電話［イエデン］の時代ではないのだから，phone といえば「ケータイ」で cell も mobile も不要と考える人もいます。

　cell は「細胞」の意。なぜ cell と呼ぶのかは『IT 用語辞典 https://e-words.jp』の「セル」を参照。ちなみに，いわゆる「ガラケー」は「フィーチャーフォン a feature phone」。feature も「中学英語」。詳しくは，上記の『用語辞典』で。

　① の go about にはいろいろな意味があります。ここでは daily life（日常生活）を「送る」。daily は day-to-day に言い換え可。同様に（　　）は the way に変えても OK。

　② の「禁止する」は ban。ban は名詞でもあり，これを使って「... を禁止する」は（ b ）a ban on ...。（ b ）には place も使えます。

　③ の「圏外」は「サービス［電波］が届く地域の外」と英訳。④ の（　　）を on にすれば「電源を入れる」。

　⑤ の「電池の減りが早い」は，電池本体を交換する必要がある場合は（a），電池をひんぱんに充電しなければならないのであれば（b）。（a）の（　　）は「寿命，命」を意味する名詞，（b）の（　　）は副詞で「ひんぱんに」。charging は動詞 charge（充電する）の名詞形。動詞は「中学英語」です。charge は「代金を請求する」にも使えます。⇒「レジ袋」の例文 ②（311 ページ）。

⑥ の（　）は「保存する，蓄える」を意味する動詞の過去分詞。この動詞を取り上げた教科書は 1 社。この単語は名詞としても使い，その場合は「店，商店」。これは 2 社の教科書に載っています。

 解答　① how [the way]　② (a) classrooms,　(b) put　③ service
④ off　⑤ life, often　⑥ stored

 ## スマートフォン

携帯電話の英語表記は複数あるのに対し，スマートフォンは smartphone だけ。「携帯」を取り上げた教科書は 2 社。「スマホ」は 4 社すべての教科書に登場します。

① 「なんでもスマホ」の世界になりつつある。
We are moving toward a world where smartphones are used for （　）.
② 歩きスマホをする
use a smartphone while （　）
③ スマホの利用で家族だんらんの時間が減っている。/ スマホの利用によって家族のコミュニケーションが希薄になっている。
Smartphones are eating into the time we （　）with our family.
④ スマホの日本での普及率は 90% を超えている。
More than 90 percent of Japanese （　）smartphones.
⑤ 子どものスマホ利用年齢がますます低下している。
Children get smartphones at a （　）and （　）age.

[（　）は同一の単語]

have　spend　everything　younger　walking

ヒント》 ① の「なんでもスマホ」の英訳は多様。ここでは smartphones are used for（　　）「（何をするにも）スマホが使われる」としました。「... になりつつある」は moving toward ...（... へ近づきつつある）が応用できそう。toward は「... の方へ，... に向かって」を意味する前置詞。米国では主として toward，英国では toward**s** で **s** を付けます。

② の（　　）を driving にすれば「運転中のスマホ利用」。

③ の「家族だんらんの時間」は「家族と**一緒に過ごす**時間」。「減っている」は「... を減らしている」と言い換えれば cut とか reduce の出番ですが，ここでは「（スマホに夢中になって，家族とのだんらんの）時間が**むしばまれている，犠牲になっている**，（家族のコミュニケーションが）**希薄になっている**，（... の時間に）**食い込んでいる**，（時間を）**削っている，減らしている**」と解釈して eat into にしました。守備範囲の広い，便利な熟語です。⇒「貯蓄，貯金」の例文 ⑤（41 ページ）。▽携帯電話の画面を見つめるのに多くの時間をとられて，会話の時間が減っている。We spend far too much time staring at our（mobile, cell）phones instead of talking to each other.（*BBC Learning English*，2018 年 4 月 24 日）far too much は「あまりにも多い，多すぎる」，stare at ... は「... をじっと見つめる」。単に「見ている，眺めている」だけなら look at。

④「普及率」は和英辞典の the penetration rate とか saturation level はこの例文ではちょっと場違い。基本動詞の（　　）で伝わります。

⑤ の「利用年齢が**ますます**低下」は「若い」を意味する形容詞の比較級を繰り返し使うことで表現。

解答　① **everything**　② **walking**　③ **spend**　④ **have**
⑤ **younger, younger**

⑥ 1 日何時間スマホを見ているのか。
How many hours do you（　a　）on your smartphone screen a day?

⑦ スマホはいつも持ち歩いている。どこへ行くのも一緒だ。
I（　a　）my smartphone with me（　b　）the time. Where I

go, it goes.

⑧ スマホが電池切れだ。充電していなかったのが原因だ。

My smartphone has just died [has (　　) out of power] be-cause I didn't charge it.

⑨ また，スマホで遊んでいるな。

You are (　　) on your smartphone again.

---

playing　run　all　spend　carry

ヒント ⑥ の「見る」は「過ごす」と表現できます。⇒上記例文 ③ の〈ヒント〉。screen は「（スマートフォン）などの画面」で 1 社の教科書にあります。▽あなたはスマホの見過ぎだ。You (　a　) too much time on your smartphone.（　a　）は本文の（　a　）と同じ動詞。

⑦ の「（　a　）持ち歩く，運ぶ」はすべての教科書が取り上げています。このようなケースで **with me** を補足すると「常に身辺から**手放さない**」というニュアンスを出せます。(　b　) the time＝always。Where ... 以下の「どこへ行くのも一緒だ」の英訳にも注目。

⑧ では「電池切れ」を die（死ぬ）と訳しました。ここでは「使えなくなる」という意味。(　　) out of ... に言い換え可。これは「... を使い果たす，... がなくなる，... を切らす」。とても重要な熟語です。power は「エネルギー，動力源」。この例文では「電池，バッテリー」。charge（充電する）は 2 社の教科書に載っています。▽私のスマホは電池の消費量が多い。My smartphone uses [consumes] a lot of battery (power, life).（　　）は省略可。

解答 ⑥ spend　⑦ carry, all　⑧ run　⑨ playing

固定電話，イエデン

「固定電話」は「イエデン」とも言います。漢字で書くと「家電」。しかし，これでは「かでん」と誤解されかねません。そこで，「イエデン」とカタカナ表記します。「固定電話」は a landline (phone) ともいいます。携帯電話が無線基地局を経由して通話するのに対し，「固定電話」が地面（land）の電信柱に張ったケーブル（line）を利用するのに由来します。

---

① 日本人の大半はいまだに固定電話を契約しているが，移動電話料金の大幅値下げを受け，状況は変わるかもしれない。
Most Japanese still have a landline (phone), but how long will this last with mobile phone communication getting much ( )?

② 固定電話の負担費用が増えている。
The ( ) of having a fixed-line telephone is increasing.
(*BBC*，2014 年 12 月 1 日)

③ 携帯電話より固定電話の方がよく聞こえる［音質が良い］。
Home phones ( ) better than cell phones.
(*New York Times*，2020 年 5 月 27 日)

④ イエデンからイエデンへ電話をかける
( ) a call from one landline to another landline

⑤ 携帯電話が普及するまでは，「電話」といえば「イエデン」だった。わざわざ「固定電話」なんて言わなかった。
(a) mobile phones, we didn't even call them "landlines."
They were just (b). (*BBC 6 Minute English*，2018 年 1 月 23 日)

---

make phones sound cost before cheaper

ヒント ① の「状況は変わるかもしれない」は how long will this last「（大半の人が固定電話を契約している状況が）いつまで続くだろうか」と意訳。こ

の last は動詞で「続く，継続する」。「契約している」は have。（phone）は
省略可。

　固定電話は landline（phone, telephone）が主流になっていますが，以前
は ② の a fixed-line telephone を使いました。fixed は「固定する」の動詞
fix の過去分詞で「固定されている」。

　③ の（　）は動詞で「聞こえる」。名詞では「音」。

　④ の「（電話を）かける」は動詞の call 1 語でも OK。名詞として使い，
（　）a call のパターンで相性が良い（　）の動詞は 2 つ。

　⑤ の（　a　）は前置詞 1 語。この部分を直訳すれば「携帯電話**以前は**」。そ
れを「携帯電話**が普及するまでは，普及する以前は**」と訳しました。▽その電
話番号は使われていない。The phone number is out of service. out of service の表
示を電車やバスで見つけたら「回送（中）」。これは not in service とも言います。⇒
「携帯電話」の例文 ③ と〈ヒント〉（261, 262 ページ）。▽電話がつながらない。I can't
get through on the phone. get through には「... を通過する，（困難を）切り抜ける，
（試験に）合格する」などの意味も。

 ① cheaper　② cost　③ sound　④ make [place]
⑤ Before,　phones

 # ブログ

　「ブログ（blog）」は中学の英語教科書すべてに載っています。「ウェブ上」の
日記のようなもの」と説明している教科書もあります。米メリアム・ウェブス
ター社の『Merriam-Webster Dictionary』（www.merriam-webster.com）は
「ブログ」を a website on which someone writes about personal opin-
ions, activities, and experiences（個人の意見，活動，経験などを書き込むウェブ
サイト）と定義しています。ブログを公開，運営している人は「ブロッガー
（blogger）」。▽だれでもがブロッガーという時代になった。Everyone is a blogger
these days. ⇒以下の例文 ⑥。

① 東京はとても楽しかった，と彼は自身のブログに書いた［投稿した］。
He wrote [said, posted] on his blog that he had a lot of (　　　) in Tokyo.

② ブログを開設したのは 2020 年だ。
I (　　　) my blog in 2020.

③ ブログを運営し，一日の読者は 2 万人を超える。
I (　　　) a blog with more than 20,000 readers a day. / ... more than 20,000 daily readers.

④ ブログを通して読者に ... を知らせる
use the blog to (　　　) readers know ...

⑤ そのブログを見て（訪れて）... に関する知識を深める
see (visit) the blog to (　　　) more about ...

⑥ ブロッガーとして有名になりたい。
I want to make a (　　　) for myself as a blogger.

---

run　fun　name　know　opened　let

ヒント ① の「ブログに書く」write **on** the blog。教科書によっては on ではなく **in** にしているケースもあります。どちらも使いますが，on の方が優勢です。「投稿する，情報を掲示する」は post がよいでしょう。「投稿記事」は a (blog) post。post は「郵便，郵便物，郵便箱」を指す名詞として教科書に載っていますが，上記のように動詞としても活用します。

② の（開設する）の動詞の正解は複数。日本語でも「開設する，開く，始める，オープンする」などいろいろ。英語では set up a blog も可。「閉鎖する」は close, shut down。

③ は「運営する」の英訳に注意。「和英辞典」によれば「運営する」は manage, operate, administer, ... があります。ここでは基本動詞の（　　　）で対応可。⇒「経営」の例文 ①（53 ページ）。⑤ の「知識を深める」は「よりよく知る」。

⑥ の make a (　　　) for oneself はイディオムで become well-known or

famous (有名になる，名を成す)。

....

 解答 ① fun ② opened [started, began] ③ run ④ let ⑤ know
⑥ name

....

 ## E メール，メール

「E メール」は全ての英語教科書の単語リストに載っています。1 年生の授業で取り上げている教科書もあります。つづりは e-mail が 3 社，email が 1 社。どちらでも OK ですが，アメリカでは email が主流です。本書では email を採用します。

---

① E メールを ... に送る
（　　）an email to ...
② ... からの E メールを読む
（　　）an email from ...
③ 毎日受け取る E メールの数は半端ではない。
I receive [get] too（　　）emails every day.
④ その件については友人からの E メールで知った。
I（　　）about it through an email from my friend.
⑤ E メールはすばらしいコミュニケーション手段だ。
Email is a great（　　）[tool] of communication.
⑥ スマホで ... にメールを送る
（　　）a smartphone to send a **text**（message）to ...

[（message）は省略可]

⑦ 母は毎日メールでその日の体調を連絡してくる。
My mother **texts** me every day about how she is（　　）.
⑧ E メールに笑顔の絵文字を添える

(   ) a smiley [smiling] face emoji in emails
read   feeling   learned   use   add   way   send   many

ヒント ③の「半端ではない」は「多過ぎる」というニュアンスを英訳に反映させました。

④（   ）の「知る」の有力候補は2つありそう。どちらも同じ程度に使います。「Eメールで」は「Eメールを**通じて，Eメール経由で**」ですから through。

⑤の「コミュニケーション手段」の「手段」も正解は2つ考えられます。（   ）の方が一般的でしょうが，「道具」の tool も可です。日本語でも「ツール」といいます。▽友人との連絡を通話ではなくメールで済ます人が増えている。More people choose to text, instead of talk to their friends.

「メールを送る」は⑥と⑦に登場する text も使えます。携帯電話やスマホを使って送信する場合です。⑥の text は名詞で，⑦は「テキストメッセージを送る」を意味する動詞です。「クルマを運転しながらのメッセージ［メール］送信（texting and driving）は違法だ」という内容の英文を *New Horizon* 3 が紹介しています。▽母にメールしたが30分たっても返信はなかった。I texted my mother but didn't see a response within 30 minutes. 同じく⑦の「体調」は「気分はいかがですか How are you（   ）?」の（   ）の動詞と同一の単語。

⑧の「絵文字」は英語でもそのまま emoji。「添える」は「加える」が使えそうです。▽「絵文字」は，日本語で「絵」を意味する単語と「文字」を意味する単語を組み合わせてできた。The term emoji is a combination of two Japanese words: e, meaning "picture," and moji, meaning "written character." (*Encyclopedia Britannica*（エンサイクロペディア・ブリタニカ（『ブリタニカ百科事典』））▽絵文字は，フェイスブックとフェイスブックメッセンジャーだけでも1日50億回も使用されているとみられている。It's estimated that 5 billion emojis are used every day on Facebook and in Facebook Messenger alone. (*World Economic Forum*（世界経済フォーラム），2020年9月30日) ⇒「少子高齢化社会」の例文①の〈ヒント〉（97ページ）。

① send ② read ③ many ④ learned [knew] ⑤ way
⑥ use ⑦ feeling ⑧ add

 ## メディア

「メディア」とは「手段。媒体。特に，マスメディア」であると（『岩波国語辞典 第8版』）は定義しています。本項では，このなかの「マスメディア」に焦点を当てます。英語では mass media または略して media。後者の場合 **the** media にすると，新聞，テレビ，ラジオを含むマスメディア［マスコミ］の総称になります。以下の例文 (a) のケースです。メディアのうち「ニュースメディア」に限定したのが (b) の例文です。

（a）　マスメディアには新聞，テレビ，ラジオ，雑誌などがある。
　　　The media includes newspapers, television, radio and magazines.
（b）　テレビ，新聞，ラジオなどのニュースメディア［報道機関］
　　　news media such as television, newspapers and radio

解説　(a) の書き出しは The media include**s** ... で始まっています。media はご存じのように medium の複数形ですから，include**s** の **s** は不要で include になるはずですが，慣用では単数扱いします。これは data（datum の複数形）についても同様です。⇒「データ，コンテンツ」（244 ページ）。the media に対して the press と言えば「記者団，報道陣」。

---

① 国民のマスメディアに対する信頼は過去最低に落ち込んでいる。
　Public (　　) in the media is at a historic low.

271

（*NPR*, 2017 年 5 月 15 日）［*米国の公共ラジオ放送局］

② メディアは問題の真相と原因究明に動いている。

The media is trying to find out what （　　）and what went wrong.

③ ... についてはしょっちゅうメディアで報道されている。

We are reading and （　　）about ... in the news all the time.

④ 高校でメディアリテラシーの授業を必修にする

teach media literacy to （　　）high school students

⑤ 新聞を読む人は減る一方だ。

（　　）and （　　）people read newspapers. ［（　　）は同一の単語］

happened　hearing　fewer　trust　all

ヒント》 ① の（　　）は「信頼」にあたる名詞。中学校では「... を信頼する，信用する」を意味する動詞として習います。historic は history の形容詞で「歴史的な」。ここでは「過去」と訳しました。low は「低い」の形容詞ではなく名詞で「最低値，低い水準」。a historic low は a record low に言い換え可。

② の（　　）は動詞「起こる，生じる」の過去形。go wrong は「うまくいかない，失敗する，問題が発生する」。

③ は「読んだり**聞いたりする**」がヒント。

④ の「必修にする」は**すべての**生徒に教える」と発想。⇒「英語教科化」(75, 76 ページ)。「メディアリテラシー」は教科書には出てきませんが，最新の国語辞典は採用しています。literacy は「文字を読み書きできる能力」。「メディアリテラシー」は，メディアが発する情報を見極め，有効に活用する能力。

⑤ の「減る一方」は「少しの，少数の」を表す形容詞の比較級を繰り返し使用することで表現。

解答 ① trust　② happened　③ hearing　④ all　⑤ fewer, fewer

⑥ NHK 記者がウクライナでの戦争を取材するため現地に向かった。
  NHK reporters went to Ukraine to (　　) the war.
⑦ （安倍元首相銃撃の）速報は正午ちょっと前に飛び込んできた。
  The news (　　) a little before noon.
⑧ 彼の死は世界的なニュースになった。
  His death made (　　) news.
⑨ 彼はテレビの「顔出し」取材を拒否した。
  He refused to (　　) on camera.

---

talk　broke　international　cover

ヒント ⑥ の「... を取材する」の動詞（　　）は中学の教科書にあることは
あるのですが，「... を覆う」という意味で使われています。「取材する」とし
ては載っていません。

⑦（　　）の動詞から中学生が最初に連想するのは「... を壊す，割る，折る」
でしょう。しかし，これ以外に「（ニュースなどを突然）知らせる，知らされ
る」ような場合にも使います。英和辞典をよく調べると見つかります。ing 形
にして ... ing news にすると「ニュース速報」。▽ニューヨークから速報です。
We've got (　　) ing news from New York. news は不可算名詞ですから **a**
news とは言いません。**a piece of** news; **a lot of** news にすれば OK。⑧
の「世界的な」に対応する形容詞は 1 つではなさそうです。

⑨ の refuse（断る，拒絶する）は 1 社の教科書にあります。「顔出し取材」は
「テレビカメラに向かって話をする」と英訳。camera は「写真機」だけでな
く「テレビカメラ，ビデオカメラ，映画の撮影機」も含まれます。日本語の
「カメラマン（写真家）」は a photographer。a cameraman はビデオのカメ
ラマンや映画の撮影技師（camera operator）。

解答 ⑥ **cover** ⑦ **broke** ⑧ **international**［world, global］ ⑨ **talk**

ソーシャルメディア，SNS

「ソーシャルメディア」は social media で，SNS（交流サイト）は **s**ocial **n**etworking **s**ervice の頭文字です。「ソーシャルメディア」が「情報の伝達を目的とする」媒体（media）そのものなのに対し，SNS は social media に含まれるサービスの一部であり，「友人などとのコミュニケーションをとること」を目的としている，と説明する人もいます。

それでは，と「**フェイスブックなどの** ...」をキーワードに，米国メディアの報道で検索した結果は以下の通りです。**social media** such as Facebook / Facebook and other **social networking services** (*Los Angeles Times*); **social networking services** such as Facebook (*New York Times*); **social media** like Facebook (*ABC News*) ...。「フェイスブックとは何か」との問いに対する答えが social media と SNS に割れています。

ということは，米国の新聞，テレビは両者を明瞭に区別して使っているわけではないようです。ツイッターで検索しても同様です。ただ，「フェイスブック」も「ツイッター」も social media との関連で登場する頻度が高いことは分かりました。また，「フェイスブック」は social networking site（ソーシャル・ネットワーキング・サイト）であると記述しているケースもあります。これも頭文字は SNS になります。⇒以下の例文 ⑫。

さて，その「ソーシャルメディア」を取り上げているのは１社の英語教科書だけ。SNS やその代表的プラットフォームの「フェイスブック」「グーグル」「ツイッター」についての言及はゼロです。

でも，今の時代，ソーシャルメディアも SNS も無視するわけにはいかないでしょう。事実，『ジュニア・アンカー 中学 英和辞典 第 7 版』（2020 年）は social media について「ユーザーがみずから情報を投稿・発信できる媒体。ブログや SNS，YouTube のような動画共有サイトなどをふくむ」と説明しています。

(a) ツイッターやフェイスブックなどのソーシャルメディアも活用して国民に呼びかけた。

Social media, such as Twitter and Facebook, were also used to contact people. (*GOV. UK**, 2021 年 7 月 28 日)［* 英国政府のサイト。GOV ＝ government（政府），UK ＝ the United Kingdom（連合王国，英国，イギリス）］

(b) SNS とはツイッター，フェイスブック，インスタグラムなどの「ソーシャル・ネットワーキング・サービス」を指す。

"SNS" refers to social networking services such as Twitter, Facebook and Instagram.

（*Newsweek**，2019 年 10 月 10 日）［*『ニューズウィーク』米国のニュース週刊誌］

---

① ツイッター，フェイスブック，インスタグラムなどのソーシャルメディアでメッセージを発信する

（　　）[send] out a message on social media such as Twitter, Facebook and Instagram

② インスタグラムに写真を投稿するにはどうするのか。

How do I (　a　) a photo [picture] on Instagram?

③ ユーチューブは動画共有のソーシャルメディア・プラットフォームだ。

YouTube is a (　a　) sharing social media platform.

④ 彼が死亡したとのうわさはソーシャルメディアで伝えられた。

Word of his death (　　) out on social media.

⑤ フェイスブックのアカウントを作って友人と情報を共有する

create a Facebook account* to (　　) information with friends

［*「アカウント」］

⑥ 彼のツイッターには 100 万人ものフォロワーがいる。

He has almost a million (　　) on his Twitter.

⑦ 新たなサイトを立ち上げる予定だと彼はツイートした。

He tweeted that he plans to (　　) a site.

---

share　followers　start　post　video　put　got

ヒント　① の media は medium の複数形です。中学英語で medium が使

275

われるのは「中間（の）」とか「中ぐらいの，Mサイズの」という形容詞としてですが，この単語は「情報伝達手段，媒体」を意味する名詞でもあります。これが複数になると media。**the** media は，新聞，テレビなどの「(マス)メディア」。「発信する」⇒「情報」の項の例文 ④ を参照（240 ページ）。

②の「投稿する」は「ブログ」の ①（268 ページ）にもあります。▽ソーシャルメディアにコメントを投稿する（ a ）a comment on social media.（ a ）は本文の（ a ）と同じ動詞。▽それはインスタ映えする。It looks good [great] on Instagram.

③の（ a ）は「動画」を意味する単語。「テレビゲーム」を英語では（ a ）game といいます。▽テレビゲームで遊びながら大きくなった。I grew up playing（ a ）games. **TV** games ではありません。▽その動画はユーチューブに投稿され，100 万回以上再生された。/ ... 再生［閲覧］回数は 100 万回を超えた。The（ a ）on YouTube had [got] over [more than] 1 million views [hits].（ a ）はすべて同一の名詞。

④の word は「言葉，単語」ではなく「情報，ニュース，うわさ」。（　）out は「外へ出る」。ここでは「(情報が) 発信される，伝わる，伝えられる」。「拡散する」であれば spread。

⑤の「共有する」はそのままカタカナ語で「... と（　）する」と言います。「... と情報を**交換する**」は **exchange** information with ...。⇒「情報」の ⑫（242 ページ）。

⑥の（　）は「信奉者，支持者」を意味する単語として教科書に載っています。⑦の「ツイートする，ツイッターに投稿する」は tweet。もともとは「(小鳥などが) さえずる」。

....

 ① put　② post　③ video　④ got [went]　⑤ share
⑥ followers　⑦ start

....

⑧ LINE（ライン）は日本で最も使われているメッセージアプリだ。
Line is the most（　）messaging app [application*] in Japan.
（*BBC*, 2016 年 7 月 13 日）[*application「アプリ，アプリケーションソフト」]

⑨ フェイスブックで「いいね！」の数を増やす

get more （　　） on Facebook

⑩ ソーシャルメディア上では好き勝手な発言が許される［何を言おうと自由だ］。

You can say （　　） you want to say on social media.

⑪ ソーシャルメディア上のコンテンツをシェアし ... と連絡を取り合う

share content on social media to keep in （　　） with ...

⑫ ソーシャル・ネットワーキング・サイト（SNS）の利用時間は1日何時間程度か。

How many hours do you （　　） on social networking sites a day?

---

anything　popular　spend　touch　likes

ヒント ⑧ の「最も使われている」は「最も**人気のある**」。app は make a translator app（翻訳アプリを作る）のように使います。これは *New Crown 3* からの引用です。LINE は a social networking service [platform] であると表現しているメディアもあります。

⑨「いいね！ボタンを押す」は hit [press] the （　　） button。

⑪ の文脈での「コンテンツ」は不可算名詞扱いが一般的。「... をソーシャルメディアに**投稿する**」は **post** ... on social media。post は名詞の「郵便，郵便箱」ではなく，ここでは動詞で「インターネットに投稿する，情報を掲示する」。1社の教科書がこの意味で取り上げています。keep in （　　） with ... は「.... とつながっている，関係を維持する」。久しぶりに再会した友人との別れ際に Keep in touch. といえば「それじゃ，また，連絡ちょうだいね」。

⑫ の「利用（する）」の動詞は use を連想するところですが，use on ... はちょっと不自然。ここは「（時間を）過ごす」と考えてみるのがヒントです。

....

解答 ⑧ popular　⑨ likes　⑩ anything　⑪ touch　⑫ spend

....

環 境

「環境（environment）」は中学英語の必須単語で，以下のように，4社の教科書すべてが取り上げています。

(a) People hunted them (ibises) for their beautiful feathers, and development destroyed their environment.
美しい羽のためにトキは人間に捕獲され，開発が（生息）環境を破壊した。 *(New Horizon 3)*

(b) As all living things have evolved, they developed specific adaptions to their environments. *(New Crown 3)*
生物はすべて進化し，それぞれの環境に合わせて独自に適応してきた。

(c) It costs too much and it's not good for the environment. *(Sunshine 2)*
（広島の平和記念公園の「原爆の子の像」には毎年1000万羽もの千羽鶴が捧げられているが，焼却処分すると）費用がかさみ，環境にとって良くない。

(d) Plastic waste harms the environment, and every year there is more and more of it. *(Here We Go! 3)*
プラスチック廃棄物は環境に悪影響を与え，その量は毎年増える一方だ。

「環境」は「職場環境」とか「変わるビジネス環境」のような文脈でも使いますが，ここでは自然環境に限定します。

① 環境に有害な商品は買うな，使うな。
Don't buy or use (　　) that hurt [damage] the environment.
② 環境に優しい家を建てる
build an eco-friendly (　　)
③ 省エネで環境に優しい暮らしを実践する
go green by using (　　) energy / (　　) energy use and go green
④ 樹木の伐採は環境を悪化させる。
Cutting down trees is (　　) for the environment.
⑤ 環境保護対策を取る
take steps to (　　) the environment
⑥ 環境保護か経済発展かの二者択一に悩むことはない。/ 環境保護と経済発展のどちらを選択するかという問題ではない。
We do not have to (　　) between environmental protection and economic development. (*Washington Post*, 2017 年 3 月 28 日)

---

protect　less　cut　choose　products　home　bad

ヒント ① の hurt は「... を傷つける」。中学英語でも「特に大切な語」とか「特に覚えたい語」に指定されています。ここでは「有害な」の訳に使いました。教科書からの例文 (d) にあるように harm でもいいでしょう。

「環境に優しい」は ② の eco-friendly で，英語教科書の多くもこれを採用。和英辞典は environmentally friendly が主流。friendly to the environment を載せている辞典もあります。eco-friendly は「生態系に優しい」と訳すこともあります。eco は ecology（生態学）の略で「生態の，環境の」。生態系は ecosystem。

もっと簡潔に go green でも「環境に優しい」を表せます。例文 ③ にあります。最新の英和辞典には載っています。日本の小学生も学習する基本単語ばかりですから，これは便利です。

さらに，go easy on the environment でも「環境に優しい」になります。go easy on ... は「... に優しくする，手加減を加える，ほどほどにする」など。

▽ヘアケアに効果的で，環境にもやさしい製品をつくる create products that are good for your hair that go easy on the environment (*Forbes**, 2021年9月8日) *Forbes*（フォーブス）は米国の経済・ビジネス誌。

　green を応用すると，「環境重視の経済」は a green economy（グリーンエコノミー）。試しに a green economy と an environment(-)friendly economy の出現頻度を Google で調べたところ，前者が圧倒しました。

　③ に戻りますと，英訳前半の（　　）は「もっと少なく」を意味する形容詞。反対語は more。後半の（　　）は動詞で「減らす」。

　④ の「環境を**悪化させる**」は「環境に**悪い**」。反対は is **good** for the environment。⑤ の step には「（はしごや階段などの）段」とか「階段」以外に「処置，対策」の意味もあります。

　⑥ の environmental は environment の形容詞。protection は protect（…を保護する）の名詞形。(A) か (B) の「二者択一」は（　　）between (A) **and** (B) と (A) **or** (B) の2つのパターンがありますが，メディア報道では and を使うケースが多いようです。この英文の出典は米国のワシントン・ポスト紙。

....

解答　① products　② home [house]　③ less, cut　④ bad
⑤ protect　⑥ choose

....

　環境破壊

　「環境」は the environment，「破壊」は destruction ですから，これを of でつなぎ destruction of the environment で「環境破壊」。何となく直訳調で落ち着きませんが OK です（以下の例文 (a) と (b)）。和英辞典でもこれを載せています。environmental destruction もあります。

┌───
│
│　**(a)**　環境破壊を食い止める stop the **destruction** of the environment

> **(b)** 環境を破壊から守る protect the environment from **destruction**

「破壊」は **destruction**。しかし，これは中学校の英語教科書には登場しません。動詞の destroy はあります。これは「環境」の (a)（278 ページ）ですでに登場しました。以下の ① もそうしたケースです。「破壊する」ではなく「環境に被害を及ぼす」であれば ②〜④ の damage が使えます。

① 環境保護のために環境を破壊する。それはバカげたことだ［ナンセンスだ］。

   It doesn't make (　　) to destroy the environment to protect the environment.

② （日焼け止めクリームは海を汚染するが）こうすれば環境に悪影響を与えることなく日焼けを防止できる。

   Here's how to stay safe in the sun, (　　) damaging the environment.   (*Greenpeace*)

③ 戦争はいかにして環境を傷つけるか。

   (　　) does war damage the environment?

④ 私たちが欲しいのはきれいな空気と水だ。環境を痛めつけることではない。

   We all want (　　) air and water and not (　　) [do] damage to the environment.

---

sense   without   clean   cause   how

ヒント ① の make (　　) は「理屈に合う，理にかなう，理解できる」。これを否定形にすると「意味をなさない，矛盾する，非合理だ，バカげている」。
　② は世界的な環境保護団体「グリーンピース」のサイトから。この団体は日本では反捕鯨活動で知られています。② と ③ では damage を動詞として活用したのに対し，④ では名詞です。do damage to ... で「... に損害を与える」。(　　) damage to ... とも言います。(　　) は「... を引き起こす，... の

原因になる」。これも中学英語です。

 解答　① sense　② without　③ How　④ clean, cause

環境汚染，環境問題

　「環境汚染」は「環境（environment）」を形容詞 environmental に変え，「汚染（pollution）」と合わせて environmental pollution。pollution を problem にすれば「環境問題」。air pollution（大気汚染）と a serious pollution problem（深刻な汚染問題）を取り上げた英語教科書があります。

---

① 地球温暖化や気候変動などの環境問題を解決する

（　　）environmental problems such as global（　　）and climate（　　）

② 環境汚染改善のための国際的な取り組み

international（　　）to reduce [improve] environmental pollution

③ 環境汚染の原因は ... だった。

... （　　）the environmental pollution.

④ 研究の結果，米国では大気汚染が原因で毎年約 10 万人が死亡していることが判明した。

Research has（　　）that air pollution causes about 100,000（　　）in the U.S. each year.　　(*Guardian*, 2021 年 12 月 15 日)

⑤ 大気汚染は早期死亡の原因になる。

Air pollution（　　）[leads to] early deaths.　(*BBC*, 2005 年 2 月 2 日)

---

change　shown　deaths　solve　causes　warming　efforts　caused

---

① の「地球温暖化」と「気候変動」については，それぞれの項で触れます。② の「(国際的な) **取り組み**」は measure, commitment も使えますが，「努力」を意味する（　）の中学英語で対応可。この文脈では複数形にするのが一般的。

③ の（　）は動詞でも名詞でも使います。ここでは「... の原因になる，... を引き起こす」という意味の動詞の過去形。⇒例文 ④。

④ の「判明した」は複数の正解が考えられます。「死亡している」は「死者を出している」。これは「死」を意味する名詞の複数形で表現できます。⇒「猛暑」の例文 ② と〈ヒント〉(295 ページ)。

⋯⋯⋯⋯⋯⋯⋯⋯⋯⋯⋯⋯⋯⋯⋯⋯⋯⋯⋯⋯⋯⋯⋯⋯⋯⋯⋯⋯⋯⋯⋯⋯⋯⋯

解答 ① solve, warming, change ② efforts ③ caused
④ 原文は shown。found も可，deaths ⑤ causes

⋯⋯⋯⋯⋯⋯⋯⋯⋯⋯⋯⋯⋯⋯⋯⋯⋯⋯⋯⋯⋯⋯⋯⋯⋯⋯⋯⋯⋯⋯⋯⋯⋯⋯

---

⑥ 使用済みペットボトルの再利用で環境汚染問題に取り組む
recycle used plastic bottles to (　) environmental pollution

[⇒「レジ袋」(311 ページ)]

⑦ 海洋汚染はまだ解決していない。
The (　) pollution is still a problem.

⑧ 石油の消費を減らし，大気汚染を改善する
improve air pollution by (　) oil use [... by using (　) oil]

⑨ 水質汚染で飲用に適した［飲める］水が枯渇した。
We have run out of (　) water due to pollution.

⑩ (インドの) デリーは世界最悪レベルの大気汚染問題を抱えている。
Delhi (　) some of the worst air pollution in the world.

(NPR, 2021 年 12 月 2 日)

⑪ 手遅れになる前に地球を救え。
(　) our Earth before it's too late!

---

ocean　less　fight　has　save　drinking　cutting

---

⑥（　）の活用については ⇒「クリーンエネルギー」の例文 ④ とその〈ヒント〉（301 ページ）。⑧ の「消費」は consumption。動詞の consume（消費する）と名詞の consumer（消費者）は教科書に載っていますが，consumption はありません。そこで基本単語 use の出番です。（　）の「（消費量を）減らす」は複数回答可。

⑨ の「枯渇する」は，おなじみの run out of ...「... を使い果たす，... を切らす」が使えます。応用範囲の広い熟語です。

⑩ は米国の公共ラジオ放送 NPR のニュース番組から引用。**some of the worst** ... ということは，「世界**最悪レベル**」の大気汚染を抱える都市はデリー以外にもいくつかありそうです。⑪ は環境保護運動のスローガンから。

 ⑥ **fight**　⑦ **ocean**　⑧ **cutting [reducing]**, **less**　⑨ **drinking**
⑩ **has**　⑪ **Save**

気候変動

「環境」を語る上で「気候変動」を避けて通るわけにはいきません。でも，果たして中学の英語教科書で取り上げているかどうかと思いつつ探してみたら，ありました。絶滅危惧種の動物をテーマにしたくだりです。

> **(a)　Today they (animals in danger of extinction) are facing many challenges, such as climate change and human activities.**
>
> *(New Horizon 3)*
>
> 現在（絶滅危惧種の動物）は，気候変動や人間の活動など多くの問題に直面している。

中学校の英語教科書で in danger of extinction にお目にかかるとは思いませんでした。ある英和辞典は extinction（絶滅）を「大学生・社会人に必要な

語」に分類しているほどで, まさか中学校の英語の授業で学習する用語とは予想していなかったのです。

　それはともかく, 上記の例文が教科書に載っているのですから, この項でも climate change を中学英語として使えます。

---

① 気候変動は, 現代の最大の問題だ。
Climate change is the greatest challenge of our (　　).
(*New York Times*, 2021 年 10 月 27 日)

② 気候変動は現在進行形の問題だ。
Climate change is (　a　) here and now. (*NPR*, 2018 年 11 月 26 日)

③ 気候変動は現実［否定できない事実］であり, ただちに行動すべきだ。
Climate change is real and we have to (　a　) now.

④ 人間の活動が気候変動をもたらす一因だ。
(　　) activities play a role in climate change.

⑤ 気候変動との闘いにおける第一歩
the first step in the fight (　　) climate change

---

happening　act　against　human　time

ヒント　① の challenge（チャレンジ, 兆戦）には「問題, 課題」の意味もあります。(a) の例文もそのケースです。この challenge は problem に置き換え可能。(　) は「現代」と訳しました。小中学生は「時間, 時刻」と習うはずですが, 「時代」にも使います。この場合, 複数形になることがあります。our (　) は「私たちの時代」, つまり「現代」。引用したニューヨーク・タイムズの記事では (　) は単数でした。一方, ノーベル文学賞受賞者のボブ・ディラン（Bob Dylan 1941 〜）が作詞, 作曲した『時代は変わる』の原題は『The (　) They Are A-Changin'』で (　) の部分は複数になっています。

　② の ... is (　a　) here and now（今ここで起きている）は「現在進行形」ということでしょう。「... が**目の前で**進行中だ」は ... is (　a　) right now **before our eyes**. (　a　) は共通の動詞。

　④ の「一因」は play a role と訳しました。「影響を与える, 関係している」

という意味。⑤ の fight は名詞として使っていますので the fight（前置詞）climate change。動詞であれば fight の後の前置詞は不要。

解答 ① time [times] ② happening ③ act ④ Human ⑤ against

---

⑥ 現在起きている気候変動は地球温暖化によるもので，温暖化の主因は人間の活動だ。

Today's climate change (a) from global warming that is primarily* (b) by human activities.

(*UNICEF*, 2022 年 4 月 28 日)［*「主として，第一に」

⑦ （企業が）利益優先に走る限り，気候変動は今後も続く。

As ( ) as profit* is king, climate change is here to stay.

(*Independent*, 2021 年 11 月 8 日)［*「利益」］

⑧ 気候変動でビジネス［商売］に影響が出ている。

Climate change is affecting our ( ).

⑨ 気候変動は暮らしのあらゆる面に影響を与えている。

Climate change touches every ( ) of life.

---

business　comes　long　part　caused

ヒント ⑥ の (a), (b) はいずれも「... が原因だ」。これを (a) では ( ) from ...（... から来る），(b) では「... を引き起こす，... の原因となる」を意味する動詞を受動態の過去分詞にして表現。出典は UNICEF (United Nations Children's Fund ＝国際連合児童基金，ユニセフ）。かつては United Nations International Children's Emergency Fund（国際連合国際児童緊急基金）と称していた。英文表記は変わったが略称の UNICEF は存続。

　⑦ は英国のオンライン新聞「インデペンデント」の記事の見出し。profit（利益，もうけ）は中学英語ではないのですが，おもしろい表現だったので採用しました。profit is king の king は「王様」ではなく，形容詞で「最も重要な」。「利益が最も重要」ということは「利益追求を最優先する，利益第一」。

　これを応用すれば Customers are king. は「お客様は神様です」。▽世界の
どこへ行こうと，お客様は神様だ。All over the world customers are king. (*Forbes*,
2018 年 11 月 26 日)。... is here to stay は「... はここにとどまる，状況はこの
まま続く，変わらない」。as (　　) as ... は「... している間」「... する限り」。
　「気候変動が ... に**影響を与える**」を ⑧ と ⑨ で使い分けました。使用頻度
としては ⑧ の affect が圧倒的に多いのですが，⑨ の touch (... にさわる，触
れる) も使います。この動詞は「... を感動させる」にも応用可。▽その国は気
候変動の最前線に立たされている。/ その国は気候変動の影響を真っ先に受けている。
The country is at the forefront of climate change. forefront は「最前線」。

⋯⋯⋯⋯⋯⋯⋯⋯⋯⋯⋯⋯⋯⋯⋯⋯⋯⋯⋯⋯⋯⋯⋯⋯⋯⋯⋯⋯⋯⋯⋯⋯⋯⋯⋯⋯

 ⑥ (a) comes, (b) caused　⑦ long　⑧ business　⑨ part

⋯⋯⋯⋯⋯⋯⋯⋯⋯⋯⋯⋯⋯⋯⋯⋯⋯⋯⋯⋯⋯⋯⋯⋯⋯⋯⋯⋯⋯⋯⋯⋯⋯⋯⋯⋯

　「気候変動 (climate change)」は語順を入れ替えることもできます。この
場合，change **of** climate ではなく，change **in** climate。⇒ 以下の例文 ⑩〜
⑫。

⑩ 気候変動は身近のどこにでも起きている。
　The changes in climate are all (　　) us.
⑪ 長期間にわたって気候変動を研究する
　(　　) the changes in climate for a (　　)(　　)
⑫ 気候変動による被害額，損失額［損害］
　damages and losses (　　) the change in climate
⑬ 気候変動に対する行動を起こす
　take (　　) on the climate change
⑭ 気候変動に（対応して）生きるすべを身に付ける
　learn to live in a (　　) climate
⑮ 気候変動で夏の暑さが一段と厳しくなり，エアコンを必要とする人が
　増加する。
　Climate change means (　　) summers, more people needing
　more air conditioning.　　　　　　　　　　(*PBS*, 2022 年 9 月 7 日)

long	action	from	hotter	changing	around	study	time

 ⑩ の「身近のどこにでも」は all（　　）us。▽気候変動を心配している。I'm worried about climate change.「（気候変動に）不安を感じる」は feel worried about ...。

　⑫ の damage は「被害」，loss は「損失」。これを複数形にすると「被害**額**」「損失**額**」。また「気候変動**による**［気候変動が**もたらした**］被害 ...」の太字部分の前置詞は by ではなく（　　）が一般的。⑬ の（　　）は名詞ですが，本項の ③ ではこの単語の動詞形が使われています。

　「気候変動」は圧倒的に climate change で，これと比べて使用頻度は高くありませんが ⑩〜⑫ のように the change(s) in climate とか ⑭ の a（　　）climate も見かけます。

　⑮ の air conditioning は，エアコン（air conditioner）を使って室内などの温度を調整する（ここでは温度を下げる）こと。

··

 ⑩ **around** 　⑪ **study, long, time** 　⑫ **from** 　⑬ **action** 　⑭ **changing** 　⑮ **hotter**

··

地球温暖化

　「環境問題」といえば「気候変動」，「気候変動」といえば「地球温暖化」。これは global warming です。これは最新の中学生向け英和辞典のすべてが見出し語に採用しています。

①（化石燃料）は地球温暖化を促進［加速］させ，人間の健康に悪影響を与える。
They（fossil fuels）（　　）global warming and damage our

288

health. *(New Horizon 3)*

② 地球温暖化は私たちにとって深刻な問題だ。

The global warming is a (　) problem for [to] us.

③ 地球温暖化が何をもたらすか。確かな［確実な，はっきりした］とこ
ろは誰にも分からない。

No one knows for (　) what global warming will bring.

④ 地球温暖化の影響で猛暑の発生回数が増えている。

We are experiencing more heat waves (　) of global warm-
ing.

⑤ 地球温暖化によって，各地で春の到来が早まり，秋の訪れが遅くなっ
ている。

Global warming is causing spring to (　) early and autumn
to come late in many places. *(New York Times*, 2018 年 4 月 4 日)

⑥ 地球温暖化（の進行）を遅らせる

(　) global warming

---

arrive　serious　slow　increase　sure　because

ヒント ① の（　）は動詞で「促進，加速させる」ですが，「... を増やす」
を意味する単語が使えます。② の（　）は，数や量が「大きい」というより，
物事が「重大な，重要な」。③ の bring は「もたらす」。for（　）は「確か
に，確実に」の意味で，exactly に言い換え可。

④ の heat waves [heatwaves] は「熱波，猛暑」。experience（経験する）
を使ったのは，「猛暑の発生回数が増えているのを**実感**している」というニュ
アンスを出すため。The warming world is increasing heat waves. でも
OK。⇒「猛暑」の項（294 ページ）。

⑤ は米ニューヨーク・タイムズ紙からの引用。（　）early, come late の
部分の表現が簡潔でお見事。まさに「中学英語」の真骨頂といったところ。直
訳すれば「春が早く到着し，秋は遅れてくる」となります。「春の到来」「秋の
訪れ」と訳しました。cause は「... を引き起こす，... の原因になる」という
意味の動詞。一部の教科書には登場します。▽気候変動で，冬が短くなってきて

いる。With climate change, winters are becoming shorter.（*NPR*, 2023 年 1 月 23 日）。

⑥ の（　　）内の単語は「遅い」とか「ゆっくり」の意味でおなじみの形容詞。これは「速度を遅くする」という動詞でもあります。

....

解答 ① increase　② serious [big]　③ sure　④ because　⑤ arrive
⑥ slow

....

「地球温暖化」は global warming で決まり。しかし，いろいろと言い換えは可能です。それらも併せて英語表現を検討します。

---

⑦ 科学者には地球温暖化の原因が分っている。

The Earth is getting warmer [hotter, ... is heating up] and scientists know（　　）.

⑧ 地球温暖化で台風の猛威が増している。

The warming world makes typhoons（　　）.

⑨ 地球は温暖化している。その影響は身の回りで観察できる。

The world is warming now. And you don't have to go very（　　）to see what's happening as a result. (*NPR*, 2015 年 12 月 3 日)

⑩ 地球温暖化で海面が上昇する。

Global warming makes sea levels（　　）.

⑪ 海水温が上がると，海面は上昇する。

The ocean is warming and sea levels are（　　）up. / Warmer ocean water is（　　）sea levels.

⑫ 地球の温度は産業革命前に比べすでに 1.1 度上昇している。

The world is already 1.1（　　）Celsius* warmer than pre-industrial times. (*VOA Learning English*, 2022 年 2 月 28 日) [*「摂氏（セ氏），℃」。華氏（カ氏）は Fahrenheit, ℉]

---

going　stronger　degrees　far　why　raising　rise

ヒント ⑦ の「原因」は和英辞典的には cause ですが，ここでは小学生でも知っている単語で OK。▽気候変動をもたらす最大の**原因** the biggest **cause** of climate change。

また ⑦ では is getting warmer [hotter]（より暖かくなっている）とくだいて説明し，⑧ では warming（気温が上昇している）world で「地球温暖化」を表現しました。warm には形容詞の「暖かい」以外に動詞で「暖める」の意味もあり，これに ing を付けると「暖かくなる」の形容詞に変化します。⑦ の heat up もよく見かけます。日本語でも「ヒートアップ（過熱）する」と言います。

⑧ の the warming world の語順を入れ替えたのが ⑨。The world [Earth, earth] is warming **up**. と言うこともあります。おもしろいのは And 以下で，直訳すると「温暖化の結果，何が起きているのかを見るためにそんなに遠くまで出かける必要はない」。つまり，「温暖化の影響は（わざわざ遠出しなくても）身の回りで観察できる」。

⑩, ⑪ では「海面上昇」の「上昇」を 2 通りに言い換えました。同様に「海水温の上昇」の英訳も ⑪ の前半と後半で使い分けました。▽海面上昇の危険に直面する face the danger of rising seas (*National Geographic*, 2013 年 9 月号)

⑫ の「産業革命」を和英辞典では the Industrial Revolution と訳しています。これを応用すれば「産業革命前」は before the Industrial Revolution。これで間違いないとして，ニュース報道では，pre-industrial *times と表現することがよくあります。pre は「... の前，... より以前」を意味する接頭辞。industrial は industry（産業）の形容詞，times は「時代」。（　）の名詞は 3 社，industrial は 1 社の教科書にあります。英文の出典は米国政府の国営放送（Voice of America）の英語学習サイト Learning English。このケースでは time ではなく，複数の times が圧倒的に多いようです。→「気候変動」の例文 ① の〈ヒント〉（285 ページ）。

解答 ⑦ why ⑧ stronger ⑨ far ⑩ rise ⑪ going, raising ⑫ degrees

温室効果ガス

　「地球温暖化」は global warming。そこで,「地球温暖化ガス」は global warming gas。しかし,日本でも海外でも greenhouse gas（温室効果ガス）と表記するのが主流になってきています。

　温室（greenhouse）は,ビニールやガラスを張って内部の温度を高め,野菜や果物などを育てる建物。地球を温室に見立て,二酸化炭素の排出量増加などによって地球の温度が上昇していることとの連想から生まれたのが greenhouse gas。greenhouse は 1 語。2 語で a green house は「（外壁の塗装が）緑色の家」。greenhouse そのものは中学英語ではありませんが,基本単語の組み合わせですから,中学英語扱いとします。

---

① 温室効果ガスは一部の冷蔵庫やエアコンに使われている。
　　Greenhouse gases are used in (　　) refrigerators and air-conditioners.
② 温室効果ガスの排出量を 20% 削減する
　　(　　) greenhouse gases [emissions* of greenhouse gases] by 20 percent　　　　　　　　　　　　　　　　[*「排出量」]
③ 二酸化炭素などの温室効果ガス
　　greenhouse gases (　　) as CO$_2$ / greenhouse gases (　　) CO$_2$ / CO$_2$ and (　　) greenhouse gases
④ 低炭素経済を構築する
　　create [　　] a (　　)-carbon economy

---

like　some　build　reduce　low　such　other

ヒント 　① で gas が複数になっているのは,ガスの種類が 1 つではないから。「一部の」は,この場合,a part of ... ではなく「いくつかの,いくらかの,少しの」を意味する形容詞 1 語で間に合います。この単語には「一部の,（中には）... もある」と説明している教科書があります。② の排出量は emissions

で emission（排出）を複数形にします。

③ の CO_2（carbon dioxide, 二酸化炭素）も教科書にあります。ここでは「...などの」を 3 通りに表現しました。

④ の「低炭素経済」は新聞，テレビのニュースでよく取り上げられるようになってきました。「構築する」は create 以外に [　　] も使えます。

 解答　① some　② reduce [cut]　③ such, like, other　④ build, low

 ## 異常気象

これには困りました。異常気象（現象）の英訳は extreme weather（events）が定着しているのです。しかし，extreme（極端な，過激な）は中学英単語の範囲外。かといって，「環境」とか「気候変動」を取り上げながら「異常気象」に触れないわけにはいきません。「範囲内」でなんとか「異常」を表現しようと試みた結果が以下の例文です。この event は，いわゆる「イベント，行事」（これは教科書にあります）ではなく，「現象，事象」の意味。extreme, extremely は ⇒ 次項の「猛暑」。

① 地球温暖化に伴い，記録的な猛暑や勢力の強い台風などの気象現象が異常でなくなりつつある。

　　As the world（　　）, weather events such as record-（　　） temperatures and strong typhoons are becoming more common.

② 確かに異常気象は発生している。しかし，気候変動との因果関係は必ずしも明確ではない。

　　Unusual weather events do happen, and they don't necessarily（　　）a change in the climate.　　（*BBC*, 2019 年 3 月 5 日）

③ 観測史上最高の気温を記録した。これは異常だ。

It was the (　　) day on (　　). It's not normal.

high   hottest   warms   record   mean

 ① の「異常でなくなる」は become more common（珍しくなくな
る）と訳しました。common（よく見られる，ありふれた，共通の，ふつうの，当
たり前の）。中学の英語教科書すべてに載っています。

　② の unusual にも「異常な」の意味があります。usual（ふつうの，正常な）
に，「否定」を意味する接頭辞の un を結合させた単語。また，原文の hap-
pen が **do** happen になっているのは，happen（起きる，発生する）を強調す
るため。そこで，「**確かに，間違いなく**発生している」と訳しました。

　③ の normal は「正常，正常な」それを not で否定しました。normal は 1
社の教科書に出てきます。カタカナの「ノーマル」も英語と同じ意味で使いま
す。「異常な」は **un**normal ではなく **ab**normal。日本語でも「アブノーマ
ル」。

 ① warms, high   ② mean   ③ hottest, record

猛暑（⇒ 前項の「異常気象」）

　「猛暑」については「地球温暖化」の例文 ④（289 ページ）ですでに触れま
した。heat wave または heatwave とつづります。heat は「熱」，wave は
「波」。いずれも中学英語です。セットにすると「熱波」。猛暑の英訳はこれが
定番。しかし，これ以外の言い方もいろいろです。

① ここ 2 週間，38 度以上の猛暑が続いている。
　**We have had a heat wave [heatwave] of 38℃ and (　　) for
　the past two weeks.**

② 2003 年の猛暑［熱波］でフランスでは 1 万 5000 人の死者が出た。

A heat wave [heatwave] (　　) 15,000 in France in 2003.

(*Washington Post*, 2022 年 6 月 17 日)

③ 猛暑や豪雨などの異常気象現象は今後増えるだろう。

There will be (　　) extremes* of heat and rainfall* in the future. [extreme 形容詞で「厳しい，極端な」，名詞は「極端（な現象，出来事）。rainfall は「降雨，降水量」]

④ 今後，猛暑日は増えるだろう。

We will have more extremely (　　) days in the future.

⑤ この夏は日本各地で記録的な猛暑となった。

Temperatures hit (　　) highs across Japan this summer.

⑥ 東京は史上最悪の猛暑に見舞われている。

Tokyo has (　　) been this hot.

---

more　above　never　killed　hot　record

ヒント ① の (　　) は「上に」を意味する副詞。

② の「死者が出た」の部分の英語原文は「... を殺した」。a heat wave は 1 語で a heatwave も可。⇒「環境汚染，環境問題」の例文 ④ と〈ヒント〉（282 ページ）。

③ の「増える」は動詞ではなく，形容詞の比較級を使用。

④ では extreme を副詞に変え extremely (　　) で「猛暑」を表現。

⑤ の (　　) は「記録，記録する，記録的な」のいずれにも対応。「記録破りの暑い夏」は a (　　)-breaking hot summer / the hottest summer on (　　)。(　　) はすべて同一の単語。同じく ⑤ の high は形容詞の「高い」ではなく，名詞で「最高水準，最高記録」。

⑥ の (　　) been this hot を直訳すると「こんなに暑かったことはこれまで 1 度もなかった」。(　　) は「今までに一度も ... しない。決して ... ない」。

解答 ① above　② killed　③ more　④ hot　⑤ record　⑥ never

エネルギー

　これは，英語でも energy ですから気が楽です。例文も簡単に見つかります。
4 社のうち 3 社の教科書に載っています。

---

① 太陽光エネルギーを活用して照明をつけ家庭に電気を供給する
  use the energy (　　) the sun to power lights and homes
② エネルギーを利用して暮らしを楽にする
  use energy to make our lives (　　)
③ ... の製造には大量のエネルギーを消費する。
  It takes a lot of energy to (　　) ...
④ エネルギーが枯渇した［エネルギーがなくなった］。
  We have (　　) out of energy.
⑤ 石油から天然ガスに（エネルギー）転換する
  (　　) from oil to natural gas
⑥ 米国はエネルギー大国だ。
  The U.S. is an energy-(　　) nation [country].

---

　of　shift　rich　easier　make　run

ヒント 　① の「太陽光エネルギー」の（　　）の前置詞は 2 つの正解があり
そうです。power は動詞で「... を電力で動かす」。名詞では「電気，電力」。
「台風の影響で町は**停電**した」は The typhoon has left the city **without
power**. left の現在形は leave で，この例文では「... を（ある状態の）ままに
する」。without power は「電気がない」，つまり「停電」。「（停電していた）
電気が復旧した」は Power has returned [... has come back]. ▽天然ガスと
石炭の価格上昇で電気代が値上がりした。Higher natural gas and coal prices raised
electricity costs。

　② の（　　）は形容詞の比較級。現級の意味は「やさしい，簡単な，楽な」。
③ の動詞の正解は 1 つではないでしょう。④ の（　　）out of は「... を使い

果たす，使い切る」を意味する熟語。これまでに何度も登場しました。

⑤ の「転換する」を表現する動詞は 2 つ考えられます。いずれも教科書には出てきません。しかし，カタカナ語として日常的に使います。特に野球で野手が守備位置を「変更」したり，投手を「交代」したときなどに使います。打者の中には「（　　）ヒッター」の選手もいます。

⑥ の「大国」は「... が豊かな，... に恵まれている」。必ずしも国土が広い国というわけではありません。▽米国は経済大国だ。The United States is an economic power. ＊「超大国」は a superpower。⇒「海外進出」の例文 ⑤ の〈ヒント〉の「モノづくり大国」（73 ページ）。

....

 解答　① of [from]　② easier　③ make [produce]　④ run
⑤ shift [switch]　⑥ rich

....

 ## 省エネ

「省エネ」とは，エネルギー（資源）の使用を節約し，有効に利用すること。エネルギーとは，この場合，主として石油，天然ガス，電力を指します。

---

① 家庭でのエネルギー消費を **10％削減する**［**10％ の省エネを図る**］
　（　　）home energy use by 10 percent
② ... は企業の省エネを可能にした。
　... has made it（　　）for businesses to reduce energy use.
③ 省エネ住宅を建てる
　build an energy-（　　）home [house]
④ （クルマの）省エネ［燃費向上］に努めているところだ。
　I'm trying to use（　　）gas.
⑤ 省エネの方法はいろいろある。
　There are many（　　）to（　　）energy.

```
ways  less  cut  save  possible  saving
```

ヒント ① の「家庭でのエネルギー消費」は energy use at home [in the home] も可。「消費」は consumption にこだわらず use で OK。(　) の正解は 1 つではありません。

② の business が複数になると「企業」。companies に置き換え可。

③ の energy-(　) の (　) には「節約する」を意味する動詞から派生した名詞が入ります。原形の動詞は「命を救う，お金を貯蓄する」のような文脈でも使います。

④ の (　) は形容詞の比較級で「より少ない」。gas は gasoline。英国，オーストラリアなどの英語圏では petrol。⑤ の「方法」を表す名詞には「道」の意味もあります。

解答 ① cut [reduce]　② possible　③ saving　④ less
⑤ ways，save

化石燃料

　化石燃料とは，数億年前の生物の死骸が堆積して化石になり，石炭，石油，天然ガスなどの燃料に変化したもの。fossil は「化石」，fuel は「燃料」。化石燃料について，比較的価格が安いのが利点であると指摘している教科書もあります。

① 化石燃料には石炭，石油，天然ガスなどがある。
　Fossil fuels (　) coal, oil and natural gas.
② 化石燃料が気候変動の原因だということは常識だ。
　We all (　) that climate change is (　) by fossil fuels.

③ 世界の温室効果ガス排出量の **60%** 以上は化石燃料（の燃焼）による
　 ものだ。
　 More than 60 percent of the world's greenhouse gases (　　)
　 from (burning) fossil fuels. 　　　　　　　　　　[(burning) は省略可]

④ **1** 日も早い脱化石燃料が求められている。
　 We have to (　　) off fossil fuels as soon as possible.
　　　　　　　　　　　　　　　　　　　　　　(*BBC*，2020 年 8 月 24 日)

⑤ 世界経済はいまだに石油と（天然）ガスに依存している。
　 The global economy still (　a　) on oil and (natural) gas.
　　　　　　　　　　　　　　　　　　　　(*Bloomberg*，2022 年 5 月 11 日)

⑥ 化石燃料を使う自動車がなくなれば，大気汚染は改善する。
　 If we get fossil fuel vehicles* off the road, we can (　　) the
　 air quality. (*BBC Learning English*，2022 年 10 月 20 日)[*「乗り物」。ここでは
　 「自動車」。⇒「電気自動車」（232 ページ）]

---

come　know　caused　runs　improve　include　get

ヒント　① の「... などがある」の英訳は多様。「... のような」は like とか
such as が主役ですが，この例文のように（　　）も使えます。「... を含む」
という意味です。Coal, oil and **other** ... でもいいでしょう。

　② の「常識だ」は「みんなが知っている」で OK。和英辞典にある com-
mon sense はここでは通用しません。It's no secret that ... としても「... は
常識だ」のニュアンスを出せます。「... が原因だ，... によるものだ」を ② で
は（　　）by ... とし，③ では（　　）from ... と訳しました。どちらも同じ意
味。▽人口が少なければ二酸化炭素の排出量も減少するというのは**当然**のことでしょう。
It seems **common sense** that fewer people would mean lower carbon emissions.
(*BBC Learning English*，2023 年 1 月 13 日)

　④ の「脱化石燃料」は「化石燃料から脱却する」と解釈。「脱却する」を和
英辞典で調べると，break away from; shake (oneself) free; pull out of ...
とあります。英国の公共放送 BBC が使ったのは ④ の（　　）off。これは多様
な意味を持つ熟語で，バスや電車から「降りる」がよく知られています。この

ほかには「... をやめる」にも使えます。BBC の英文もそうしたケース。**move away from** fossil fuels でも「化石燃料から**転換する，抜け出す**」は伝わります。文中の have to ... は「... しなければならない」。ここでは「... を求められている」と訳しました。⇒次項「クリーンエネルギー」の例文 ⑥。

⑤ の「... に依存する」は depend on ... 以外にこの文脈では（　　）on も可。（　　）は「走る」だということはだれでも知っていますが，「...（を動力，燃料に使って）動く，稼働する」でもあります。Bloomberg（ブルームバーグ）は米国の経済，ビジネス通信社。▽太陽光発電への**依存度**が高まっている。We are getting more **dependent on** the sun for electric power. ▽わが国の経済は観光に**依存**している。Our economy（　a　）on tourism.（　a　）は同一の動詞。(*AP*, 2022 年 6 月 10 日)。AP は Associated Press＝AP 通信。世界 3 大通信社の 1 つ。本社は米ニューヨーク市。

⑥ の get ... off は「... を取り除く，排除する，締め出す」。... の部分が fossil fuel vehicles ですから「化石燃料を使う自動車を道路から排除する，道路上を走らせない」。これで「自動車がなくなれば」を英訳できます。⇒上記例文 ④。

 解答 ① include ② know, caused ③ come ④ get ⑤ runs ⑥ improve

 ## クリーンエネルギー

「クリーンエネルギー」は文字通り clean energy。しかし，その意味するところは，個人によって，また組織や国によって同じではありません。

例えば，「（クリーンエネルギーとは）発電に際し，二酸化炭素などの物質を排出しない，または極めて排出が少なく環境負荷が小さいエネルギーの総称。水力，太陽光，風力，地熱，天然ガスなどを指す」(『デジタル大辞泉』) との定義がある一方，NHK は「化石燃料に代わる風力，太陽光などのクリーンエネルギー」とニュースで伝えています。

　天然ガスも化石燃料の一種ですから，NHK の解釈によれば「クリーンエネルギー」ではないことになります。

　米国のニューヨーク・タイムズ紙も NHK と同じ立場のようで clean energy such as wind and solar power（風力や太陽光などのクリーンエネルギー）と報じ，カリフォルニア州政府のサイトには electricity coming from solar, wind and other clean energy sources（太陽光，風力その他のクリーンエネルギー源による電力）との記述があります。source は「... の源，根源，出所」。

　NHK やニューヨーク・タイムズの言う "clean" とは「net zero CO_2 emissions（二酸化炭素排出量）が実質ゼロのエネルギー（源）」。つまり「renewable energy（sources）再生可能エネルギー（源）」。これを取り上げている英語教科書もあります。CO_2＝carbon dioxide（二酸化炭素）。CO_2 を含む温室効果ガスを全く排出しないエネルギーは「カーボンフリー・エネルギー carbon-free energy」といいます。この free は「... がない」という意味の形容詞。

　一方，石炭や石油と「比較して」天然ガスは「クリーンなエネルギーだ」いうこともあります。

---

① 天然ガスは石炭よりクリーンだ。
Natural gas is (　　) than coal. (*Reuters*, 2011 年 6 月 22 日)［Reuters は「ロイター通信」。世界 3 大通信社の 1 つ。本社は英ロンドン］

② クリーンエネルギーを使い，環境を保護する
use clean energy to (　　) the environment

③ クリーンエネルギーの未来を左右するのは太陽光発電だ。
Solar* power is the (　　) to a clean energy future. ［*「太陽の」］

④ クリーンエネルギーを開発し気候変動と闘う
(　　) clean energy to fight climate change

⑤ 電力の約 10% はクリーンエネルギーによるものだ。
About 10 percent of our electricity (　　) from clean energy (sources).

⑥ クリーンエネルギーへ移行する
(　　) to clean energy

⑦ クリーンエネルギーの開発競争で米国は中国に後れを取っている［先

を越された]。

The U.S. has lost ground to China in the （ a ） for clean energy.

---

comes　key　cleaner　race　move　protect　develop

 ヒント　① は天然ガスを石炭と比較しています。石炭の二酸化炭素発生量を 100 とすると天然ガスは 60 以下といわれています。だから天然ガスの方が石炭よりは「クリーン」。③ の「左右する」は「カギを握る」と発想。

④「... と闘う」は fight **against** ... としたくなりますが，against は不要。fight を名詞の「闘い」として使うときは the fight **against** ...。⑤ の「クリーンエネルギーに**よる**」は「... **から来る**」。

⑦ の lose ground は「（戦争で）陣地を失う，後退する，（状況が）不利になる，（敵の攻撃を受けて）押される」。（ a ）の「競争」は competition ではなく，「陸上の 1500 メートル**競走**」とか「マラソン**大会**」のようなケースにも使う単語です。▽当社は ... の開発競争で他社をリードしている。We are taking the lead in the （ a ） to develop ....

 解答　① cleaner　② protect　③ key　④ develop　⑤ comes
⑥ move　⑦ race

■ 太陽光発電，風力発電

　再生可能エネルギーの代表格は太陽光発電（solar power generation）。solar は「太陽の」。solar panel は「ソーラーパネル，太陽光パネル」。power は「パワー」ではなく「電力」，generation は「発電」です。動詞は generate。generation を「世代」の意味で載せている教科書はあります。「発電」はありません。以下の ①〜③ では solar を使いました。しかし，これは

「中学英語」ではありません。④ と ⑤ ではこれを from the sun（太陽から）に言い換えました。意味は同じ。

---

① 太陽光エネルギーを活用する
use [(　　) use of] solar energy

② 太陽光発電技術は性能が向上し，しかも価格は下落している。
Solar technology is getting better and (　　). / ... getting better and prices are (　　) down.

③ 太陽光発電（システム）を導入し，化石燃料の使用をやめる
(　　) solar and get off fossil fuels ［get off の意味は多様。ここでは「...をやめる，... を避ける」⇒「化石燃料」の例文 ④（299 ページ）。「退社する」の例文 (f)（169 ページ）］

④ 太陽光エネルギーを使って発電する
(　　) energy from [of] the sun into electricity

⑤ 太陽光エネルギーの活用法［技術］を開発する
(　　) a way to use energy from [of] the sun

⑥「太陽光発電の技術を発明したのは米国だが，技術の応用製品ではドイツや日本に後れをとっている」
"We invented solar technology, but we have (　　) behind countries like Germany and Japan in producing it."

---

cheaper　develop　fallen　make　going　go　turn

ヒント　① の初めの use は動詞。[(　　) use of] の use は名詞。use ＝ (　　) use of。▽ソーラーパネルを屋根に設置する　put solar panels on the rooftop

② の「（価格は）下落している」を形容詞（前半）と動詞（後半）で表現。形容詞は比較級。動詞の候補は複数。

注目したいのは ③ の (　　) solar（太陽光発電システムを導入する）。(　　) の動詞には「ある状態になる，する」という意味があります。これを応用すると，(　　) digital は「デジタル化する」，(　　) all electric は「（クルマを）

完全電動化する」。これを使いこなせるととても重宝します。⇒「環境」の例文 ③（279 ページ），「情報」の例文 ⑱ の〈ヒント〉（244 ページ），「オンライン授業」の例文 ②（259 ページ）を参照。

④ の energy from the sun は「太陽からのエネルギー」。これを（　　）into electricity（電気，電力）に「変える，転換する」で「発電する」。⑤ の way は「方法」。文脈によっては「技術」。

⑥ はオバマ元米大統領の演説から引用。重要なのは（　　）behind。学校の授業では「落ちこぼれる」。ここでは「... より遅れる」。producing it の it は「太陽光発電技術」で，producing は，その技術を活用して「... をつくる」，つまり「応用製品」。

欧州では風力発電（wind power generation）も盛んです。発電用風車を多数設置した施設は a wind farm，大規模な太陽光発電所は a solar farm。farm は「農場」も意味します。

....

 ① make　② cheaper, going [coming]　③ go　④ turn
⑤ develop　⑥ fallen

....

⑦ わが国の風力発電は総発電量の **24%** にも達している。
We（　）as much as 24 percent of our electricity（　）wind power.
⑧ 風力や太陽光などの再生可能エネルギーを利用する
use renewable energy（　）as wind and solar
⑨ 風力発電によるクリーンエネルギーを使用する
use clean energy（　）from wind power
(*City of New York*, 2022 年 4 月 22 日)
⑩ 風力で発電する
use the power of the wind to（ a ）electricity
⑪ 風力発電所建設計画は凍結されている。
The wind power project is on（ a ）.

> coming from hold make such get

ヒント　「発電する」は generate だということはすでに説明しました。しかし，これは中学英語ではありません。もしこの単語を知らなければ ⑦ でも「発電する」は表現できます。「... から電気を**得る**」と発想するわけです。⇒以下の例文 ⑩。

　⑧ の renewable（再生可能な）も中学英語です。▽再生可能エネルギーへの転換を加速する speed up the shift to renewable energy (*United Nations*)。shift は move, change に言い換え可。▽再生可能エネルギーは化石燃料より割高だが，価格差は縮小している。The price of renewable energy is getting closer to that of fossil fuels.

　例文中の renewable は形容詞ですが，renewable**s** にすると「再生可能エネルギー（源）」を意味します。この場合，energy は不要。▽現在，（欧州連合加盟国の）発電量の 38% は**再生可能エネルギー**によるものだ。Today, 38 percent of our electricity comes from **renewables**. (*European Commission*, 2022 年 11 月 14 日)。European Commission は「欧州委員会」。the European Union (EU, 欧州連合) の行政執行機関。

　⑨ の出典は米ニューヨーク市政府のサイト。「発電する」を「（電気を）**つくる**」と考えると ⑩ の (a) になり，generate を使わずに「発電する」を英訳できます。▽再生可能エネルギーは無風だったり，日照がないと発電できない。Renewables don't (a) electricity when the wind doesn't blow, or the sun doesn't shine. (a) は共通の動詞。

　⑪ の be on (a) は「（仕事，計画などを）中断する，棚上げにする，延期する」。be put on (a); put ... on (a) の形でも使います。ここでは名詞。動詞としては「... を持つ，つかむ，握る，所有する」の意味でおなじみ。▽最終決定の時期は未定だ。A final decision is on (a).

解答　⑦ get, from　⑧ such　⑨ coming　⑩ make　⑪ hold

原子力発電

　通常の「発電所」は a power plant。power は電気，**plant** は「工場」。ここでは a power **factory** とは言いません。「石炭火力発電所」は a coal [coal-fired; coal-burning] power plant。coal-**fired** は「石炭で**動く**，石炭を**燃料にする**」。coal-**burning** は「石炭を**燃やす**」。天然ガスを燃料に使う発電所は a natural gas power plant。そして「原子力発電所（原発）」は a nuclear power plant。nuclear は形容詞で「核の，原子力の」，また nuclear power は「原子力」で，いずれも教科書に載っています。東京電力や関西電力は「原子力発電所」を a nuclear power **station** と英訳していますが，米英のニュース報道では a nuclear power **plant** が圧倒的です。

---

① 原子力発電所は温室効果ガスを排出しない。
　Nuclear power plants don't (　　) greenhouse gas emissions*.
　　　　　　　　　　　　[*「排出量，排出物」⇒「温室効果ガス」（292 ページ）]

② その原発を再稼働する
　restart the nuclear power plant / get the nuclear power plant up and (　　) again

③ 日本のほとんどの原発は稼働していない［運転を停止している］。
　Most nuclear power plants in Japan (　　) closed [offline].

④ 日本は（電力確保のために）原発回帰を進めている。
　Japan is (　　) to nuclear power (for electricity).
　　　　　　　　　(*New Scientist*, 2015 年 8 月 12 日)［(　　) の部分は編者が補足]

⑤ 1980 年代に建設された原発は 2030 年ごろに耐用年数を迎える。
　Nuclear power plants built in the 1980s will reach the end of their (　　) around 2030.

⑥ 原子力発電所の安全性について話し合う
　(　　) the safety of nuclear power plants

306

> life returning discuss running release remain

 ① の（　）は「排出する」。この動詞は「（CDなどを）発売する；（映画を）封切する，公開する」にも使います。1社の教科書に出てきます。

　② の「再稼働する」は restart。start に「再び」を意味する接頭辞 re を加えて「再スタート，再稼働する」。この言い換えが up and（　）again。up and（　）は「（機械やシステムが）動いている，稼働中。（人が）元気に動き回る」。（　）は動詞の ing 形で，原形は「走る」として小学校でも学習します。

　③ の（　）は「残る，とどまる」。offline は「ラインにつながっていない」のほかに「（工場などが）稼働していない，操業していない」。

　④ の「回帰する」は「戻る」と考えます。出典の *New Scientist*（ニュー・サイエンティスト）は英ロンドンで発行されている科学週刊誌。1956 年創刊。

　⑤ の「耐用年数」は，人間に例えれば「寿命」。the end of one's（　）は「命の終わり」。つまり「耐用年数が経過する，耐用年数を過ぎる」。（　）の名詞は単数，複数いずれも可。⑥ の「話し合う」は talk about でもよいとして，1語では（　）。

 ① release　② running　③ remain　④ returning　⑤ life [lives]　⑥ discuss

プラスチックごみ

　これは世界的な環境問題になっています。プラスチックごみは plastic waste で，中学の英語教科書に出てきます。動詞の waste は「むだにする」，名詞は「ごみ，廃棄物」。

① プラスチックごみは増え続ける一方だ。

Plastic waste just (　　) coming and coming.

（NPR，2019 年 8 月 20 日）

② プラスチックごみは年々増え続けている。

Plastic waste keeps (　a　) every [each] year. / Plastic waste keeps (on) (　b　) year by year.　[(　a　),(　b　) の動詞は交換可]

③ 毎年，約 900 万トンの海洋プラスチックごみが発生している。/ 900 万トンのプラスチックが海洋に流れ着いている。

Nearly nine million tons of plastic end up in the (　　) every year.　(New York Times，2019 年 11 月 28 日)

④ プラスチック廃棄物のリサイクル工場を建設する

build a (　　) to recycle plastic waste

⑤ プラスチック汚染は環境問題にとどまらない。これはビジネスの問題でもある。

Plastic pollution is (　　) than an environmental problem. It's also a business problem.　(Harvard Business Review，2023 年 2 月 22 日)

⑥ 再利用が難しいプラスチック廃棄物 ⇒「リサイクル」例文 ⑤（313 ページ）

---

ocean　increasing　more　plant　growing　keeps

ヒント　① は coming の繰り返しで，「**どんどん**増えている」という感じ。「年々，毎年」も ② から分かるように英訳は多様。

　③ では end up が重要。「最終的には ... という状態になる」という意味。応用範囲の広いイディオムです。プラスチックは海に流れ着いて**結果的に**「ごみ」になります。初めから「ごみ」だったわけではありません。end up の後ろに as waste を補うと分かりやすいでしょう。⇒「再就職」の例文④（146 ページ）。「ダイエット」の例文 ② と〈ヒント〉（183 ページ）。

　④ の「工場」という意味では factory が英語の教科書には出てきますが，ここでは plant の方がよいと思います。plant は「植物」以外に「工場」も指します。「発電所」は a power plant。a power factory とは言いません。「自

動車工場を建設する」は build an auto plant。factory はあまり使いません。

⑤ の出典は米国の有名なマネジメント誌『ハーバード・ビジネス・レビュー』。

 解答 ① keeps ② increasing, growing ③ ocean ④ plant
⑤ more

 食品廃棄物（⇒消費期限，賞味期限（203 ページ））

1日3度の食事はおろか，何日も食べ物を口にしていない人がたくさんいる一方で，まだ食べられる食品が大量に廃棄されているのも現実です。食品廃棄物です。

---

① 食品廃棄物の量［大量の食品廃棄物］にびっくりしている［驚いている］。

I am surprised at how（　　）food gets wasted.

（*New York Times*, 2008 年 8 月 22 日）

② まだ食べられる食品を廃棄する

throw out [away] food that is（　　）good

③ 廃棄される食品の量を減らす

reduce the amount of good food that（　a　）to waste.

④ （新型コロナの影響で）巣ごもりする人が増え，食品廃棄物が全国的に増えている。

With more people staying at home, food waste has（　　）across the country. （*PBS*, 2020 年 7 月 12 日）

⑤ 食品廃棄物を利用して発電する

（　　）food waste into electricity

⑥ フードロスの **40%** 以上は家庭からのものだ。

More than 40 percent of food loss (　　) from our own homes.

(*NPR*, 2018 年 8 月 17 日)

⑦ 食品廃棄物とフードロスを半減させる

reduce [cut] food waste and loss (　　) 50 percent [(　　) half]

[(　　) は同一の前置詞]

---

comes　by　much　still　goes　grown　turn

ヒント》　「廃棄する」は waste。これは名詞でもあり「食品廃棄物」は food waste。「廃棄する」は ② のように言い換え可。▽食べても安全な食品が大量に廃棄されている。A lot of safe-to-eat food gets thrown away.（*BBC Learning English*, 2022 年 12 月 16 日）▽食べ残しを捨てる　throw away leftovers。

　廃棄物の「量」は ① と ③ とで表現は異なっていますが，① は量が多いことを示唆しています。② と ③ の good は「良い」ではなく，食用に「適している」，つまり「まだ食べられる」。

　③ の（　a　）to waste は「むだになる。浪費される，廃物になる」。▽食品の 30% 以上は消費されずに廃棄されている。More than 30 percent of food（　a　）uneaten.（　a　）は同一の動詞。uneaten（食べられていない）は eat の過去分詞形 eaten に否定を意味する接頭辞 un を付けた形容詞。（　a　）uneaten は doesn't get eaten に言い換え可。

　④ の「巣ごもり」は和英辞典にある nesting（鳥や虫の巣ごもり）とか hibernation（動物の冬眠）ではなく，staying at home（ステイホーム，自宅から外出しない）が適当。⇒「巣ごもり」（93 ページ）。

　⑤ の「**利用する**」は「食品廃棄物を（燃料として活用し）電力に**変換，転換する**」。「**リサイクルする**」でもいいでしょう。

　「食品廃棄物」のなかには腐って食べられなくなったものもあるかもしれませんが，「食べられるのに捨てられてしまう食品」は「フード［食品］ロス」。英語でも food loss。⇒上記の例文 ⑥ と ⑦。

∙∙

解答　① **much**　② **still**　③ **goes**　④ **grown [increased]**
　⑤ **turn [recycle]**　⑥ **comes**　⑦ **by**

∙∙

レジ袋

　スーパーやコンビニで買った商品を入れる，あの袋です。ポリエチレン（polyethylene）製ですが，英語では a plastic bag。ペットボトルの PET は（**p**oly**e**thylene **t**erephthalate ポリエチレンテレフタレート）の太字部分の頭文字。これも a plastic bottle で OK。ポリエチレンテレフタレートはプラスチック樹脂の一種。「レジ」は（cash）register（キャッシュレジスター；金銭登録器）に由来。スーパーマーケットなどの小売店で客が商品の支払いをする際に使う機械。そこから転じて「支払いをする場所，カウンター」。

---

① そのスーパーはレジ袋を廃止した。
　The supermarket has (　　) away with plastic (　b　) bags.
② （レジ袋の有料化が実施され），そのスーパーでは 1 枚につき 5 円を徴収するようになった。
　The supermarket now (　a　) ¥5 for a plastic bag. / Consumers now have to (　b　) ¥5 for each plastic bag at the supermarket.
③ レジ袋を無料で提供する
　give（away, out）(　　) plastic bags　　　　［(away, out) は省略可］
④ レジ袋禁止を実施する
　(　　) [introduce] a ban on plastic bags
⑤ 使い捨てレジ袋の無料提供をやめる
　stop giving out (　　)-use plastic bags
⑥ レジ袋は（廃棄しても）分解するまでに何年もかかる。
　Plastic bags take years to (　　) down.

---

charges　free　single　break　done　put　shopping　pay

ヒント　① の (　　) away with ... はイディオムで「... を廃止する，やめる，除去する」。(　b　) には「買い物」を意味する単語が入ります。なくても通

じます。

②の（　a　）は「（代金を）請求する」。同じ動詞が「（電池などを）充電する」という意味で教科書に載っています。（　b　）は「支払う」。

④の ban は名詞で「禁止」，教科書には動詞の「禁止する」があります。introduce は「... を紹介する」のほかに「導入する」にも対応。これも「中学英語」です。▽レジ袋の使用を全面的に禁止する ban plastic bags altogether。altogether は「完全に」。

⑤の「使い捨て」は「一度しか使用しない」と発想。（　　）は「たったひとつ［一人］の」を意味する形容詞として 2 社の教科書に載っています。▽私たちは使い捨て文化のなかで暮らしている。We live in a throwaway culture.（*Guardian*，2019 年 5 月 3 日）throw away は「捨てる」。合体して throwaway になると形容詞で「使い捨ての」。The Guardian（ガーディアン）は英国の有力紙。

「使い捨て」に対して「エコバッグ」は a reusable（再利用可能な）bag とか a (shopping) bag for life と言います。for life は「一生の，いつまでも」。「長期間使えるバッグ」ですから「エコバッグ」。for life を応用して a job for life は「終身雇用の仕事」。

⑥の（　　）down には「分解する」以外に「壊す，故障する」などの意味も。

••

 ① done, shopping　② charges, pay　③ free　④ put
⑤ single　⑥ break

••

 ## リサイクル，再利用

「リサイクル」は英語でも recycle。これは動詞ですから「リサイクル**する**」。名詞は recycling。

① プラスチック製のボトルを加工し，自動車部品として再利用する
recycle [turn] plastic bottles into car (　　)
② リサイクル［再利用］可能な商品を購入する
buy (　　) that can be recycled
③ 使用済みペットボトルを再利用して靴をつくる
recycle used plastic bottles to (　　) shoes / turn plastic bottles into shoes
④ 中古製品をリサイクルする
give a second (　　) to used products
⑤ 再利用が難しいプラスチック廃棄物
(　　)-to-recycle plastic waste
⑥ 環境 3R──（廃棄物を）減らす，再利用する，リサイクル（再資源化）する──の重要性は誰でもが認識している。
We all (　　) the importance of 3R(s)──reduce, reuse and recycle.
[(s) は省略可]
⑦ 缶と瓶を回収，リサイクルして ... の資金を集める
(　　) and recycle cans and bottles to (　　) money for ...

make　life　collect　parts　know　raise　hard　products

ヒント　① の turn something into ... は「太陽光発電，風力発電」の例文 ④ を参照（303 ページ）。これは recycle の言い換えとしてよく使います。③ の後半部分も同様です。

④ の give a second (　　) to ... は「... に 2 度目の**命**を与える，生き返らせる，リサイクルする」。このような基本動詞を生かした「動き」のある表現はいかにも英語という感じ。

⑤ の (　　) は形容詞で「固い，困難な，難しい」。

⑥ の「認識している」は「知っている」。日本語の「減らす」「再利用する」「リサイクル」をすべて r で始まる動詞 reduce，reuse，recycle でそろえました。⇒「3K 職場」（139 ページ）。

⑦ の（　　）money は「（お金を）集める，（資金を）調達する」を英訳するときの決まり文句。英語の教科書では（　　）について「上げる，持ち上げる，（声などを）張り上げる，（質問・要求などを）出す，提起する」を意味すると説明しています。

　使用済みペットボトルを加工して自動車部品に生まれ変わらせるのは「リサイクル」。それに対し，ボトルをきれいに洗浄して再びボトルとして活用するのは「リユース」。▽古着をよく洗濯してからリユースする reuse old clothes after washing them well。▽古着を回収してリユースする collect old clothes for reuse。前者の reuse は動詞，後者は名詞。▽リユース洗濯機を購入する buy a used washing machine

 解答 ① **parts** ② **products** ③ **make** ④ **life** ⑤ **hard** ⑥ **know** ⑦ **collect, raise**

 ## 持続可能な

　この単語が中学の英語教科書に出てくることはまずないだろうとの予想が見事に外れました。これも時代の流れというものでしょう。sustainable（持続可能な）で，発音は [səstéinəbl]。国語辞典は「サステナブル」を見出し語に採用しています。これは動詞の sustain（維持する，持続させる）プラス「できる，可能な」を意味する接尾辞 able。「将来にわたって持続できる開発とか資源の活用」といった文脈で使います。名詞は sustainability。これも「サステナビリティー」として国語辞典に載っています。sustain は以下の ④ を参照。教科書では a sustainable energy future（持続可能なエネルギーの未来）という記述を *New Horizon* 3 で見つけました。

---

　① 環境に優しい，持続可能な経済を構築する
　　（　　）a green, sustainable economy

② 将来にわたって持続可能な経済開発

economic development that can be (　　) into the future

③ 漁業の持続可能性を高める

make (　　) more sustainable

④ 自然環境維持のための努力［取り組み］

(　　) to sustain the natural (　　)

[⇒「環境汚染，環境問題」の例文 ② と〈ヒント〉(282, 283 ページ)]

⑤ 持続可能な経済へ移行する

(　　) to a sustainable economy

---

efforts　environment　build　move　continued　fishing

ヒント　① の green については「環境」の例文 ③ を参照（279 ページ）。「構築する」は「（家を）建てる」と同じ動詞。「創造する，作り出す」の動詞も可。

③ の (　　) は「釣り」ではなく，ここでは「漁業」。

⑤ の「移行する」は「... へ移る」。

 解答　① build [create]　② continued　③ fishing
④ efforts, environment　⑤ move [shift]

あとがき

　大学では社会学を専攻しました。学校を出てジャーナリズムの世界へ入り，振り出しは，通信社の地方支局での警察担当記者でした。「サツ回り」と呼ばれる，事件，事故の取材です。

　それから5年，春の定期異動で，東京本社の英文ニュース編集部へ配属されました。英語で記事を書き，ニュースを世界に発信する職場です。警察記者から英文記者への一大転身でした。

　学生時代は，英語学とか英米文学とは全く無縁でした。それでも，記者，デスク，エディターとして，8年間の海外駐在勤務を含め，約30年，英文ニュース職場での仕事を全うできました。もし，それを可能にさせた秘密があるとすれば，中学，高校時代に英語の土台をしっかり築いておいた「貯金」のおかげではないかと考えています。

　なかでも，高校3年間を通して使った英語の教科書からは多くを学びました。佐々木高政先生（1914-2008）の個人編集による *The More Deeply You Read* という読本（reader）で，通っていた都立小石川高校（現・都立小石川中等教育学校）の英語の先生からは，丸暗記するまで徹底的に音読せよ，と厳しく指導されました。その教科書の発行所が開拓社でした。

　繰り返し繰り返し読んでいるうちに教科書がボロボロになったため，当時，東京・神田の神保町にあった開拓社の本社へ出向いて，「新品」の2冊目を購入したこともありました。佐々木先生ご自身が吹き込んだ磁気録音テープも手に入れ，擦り切れるほど聞きました。張りのある，格調高い佐々木先生の英語の発声は，今でも耳の奥にしっかりと刻まれています。

　今回，その開拓社から拙著を世に送り出していただきました。感慨はひとしおです。半世紀以上を経て高校時代を思い出し，英語学習の原点に戻ってくることができました。

索　引

（*太字は，見出しにある項目とその掲載ページ）

319

著者紹介

根岸　裕（ねぎし　ゆたか）

　1972 年，上智大学文学部社会学科卒業。共同通信大阪社会部記者，東京本社海外部（英文記者）。豪 AAP 通信（本社・シドニー）記者，共同通信クアラルンプール支局長兼東南アジア地域担当英文記者を経て，1990 年，日本経済新聞社入社（英文編集部デスク）。2002-2006 年，日経アメリカ社（英文ニュース担当マネジングエディター）。2007-2013 年，関西外国語大学教授（ビジネス英語，英語メディア論担当）。

　著書としては，『トレンド日米表現辞典〈第 3 版〉』（共著，小学館，1998），『和英経済キーワード辞典』（研究社出版，1999），『和英翻訳ハンドブック—新聞記事翻訳の現場から』（大修館書店，1999），『日経　経済英語和英大辞典』（日本経済新聞社，2004），『経済ビジネス英語表現辞典』（大修館書店，2007），『和英翻訳ハンドブック—新聞記事翻訳の現場から』（改訂新版，大修館書店，2022）がある。

中学単語で高めるビジネス英語力
—経済・社会から科学・環境まで—

〈仕事力・趣味力アップ
英語塾シリーズ〉

2023 年 10 月 29 日　第 1 版第 1 刷発行

著作者　　根　岸　　裕
発行者　　武　村　哲　司
印刷所　　日之出印刷株式会社

発行所　　株式会社　開　拓　社

〒112-0013 東京都文京区音羽 1-22-16
電話　（03）5395-7101（代表）
振替　00160-8-39587
http://www.kaitakusha.co.jp